高中生物
课例研究

BIOLOGY

朱文艺／主编

东北师范大学出版社

长 春

图书在版编目（CIP）数据

高中生物课例研究 / 朱文艺主编. — 长春：东北师范大学出版社，2021.5

ISBN 978-7-5681-8048-1

Ⅰ.①高… Ⅱ.①朱… Ⅲ.①生物课－教学研究－高中 Ⅳ.①G633.912

中国版本图书馆CIP数据核字（2021）第084542号

□责任编辑：石　斌　　　　　□封面设计：言之凿

□责任校对：刘彦妮　张小娅　□责任印制：许　冰

东北师范大学出版社出版发行

长春净月经济开发区金宝街 118 号（邮政编码：130117）

电话：0431-84568115

网址：http：// www.nenup.com

北京言之凿文化发展有限公司设计部制版

北京政采印刷服务有限公司印装

北京市中关村科技园区通州园金桥科技产业基地环科中路 17 号（邮编：101102）

2022年4月第1版　2022年4月第1次印刷

幅面尺寸：170mm×240mm　印张：16.25　字数：263千

定价：45.00元

编 委 会

目录

高中生物课例研究 / 朱文艺

思维导图在高三生物复习课中的应用研究 / 朱文艺

基于探究式实验构建生物学概念的实践研究 / 张雅诗

基于科学思维养成的课例研究 / 周爽楠

有效落实课堂教学目标的策略研究 / 彭 莹

利用探究性学习提高课堂效率 / 左海珍

学生自主探究学习新模式的研究 / 张晓云

使用教具提高课堂效率的实践研究 / 林凯纯

创感思维在高三复习课中的应用研究 / 何登峰

生物学科本质与探究式教学在课堂中的结合研究 / 牛艺丹

图表分析能力在高中生物课中的应用研究 / 周银中

基于纸化模型在课堂高效实践应用的研究 / 马婷婷

培养启发思维　构建高效课堂 / 安坤鹏

高中生物课例研究

深圳市福田中学　朱文艺

　　什么样的教学研究适合教学一线教师参与呢？教育改革专家给出了答案。加拿大当代著名教育家迈克尔·富兰（Michael Fullan）等在教育改革研究中明确指出，仅限于宏观的策略规划和学校整体变革的努力多半是无效的，只有每个课堂的教学有所改善，教育改革才会有真的突破[1]。司徒德（Roger A. Steward）和布朗德芙（Jonathan L.Brendefur）在与学校合作进行一系列的改革努力后得出结论，课堂层面最有效的改革方式所采用的模式应当是：作为合作学习共同体的教师小组聚焦于日常教学的改进，即课例研究模式[2]。

　　课例研究早在10年前就已在我国中小学蓬勃兴起，越来越多的省市地区教育部门都将其视为促进教学变革的强大工具而予以重视，越来越多的教育同行都将其视为发展自身学科教学研究能力的重要途径而予以尝试。我们的课例研究小组也是其中的一员。

一、什么是课例研究？

　　要尝试进行课例研究，首先要弄清楚什么是课例研究。"课例研究"（Lesson Study），又称"教学研究"或"授业研究"，从宽泛意义上讲是教师对真实的课堂教学过程所开展的合作性研究[3]。课例研究过程是教师系统地合作研究课堂中的教与学行为，从而改善教师的教学经验和学生的学习经验的综合过程[4]。课例研究既是一个教学研究的过程，又是一个实践改进的过程[5]。由教师组成的教学共同体在一定的教育理论指导下，围绕教学实践过程中遇到的某一亟须解决的问题，在课堂教学过程中反复研究，提炼经验，改善教学，最终促进学生有效地学习[6]。

课例研究实际上是"研究课例"的过程，即以一节课的研究为例试图围绕一个主题研讨一类课的改进。课例研究试图克服传统教研活动中的一些弊病和问题，比如组织僵化、片面随意，增加教研活动中聚焦课堂的"研究含量"。其操作要点有：①有主题：在小的研究问题的驱动下聚焦研讨；②有目标：参与课堂观察的教师带着差异性的学习目标分工合作，并从中互补受益；③有方法：在技术支撑下突破经验局限，如前后测技术、分层访谈、认知水平的分析方法等；④有积淀：在连环改进中留下痕迹，如在教学研讨中不断梳理研讨共识、撰写研讨小结或反思[7]。

二、课例研究与传统教研活动有哪些差异？

传统的教研组和备课组活动相对比较僵化，在进行集体教研活动时，更多的时候是听某一位教师的某一节课，课后进行集体点评分析。这样的教研活动，缺乏课前的集体分析设计、出谋划策，也缺乏课后的再改进、再实践和再观察，这样的教研活动局限于对教师教学水平和教学效果的评价，缺乏高效合作、集体反思和整体提升。

传统的听评课教研活动，在教学效果的评价环节会关注学生的课堂反应和课后反馈，但较少从学生的学习动力、理解能力和真实需求等方面着手，进行深入探讨。而课例研究从教学设计开始，就以学生为中心，通过问卷前测收集学生的问题，从学生视角去分析课例，深入探讨不同层次学生对知识的接纳和掌握程度，以此作为教学设计的重要依据；课后，再及时通过问卷调查和访谈对学生进行后测，收集学生学习证据，进而为下一阶段教学实施的改进提供新的依据。

三、课例研究的基本模式

课例研究的基本模式一般主要分为以下四个环节。

1. 选取课例研究主题

课例研究需要解决的问题主要是教师在教学实践中经常出现的问题和学生学习过程中遇到的重点、难点内容。为此，在选取课例研究主题前要对教师的教学和学生的学情进行充分的了解和分析，如对教师进行问卷调查和访谈，对学生进行问卷调查、布置预习任务、前测、访谈、课上的巡视和倾听、课后的答疑和作业批阅等，选取结果基于对以上事实证据的分析，从而确定真实教学中影响教师讲授和阻碍学生学习的难点为课例研究的主题。

2. 合作讨论教学设计

通过课例研究小组成员集体讨论，设计教学方案，优化教学过程，确定执教教师，这样的群体性合作能够实现对课例研究主题的高效讨论。教学设计的重点在于：一方面注重教师教学行为的精准化，包括教学情境的精巧创设、教学环节的精心设计、认知规律的精准把握、教学语言的精练表达；另一方面要注重学生课堂活动的可能性，根据学情分析，预期学生在课堂中可能提出的问题、可能给出的答案、可能出现的错误、可能产生的反应、可能发生的理解偏差等，针对这些可能性，教师设计相应的应对措施和引导学生释疑解惑的各种课堂活动，最终实现教师教学目标和学生学习目标的达成。

3. 多轮课堂实践反思

经过小组合作讨论的教学设计方案，由一位执教教师进行课堂实践，其余组员利用观察工具进行课堂观察，课后集体评议、合作反思，提出改进方案，再进行新一轮的课堂实践和课后反思。通常这样的循环会进行2～3轮，教师在此过程中，有机会将改进的教案再一次付诸实施，不断改善。在课堂观察过程中，重点观察学生的学习情况，通过学生在课堂上的各种学习表现，来反观教师的教学状态。观察学生从量化统计和质性描述两方面着手。将参与观察的小组成员分成几组，分别对学生课堂参与度（回答教师提问的次数、小组讨论的发言次数、课堂练习的完成次数等）和学生课堂状态（精神饱满程度、情绪表现等）进行观察、记录和统计，对学生课后反馈（如课后小测正答率、问卷调查表等）进行分析，对不同层次学生课后随机抽样的访谈等进行质性描述记录。研究小组成员将以上观察数据，结合课前设计的预设进行比对，在课后的集体研讨中提出并加以分析，作为新一轮教案改进的重要参考依据。在课后研讨中，研究小组成员要打破观察者列举该课优缺点的僵化点评模式，而是先由执教者开始，表述课堂设计的思路和课堂教学的感受，观察者就自己的观察任务客观陈述观察结果，然后双方共同讨论如何缩小教案设计预设和学生实际课堂表现的差距，切实想办法解决学生课上和课后学习中遇到的问题。

4. 课例研究成果总结

课例研究的成果展示形式可以是撰写课例研究报告，也可以是课例研究小组的沙龙研讨活动。"形成研究报告"的过程就是再研究再行动的过程，报告主要包括三方面内容：首先对研究的课例进行分析，包括教学内容分析、学生学情分析、教学目标设定等；然后呈现每次课的授课改进过程，包括通过课堂观察发现的教学探索中值得肯定的部分、存在的问题、针对问题提出的改进建议以及改进后的教学实践情况；最后进行总结，对研究过程进行回溯，对研究演进的脉络进行梳理，结合理论，形成研究的共识和结论。

四、课例研究的重要特征

1. 集体的有效合作

课例研究小组由同一学科的教师组成，不排除来自不同学校和年级的可能，但通过定期面谈沙龙和网络研讨，合作的时间和效率都能得到保证，课例研究的操作流程更能确保合作时间被高效利用。

2. 反思的碰撞升华

通过课堂观察和课后评议，课例研究小组成员在一轮一轮的循环中，就研究主题的教学设计所达成的教学效果进行及时的反馈和反思，为新一轮的教学实践提供改进的路径和方法。

3. 改进的不断持续

课例研究作为教师的合作性研究，总是会经历规划、行动、观察、反思和重新规划的循环过程。这种循环的行动策略赋予教师就怎样改进教学做出决策的权力，同时为教师提供验证教学决策效果的机会。周而复始，随之实现的便是教学的持续改进[8]。

五、本课例研究的支持保障系统

支持本课例研究小组开展课例研究的结构性条件有以下几点：

（1）市区级行政教育部门为促进教师专业发展，培养教育领军人才，打造教育特色品牌，建设了一批以一线教师为研究主导的工作室，三年一个周期，下拨经费，保障教学研究工作的深入开展。以此为契机，本区几所中学中对课例研究感兴趣的十多位教师走到了一起，就大家感兴趣的课例研究问题深入探讨，制订研究计划，保障了研究活动的定期开展。

（2）本课题组成员主要来自4所高中，每所学校都有2～6名不等的教师加入，课例研究集体研讨活动在全市统一的教研活动时间（每周二下午）开展，在这个时间段内，课例研究小组成员可选择在其中一所学校集中，进行课堂观察和课后评议反思，而课前的教学设计先在本校教师中讨论产生，再采用网络视频会议等方式集体讨论。这既保证了课例研究活动可以定期定点举行，又可灵活多变应对，最终在时间和地点上最大化地保障了课例研究活动跨校跨年级顺利开展。

（3）研究小组成员所在的学校有很浓厚的教育教学研究氛围，如学校设置的教师研究发展中心，就专门负责从各方面支持教师开展教学研究活动，不定期邀请校外专家到校为教师开设有关教育研究领域的新理论、新方法和新动向的专业讲座，这与教育行政部门开设的继续教育课程相辅相成，旨在通过专业引领，不断提高教师的理论研究水平和教学实践能力。

（4）研究小组成员精诚合作，积极参与每次教研活动，认真完成每次教研任务，确保了课例研究的顺利开展。我们的课例研究小组尝试在高中生物课堂教学中，采取课例研究的方式，针对教学过程的重难点内容，不断实践和改进，以寻求最佳教学方式来实现教学目标。我们在课例研究过程中，通过"确立主题、设计教案、上课和观课、评价与反思、修改教案、重新执教和观课、再次评价和反思、分享成果"的研究流程，通过"同课同构、同课异构、异课同构等"的授课方式，不断在观察、记录、交流、合作、探讨和相互学习中打磨和历练自己，为自身教学科研能力的提升开启一个快速拔节通道。随着课例研究的开展，研究数据的不断产生，我们发现：根据学生需要在一节课中训练的生物核心素养的侧重点，我们可以把课程划分为不同的类型专题，比如探究学习课、知识框架构建课、抽象知识形象化课等，在相同类型的课例教学中提取经验，形成关于如何教这一类型课例的教学方法，根据该教学方法对同一类型课例进行教学设计，也能达到很好的教学效果。

📖 参考文献

［1］迈克尔·富兰，彼得·希尔，卡梅尔·克瑞沃拉.突破［M］.孙静萍，刘继安，译.北京：教育科学出版社，2009：14.

［2］Mike Schmoker. Tipping Point：From Feckless Reform to Substantive Instructional Improvement［J］. Phi Delta Kappan，2004：427.

［3］Roger A Stewart，Jonathan L Brendefur. Using Lesson Study and Authentic Achievement：Model For Teacher Collaboration［J］. Phi Delta Kappan，2005：681.

［4］安桂清.以学为中心的课例研究［J］.教师教育研究，2013（3）：72-77.

［5］Triwaranyu C. Models and Strategies for Initial Implementation of Lesson Study in Schools［J］. International Forum of Teaching and Studies，2007，3（3）：15，48.

［6］胡庆芳.课例研究，我们一起来：中小学教师指南［M］.北京：教育科学出版社，2011：26.

［7］杨玉东.教师如何做课例研究［J］.教育发展研究，2008（8）：72-75.

［8］杨玉东.课例研究的关键是聚焦课堂［J］.人民教育，2013（7）：44-47.

注释：

安桂清. 国际比较视野下的课例研究：背景、现状与启示［J］.教师教育研究，2014（2）：83-89.

思维导图在高三生物复习课中的应用研究

——以"细胞器"复习课为例

深圳市福田中学　朱文艺

思维导图（Mind Map）是能储存、组织和优化信息，促进思维激发和思维整理的可视化、非线性思维工具；[1]需要用图解的形式和网状的结构，加上关键词和关键图像，储存、组织和优化信息。[2]导图中的每个关键词都是记忆激发器，结合文字、线条、颜色、图形等，对所有与关键词相关的信息进行加工整理，形成清晰的逻辑结构，实现信息的高效管理、记忆的长久保存。

在高考复习中，怎样教会学生将所学知识的性质、规律以及与其他知识之间的内在联系进行脉络梳理和关联整合，从而构建和完善相关知识网络体系，一直是教师需要深入思考和研究的问题。各学科思维导图应用研究表明，在高三复习阶段，使用思维导图记录笔记、交流讨论、整理重难点、构建章节知识体系等，能帮助学生实现复习内容图示化、思维过程可视化以及零散知识整合化，有助于激发学生学习兴趣，帮助学生理解、掌握和应用知识，对提高复习效率具有积极的意义。

本课题研究小组尝试开展"思维导图在高三生物复习课中的应用研究"，首先从细胞器知识网络构建这一课例研究开始，经过反复的授课、磨课和改进，最后总结提炼出研究小组基于研究专题的结论和观点。

课例研究时间：2018年4月~5月

课例研究视角：思维导图在高三复习课中的应用

课例研究选题：人教版必修和选修教材中与"细胞器"相关的内容

课例研究流程：

表1　课例研究流程表

时间	项目	内容
2018年4月2日	课前准备	分析考纲、教材、新课标、学生学情，备课，设计学案
2018年5月8日	第一次课试教	设计复习环节，思维导图绘制步骤，试教，问题诊断，修改
2018年5月15日	第二次课改进	修改教学环节，授课，再观察发现问题，提出修改建议
2018年5月25日	第三次课再改进	进一步修改教学设计，授课，再观察发现问题，提出修改建议
2018年6月	课后总结	收集课堂观察小组组员观察心得，主讲人撰写课例研究报告

一、教学内容分析

在《普通高中生物学课程标准（2017年版）》中，关于细胞器的内容要求有："必修课程模块1：分子与细胞"的概念1"细胞是生物体结构与生命活动的基本单位"的具体内容标准之"阐明细胞内具有多个相对独立的结构，担负着物质运输、合成与分解、能量转换和信息传递等生命活动""举例说明细胞各部分结构之间相互联系、协调一致，共同执行细胞的各项生命活动"。[3]《2019年普通高等学校招生全国统一考试大纲》对主要细胞器结构和功能的要求是Ⅱ，即理解所列知识和其他相关知识之间的联系与区别，并能在较复杂的情境中综合运用其进行分析、判断、推理和评价。[4]

细胞器的相关内容，并不局限在必修模块1，必修模块2和选择性必修课程中的众多重要生理过程，如光合作用、细胞呼吸、分泌蛋白的合成和运输、细胞分裂、免疫、基因的表达、精子的变形等，都涉及细胞器的结构和功能，以及细胞器之间的协调配合。因此，根据课程标准和考试大纲要求，在高三专题复习中，学生需在熟练掌握细胞器结构和功能的基础上，从细胞器水平阐述和理解上述生理过程，构建完善的知识体系。

本节复习课从8种细胞器的形态、结构、分布、成分和功能5个要点入手，结合学生的认知规律，设计教学流程，引导学生分步骤分析回顾教材，关联整合细胞器相关生理过程，通过自主思考和小组合作，构建并完善细胞器的思维导图。

二、学生学情分析

学生在之前的学习中已基本掌握构建知识网络体系的方法和技巧，并且对8种细胞器的结构和功能等内容已有较深刻的理解，因此，在此基础上引导学生在已学知识中寻找细胞器的关联信息，并加以概括、梳理和整合，在一节课的时间里是基本能做到的。但如何才能全面、不遗漏地进行总结，构建完善的知识体系，还需通过课堂上教师的引导、小组内的交流合作加以实现。

三、设定教学目标

（1）通过对细胞器相互协调、共同执行细胞各项生命活动的实例阐述，形成结构与功能相适应的观念，并能运用该观念分析和解释较为复杂情境中的生命现象。

（2）能够从细胞生命现象中，形成以细胞器为核心关键词的生物学概念，并用文字或图示的方式正确表达。

（3）能够根据细胞器结构、功能以及分工合作的相互关系构建细胞器知识框架体系；在小组学习中能主动合作，以口头或书面的形式与他人展开交流。

（4）了解硅肺等与细胞器相关的职业病的危害与防控知识，关注生物技术在生产生活中的应用。

四、第一次课的试教

2018年5月8日，朱文艺老师在福田中学进行第一次课的试教（见图1）。

执教教师从生物学科核心素养的四个方面，即生命观念、科学思维、科学探究和社会责任，设计了4个与之对应的教学目标，并按照学生的认知规律，将授课内容分为四大板块，即①细胞器的形态、结构和分布，②细胞器的成分和功能，③细胞器相关生理过程的思维导图，④归纳小结。课堂上借助学案设问导学，对授课内容层层推进，实现对教学目标的达成。

图1　第一次课的试教

1. 教学探索中值得肯定的方面

首先，教师通过细胞器亚显微结构图的辨析，细胞器结构和功能的递进式梳理，细胞器与生理过程的关联拓展，学案的任务驱动，小组合作交流的开展，高考变式题的反馈等，引导学生在构建细胞器知识体系的同时，提高归纳整合、空间想象、实践探究、团队协作等能力，并使学生对生物体的结构与功能相统一这一重要观念有了更深刻的理解。

其次，学案设计符合学生认知规律，由浅入深，由表及里，层层递进。比如：在"细胞器的形态、结构和分布"板块，学案设计了"辨一辨"，对动植物细胞的亚显微结构示意图进行辨析，并提炼出辨析细胞器的关键：熟悉细胞器的形态、结构和分布情况。然后学生完成学案"连一连"环节（见附2），短时间内对细胞器的结构和分布进行梳理巩固。接下来，"填一填"环节设置特例问题串，对特殊实例加以巩固：与叶肉细胞相比，植物的根细胞不含哪一种细胞器？哺乳动物成熟的红细胞含细胞器吗？你通过实验室的光学显微镜（高倍镜、低倍镜）能观察到哪几种细胞器的形态和分布？又如，在"归纳小结"板块，设计"分一分"环节，按细胞器结构、分布、成分、功能4个维度对8种细胞器进行分组归纳，将对应的细胞器编号填写在学案的分类表格里，如"无膜的细胞器有哪些？""植物特有的细胞器有哪些？""含DNA的细胞器有哪些？""能发生碱基互补配对的细胞器有哪些？""与有丝分裂相关的细胞器有哪些？"等等，这些内容既能帮助学生进一步补充和完善自己的细胞器思维导图，又能最大限度地帮助教师节约课堂授课时间。

最后，因为本堂课是高三专题复习课，因此，需要考查学生运用细胞器知识，分析和解释较为复杂情境中的相关生命现象，提升分析、解决问题的能力和知识迁移能力。本堂课通过设计与各板块对应的高考改编变式题，对学生进行了有针对性的训练和检测，并及时对学生的学习情况和问题生成情况进行了反馈。

2. 观察发现

教师设计的教学环节中未将以细胞器为核心概念的思维导图构建作为课堂主线贯串始终，而只是在第三板块呈现，显得主次不突出；授课时间分配不尽合理，绘制思维导图的时间被压缩；学生在课堂上的及时反馈不理想，错误率比预想的高，教学目标没有很好达成。

3. 问题诊断

第一，本堂课容量大，涉及的知识点众多，细胞器本身又是微观结构，有理解的难度，再加上部分学生对8大细胞器的结构、分布、成分、功能等知识点有所遗忘，从而导致完成每板块知识练习反馈时，正答率不理想。另外，因前两个教学板块耗费的时间偏长，给第三个重点板块——利用思维导图构建细胞器相关生理过程的知识网络，留下的时间不充分，导致学生小组讨论不够深入全面。

第二，教师对学生思维导图绘制方法和技巧的掌握情况估计不足，少部分学生对导图的布局、线条的使用、主次的呈现、关键文字的提炼等掌握不到位，导致在构建思维导图时把更多的精力耗费在如何绘图上，而弱化了细胞器知识内在关系的建立。

第三，教师授课过程中，社会责任相关的教学目标"了解硅肺等与细胞器相关的职业病的危害与防控知识，关注生物技术在生产生活中的应用"有所遗漏，没有落实，使学生在课堂上失去了一次将所学知识与生活实际建立有效联系的机会。

4. 改进建议

第一，介于部分学生对细胞器的结构、功能等知识点有所遗忘，教师可提前布置学生预习必修1第3章第2节"细胞器——系统内的分工合作"。同时，教师可将各种细胞器的物理模型摆放在教室里，放在学生身边。学生通过近距离接触和观察，更易将抽象微观的细胞器知识变得宏观和具体，有助于学生的理解和掌握。

第二，教师要在课前对学生进行思维导图绘制方法和技巧的培训，告知学生：为突出重点，思维导图中的关键词需配以图像，使用三种以上的颜色绘制；为突出层次，图中字号大小和线条粗细要有规律，间隔要有序，还可利用箭头、颜色和编码来增加思维导图的层次，关键词表述尽量精简；等等。

第三，关于硅肺等与细胞器相关的职业病的危害与防控知识，可以布置学生以小组为单位课前查找与溶酶体相关的疾病资料，课上展示。通过资料搜集、知识拓展，学生对溶酶体等细胞器的功能会有更全面的认识。

五、第二次课的改进

2018年5月15日，朱文艺老师在福田中学进行第二次课的改进（见图2）。

图2　第二次课的改进

1. 课堂教学的积极变化

第一，教师通过布置学生课前预习和对细胞器物理模型的再观察，班级绝大多数学生对细胞器的结构、分布、成分、功能等知识点已有了清晰的记忆，在课堂上完成前两大板块知识点相关的总结、整合和提升就顺畅多了，完成板块后高考变式题的正答率也有明显提升。

板块一："细胞器的形态、结构和分布"知识课堂反馈

1.（2016上海卷，2改编）在电子显微镜下，乳酸菌和酵母菌中都能观察到的结构是（   ）

    A. 核糖体和细胞膜　　　　　　　　B. 线粒体和内质网

    C. 核糖体和拟核　　　　　　　　　D. 线粒体和 高尔基体

    答案A，正答率95%以上，学生对原核细胞和真核细胞细胞器的分布掌握情况良好，而这部分知识与"基因的表达""DNA的复制"等知识点相关性很高，熟练掌握为后续知识点有效学习奠定了基础。

板块二："细胞器的成分和功能"知识课堂反馈

2.（2017天津卷，1）下列有关真核生物核糖体的叙述，正确的是（   ）

    A. 遗传信息翻译的场所　　　　　　B. 组成成分中含mRNA

    C. 全部游离在细胞质基质中　　　　D. 能识别基因的启动子

    答案A，正答率78%左右。核糖体的内容高考几乎每年都有所涉及，本题是一道综合分析题，除了考查核糖体的结构、分布和功能外，"基因的表达"的相关内容考查是本题的难点和突破口。

3.（2016全国Ⅰ卷，1变式）下列与细胞相关的叙述，正确的是（   ）

    A. 核糖体、溶酶体都是具有膜结构的细胞器

    B. 酵母菌的细胞核内含有DNA和RNA两类核酸

    C. 蓝藻细胞的能量来源于其线粒体有氧呼吸过程

    D. 在叶绿体中可进行CO_2的固定但不能合成ATP

    答案B，正答率87%左右。本题考查了4种细胞器及细胞核的结构和功能，从正答率来看，学生掌握情况良好，失分的原因主要是对叶绿体中光合作用的光反应过程模糊，这正是教学板块三可以突破和解决的问题。

    第二，教师首先在课前对学生进行了思维导图绘制方法和技巧的培训，然后调整了思维导图绘制的程序，将从板块三开始绘制导图，改为从板块一就开始。课堂上首先通过细胞器形态、结构和分布的思维导图建构，建立"细胞器形态、结构和分布"与细胞器亚显微结构辨析之间的联系，然后引导学生将细胞器的成分和功能加入导图，进行知识的延伸和拓展，形成结构与功能相统一的观念。此外，鉴于学生建立细胞器和相关生理过程的联系是本节的重难点，因此在学案中，教师事先绘制出局部导图示范，同时将绘制技巧印制在学案

中，旨在帮助学生更快地完成构建过程。课中，教师还请构建得比较完整的小组进行了展示，引导学生共同评价构建结果，激发学生的发散思维，完善与细胞器相关的生理过程的关联（见图3）。

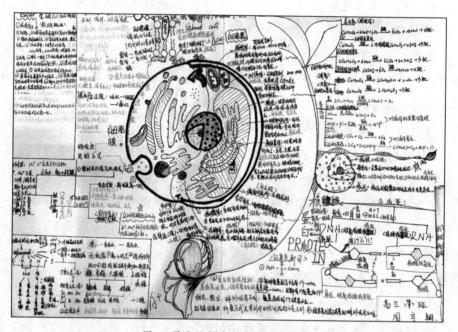

图3　学生绘制的细胞器思维导图

第三，教师在进行细胞器成分和功能的教学时，讲到溶酶体时，请小组分享课前收集的关于溶酶体异常病的资料，了解硅肺等与细胞器相关的疾病与防控知识。此外，教师还纠正了关于细胞器的一些知识误区：

（1）高尔基体与植物细胞壁的形成有关，是因为其与构成细胞壁的果胶和半纤维素的合成有关，纤维素的合成是在细胞表面，而不是在高尔基体里。

（2）液泡并不仅存于植物细胞中，动物细胞也含有不明显的液泡，如酵母菌的贮藏液泡。

（3）叶绿体也并不仅存于植物细胞中，如某种绿色的蚜虫、绿色的海蛞蝓细胞中也含有叶绿体。

2. 观察发现

仍有部分同学对细胞器微观结构的感性认识不到位，在小组构建思维导图的讨论环节融入不进去，在讨论中多半时间是沉默状态；大部分学生都基本掌握了绘制思维导图的技巧，但构思、绘制过程仍显得时间仓促，并且学生在绘制过程中不断涂改，展示效果不佳；学生通过发散思维能关联到的细胞器相关生理过程存在不全面、不深入的情况，局限在必修教材里，没有小组涉及选修教材的生理过程。

3. 问题诊断

第一，为了避免学生对细胞器相关知识的遗忘和生疏，教师在课前布置了预习，课上也将细胞器的物理模型摆放在了教室各处，但学生多半是被动进行知识回顾，缺乏主观能动性，再加之没有预习检测环节，无法实现人人落实。

第二，教师虽然在学案中印制了思维导图的绘制示范以及绘制技巧，但没有更具体的指导，导致仍有小部分同学课上苦于无从下手。学习小组在进行展示时，由于时间短、组别少，所以试图通过展示实现各组知识网络构建完善的目标没有达成。

第三，小组合作的方式、任务分配等需要教师的指导。一方面，因为学习小组是按照"组内异质，组间同质"的原则组建的，小组内学生的认知水平、能力倾向等存在差异，如果没有教师的指导和组员的明确分工，就会导致个别同学在小组合作中参与度低，被边缘化透明化。另一方面，本堂课容量大，涉及的知识点众多，如果在课堂上没有明确的分工和有效的合作，学生很难在一节课的时间内完成本堂课的学习任务。

4. 进一步改进的建议

第一，为了提高全班同学对细胞器基础知识的认知水平，教师可将布置课前预习，改为课前以小组为单位制作真核细胞的三维结构物理模型或细胞器物理模型，学生通过亲手构建模型，能增强对细胞器微观结构的感性认识。模型在课上展示，既可以检查学生的预习效果，又可以通过模型观察，建立与相关生理过程的联系。

第二，大胆尝试将电教设备引入课堂，学生在课堂上使用思维导图绘制软件（如MindMaster）构建细胞器知识网络体系，可以解决导图绘制耗时、不易改动、涂改不清等问题，学生还可以将导图文件课后拷贝，进行延展学习，继续修改和完善。

第三，教师需在课前引导学生将学习小组内各组员需完成的任务进行明确的分工。一个学习小组有6位同学，其中1位同学主要负责制作物理模型，4位同学分别主要负责收集必修1、必修2、必修3、选修教材中与细胞器相关的生理过程，1位同学主要负责绘制思维导图。除此之外，还需要安排小组展示的主发言人。

六、第三次课再改进

1. 课堂教学的积极变化

第一，教师课前准备充分，给每个学习小组分发彩泥，布置学生制作真核细胞亚显微结构物理模型，这既锻炼了学生的动手能力，又起到了很好的预习效果，让抽象知识形象化。

第二，高三专题复习课容量大，牵涉的内容章节众多，要引导学生从相对零碎的知识中梳理出清晰的脉络，思维导图是一种非常有效的工具。教师在本堂课将电脑思维导图绘制工具引入课堂，缩短了导图绘制的时间，便于把更多教学时间投入知识的整合和能力的提升中，提高了课堂效率。此外，本堂课还进行了手机投屏等电教设备的有益尝试，便于及时发现学生课堂生成的共性问题，进行现场纠正和点评，提高了反馈时效。

第三，各学习小组分工明晰，人人有任务，最大限度地调动了全班同学学习的积极性。通过组内交流和组间互助，学生对与细胞器相关的生理过程的联系和拓展得到修正和完善，以下是几个学习小组完成的细胞器思维导图（局部）（见图4、图5）。

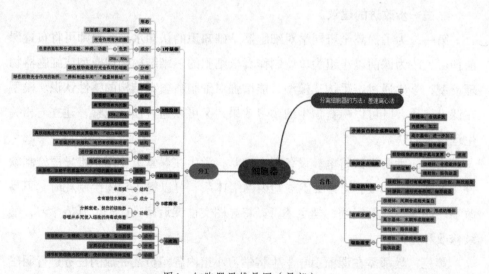

图4　细胞器思维导图（局部）

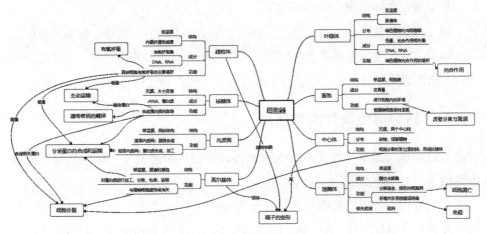

图5　细胞器思维导图（局部）

2. 进一步改进建议

第一，由于课堂容量较大，可考虑再精简板块一和板块二的内容，把更多的时间留给思维导图的构建过程，实现以下环节：讨论→展示→引导→修正和补充→再展示和强化。

第二，本堂课对于思维的拓展还做得不够。例如：主动运输所涉及的思维逻辑是：细胞器→线粒体→功能→产生ATP→耗能的生命活动→如主动运输；该过程需要老师设问引导或学生讲解分析，从而引发学生的深度思考，并起到举一反三的作用。

第三，建议为学生创设真实的情境，把细胞器的结构和功能相关知识融入其中，引导学生从解题到解决实际问题，进一步巩固和深化知识点。

七、三次课演进的脉络

第一次课的情况：设计了"细胞器的形态、结构和分布，细胞器的成分和功能，细胞器相关生理过程的思维导图，归纳小结"4个教学环节，通过学案的任务驱动和小组合作交流的开展，学生对细胞器知识网络的构建有初步轮廓，但思维导图的绘制引入太晚，显得主次不突出。

第二次课发生的变化：思维导图从教学的第一个环节引入，教师还就导图绘制的技巧进行了指导和示范，使学生对细胞器相关生理过程的知识体系更清晰，但课堂容量大，导致在构建思维导图时把更多的精力耗费在如何绘图上，而弱化了细胞器知识内在关系的建立。

第三次课的亮点和不足：将电脑思维导图绘制工具引入课堂，缩短了导图绘制的时间，使学生把更多课堂时间投入知识的整合和能力的提升中，不足之处在于没有借助思维导图引发学生进行生理过程与细胞器功能相关的更深入的思考。

八、研究形成的共识与结论

通过开展"思维导图在高三生物复习课中的应用研究"，研究小组形成阶段性的共识与结论如下。

1. 教师可利用思维导图打造高三复习模式

在高三生物复习教学中，教师可积极引导学生利用思维导图，对各板块内容进行梳理和整合。思维导图通过关键词的概括，将点状知识汇集成网状知识，将零散的知识高度凝练。学生将关键词作为记忆的触发点，通过它们来拓展知识，减少了大篇幅笔记的记录，把课堂上更多时间留给思考讨论和互动，激发课堂思维的碰撞，刺激学生提高自主复习的积极性，引导学生从被动学习转变为主动学习，为高三枯燥的复习注入新的活力，既能提高学习的乐趣，又能从中获得成功的学习体验。但教师在引导中需注意，为了把握课堂节奏和提高学生的参与度，在课堂教学中教师应将关键词和重难点放在具体的问题情境中进行强调，而把知识网络的框架构建任务交给学生完成，最大限度地调动学生的主观能动性。

2. 学生可运用思维导图重构高中知识体系

高三阶段的复习是对整个高中所学知识的汇总与梳理，而高中生物的复习又面临着内容众多、知识零散、难点突出等问题，因此学生如何构建全面的知识体系，以点带面，加强记忆和深刻理解就显得尤为重要。思维导图作为思维可视化工具，运用在高三知识体系的构建中，使学生能及时找到自己思维的漏洞和知识体系的欠缺，及时进行重构或完善。在纠错和完善的过程中，学生不仅能使自己的知识体系构建得更加准确和丰富，也提高了思维的灵敏度和连贯性，拓展了解题的思路，提升了解题的能力，最终实现复习的高效性。

3. 师生可通过思维导图提高教学和学习效率

教学效率是指教师和学生在规定的课堂教学时间内通过双边活动所消耗的劳动量与所获得的教学效果之间的比率。在单位课堂教学时间内，课堂教学效率越高其效果就越好。

在高三复习教学中，教师不论是上知识整合课、试题讲评课，还是在概念关系梳理、板书展示等课堂教学环节，都可将思维导图融入其中。而学生在课堂学习和自主复习的过程中，不管是知识整理、构建框架，还是记录笔记、强化重难点等，都可使用思维导图串接知识，触发记忆。这样大大地节约了师生教与学的时间成本，拓展了教学容量，实现学生用相对较少的精力投入去获取相对较多的有效学习收获的效果，从而提高教学与学习的效率。

九、同行评议

颜培辉：（深圳市教科院生物教研员）

这堂高三一轮复习课体现了四个特点：

（1）基础性：把细胞器相关基本概念、基础知识进行巩固，把碎片化的知识进行了有机整合和串联。

（2）综合性：引导学生使用思维导图，对细胞器的形态、结构、成分、功能、相关生理过程等进行了有效的综合、梳理和归纳，并对学生进行了及时有效的方法指导。

（3）特殊性：课堂上把细胞器中的特殊知识点进行归纳，特殊知识点往往是关键的易考知识点。

（4）实战性：把高考题穿插在考点中，教会学生使用方法解决实际问题。

周湘：（深圳市罗湖区教科院生物教研员）

建议（1）：对考点的讲解进行调整，把细胞器的成分和分布放在一起讲，把细胞器的结构和功能放在一起讲，从而引出结构与功能相适应的观点。

建议（2）：加入原核细胞结构的内容，设计就更完整了。

建议（3）：为学生创设一个真实的情境，把细胞器的结构和功能相关知识融入其中。

卢开雄：（深圳市南山区教科院兼职教研员、南头中学老师）

这堂课体现了四个结合：

（1）新课程标准的理念与考纲相结合，把高中教材中细胞器的相关知识进行整合，体现了大概念的教学观，教学过程中渗透结构与功能相适应的生物基本观点，体现了新课程标准中的生命观念。

（2）把必修与选修教材相结合。

（3）把传统教学方法与创造性思维培养相结合。

（4）把教师的引导和学生的讨论相结合。

建议：（1）学生课堂练习题中可加入一个真实的情境再现。

建议：（2）课堂上如果能对生物膜系统的概念进行深化就更好了。

杨志强：

细胞器这节的内容在教材中占有重要的地位，是高中生物最基础的内容之一，教学组织难度较大，稍有不慎，课堂就会显得枯燥，变为死记硬背。朱老师采用学案、思维导图让一节相对枯燥的课变得灵动起来，尤其是这种任务驱动式学习，大大提升了学生的综合素养及综合能力。整节课思路清晰，层次分明，重难点把握到位。整节课有三个考点，多个落实方案。课堂体现了新课改的理念——展现了以学生为主体，教师辅导，教学方式多样化的课堂。教师重视教材，紧扣教材，知识点落实细致，提高了学生解决问题的能力。学生活动井然有序，课堂掌控能力强。

童志伟：

一堂高三复习课该怎样上，不同的老师有着不同的理念、不同的操作方式，万变不离其宗的是它必须是一堂有质量、有效率的课。怎样才是有质量有效率？这是上课老师进行课堂设计与实施首先要考虑的问题，本人认为对质量和效率的理解主要应该体现在这样几方面：①是否体现新课程标准的核心理念？②是否根据学习内容与学生实际设计合理的教学程序或方案？③是否充分发挥了学生的主体作用，并给予学生充分交流与展示的机会？④是否着力培养了学生学习能力，为学生的终身学习提供帮助？⑤是否设置了合理而具体的情境以提升学生解决问题的能力？

这堂课紧密地与新课程标准核心理念相结合，高中生物的核心理念是培养学生的核心素养，包括培养学生的生命观念、科学思维、科学探究和社会责任几方面。本堂课设计中主要体现了成分组成结构、结构决定功能等生命观念和生物学大概念，通过对几种易混淆的细胞器进行辨析与总结，培养了学生的科学思维。

本节课的内容从知识类型上来看属于陈述性知识，对陈述性知识课标要求一般是"知道"或"举例说明"等，难度相对不高，但此内容又是学习细胞代谢、生长、增殖、分裂分化与衰老癌变的基础，所以学生也必须准确掌握。因此在教学程序设计上有的是以课堂小竞赛为主要方式督促学生又快又准地记忆，这种方式偏向机械记忆多些；有的根据相关知识的内在关系，以概念图的方式形成思维导图，这种方式偏向理解记忆多些。朱老师这堂课采用了第二种方式，更有利于学生的学习与复习。

老师对课堂的教学设计和教学方法的使用有主导作用，学生在课堂上则应体现主体作用，要进行主动建构、合作探究、交流与分享，以提升专家思维与复杂交往能力，这是二十一世纪的核心素养。此堂课设计了部分小组合作活动，学生也进行了相应的交流与分享，因为内容的属性问题，在合作探究及提升专家思维能力方面设置的情景相对较弱一些。

培养学习能力，促进终身学习是信息时代对所有人的要求，生物学知识当然也包含其他学科知识，大致分为陈述性知识、程序性知识和策略性知识，每一类知识都对应几种教学策略或教学方案。本节课内容属于陈述性知识，授课者采用了思维导图的方式来进行知识串连，关键是授课者还介绍了思维导图的几种类型，以及针对不同类型的知识可采用的思维导图的方式，有助于学生学习方法的获取以及学习方法的迁移。

最后从设置的问题情景来看，授课者均以近三年的高考题为例进行课堂实战，从高三复习备考来讲，这就是相当具体的情景，具有很强的实战性和指导性，让整堂课既务虚又务实。

总体说来，这堂课践行了新课程标准理念、程序合理而高效、学生积极参与合作，既注重学习方法，又注重教学的针对性与实效性。

左海珍：

本堂课课前准备充分，让学生提前做模型，既锻炼了学生的能力，也起到了很好的预习效果，同时让抽象的知识形象化。整个课堂安排有条不紊，层层推进，紧凑而完整。其中构建细胞器相关内容的知识网络图，是一个亮点，体现了一轮复习的广度和综合性，与高考接轨。朱老师教态亲切温和，循循善诱，课堂氛围自然融洽。这样的一堂示范课，体现了她一丝不苟的教学态度与孜孜不倦的探索精神。

张晓云：

本节课从"细胞器"一节历年的高考分值入手，强调了本节知识点的重要性，充分调动了学生的学习积极性；再通过介绍重要细胞器的结构、功能、涉及的生理过程等，层层递进，由浅入深地介绍各个知识点，学练结合的同时，让学生学习做思维导图，提高了学生动手、动脑、总结知识的能力。整节课节奏紧凑、重点突出、语言流畅，并充分调动了学生的学习热情，非常好地完成了教学目标。

何登峰：

我很早就听闻思维导图复习法，也知道它的神奇功效，无奈不得要领。模仿过几次，学生交上来的作品差强人意，最后不了了之。看到朱老师所带学生绘制的思维导图，层次分明，详略得当，美观整洁，令我大开眼界，原来学生可以这么优秀。学生的学案设计由易到难，知识的延伸拓展具体恰当，充分体现了一轮复习的特点要求。另外，学案后面引导学生画思维导图的样板，点到即止，让学生发散思维补充完成，非常精彩。

林凯纯：

这节课节奏紧凑，讲练结合，学生参与度高，教学效果好。朱老师在课堂上先展示出近5年以来高考对"细胞器"这一节内容的考查情况，让学生意识到本节的重要性。最让我印象深刻的是她在整个复习课过程中，多次讲练高考题，这能让学生切身体会高考题的难度及考查的方向，对一轮复习的学生来说，非常有意义。本节课有一个教学环节是让学生自己建立"细胞器"的思维导图，这是一个非常具有创新性的设计，对学生的知识整合能力提出了新的要求，符合新课程标准的要求。

马婷婷：

本堂课有以下几点值得借鉴：

（1）主题突出，特色鲜明。本堂课以知识网络构建为核心，以思维导图为方法，带领学生整理细胞器的结构、功能及其与其他知识点的联系等知识点。教学生用导图的方式去构建已学的知识体系，以教促学，这类课型有利于学生自主学习能力和核心素养的提高。

（2）综合性强，思维量大。一轮复习是对过往知识的回忆和强化训练，往往难有新意。但朱老师在思维导图应用的过程当中，特别强化细胞器功能及其和其他知识点的联系，有助于学生思维扩散。高考对于学生的综合分析能力要求较高，常常多知识点杂合在一道大题中，一轮复习强化学生对知识点的联系的认识，有利于思维的培养和在高考实战上的应用。这也提醒我们不仅要用教材，更需要整合教材，用学生感兴趣的方式去让他回顾、整理并记忆。

（3）精品学案，逻辑性强。精品学案有两大特点：精简设计，应用典型。本节设计从细胞器的形态、结构和分布到细胞器成分和功能，再到导图梳理和表格总结，符合学生的记忆规律，考点清晰明了，并及时通过高考真题进行训练，教学设计逻辑严谨，落实到位。

（4）实物投影投屏，及时反馈。每个考点和环节，朱老师都选择用实物投影和投屏的形式展示学生的作业情况，针对性讲评，提问大多也是个别提问，有利于促进学生思考。

（5）强调在知识构建过程中，从各方面拓展思维，提升学生的理科思维能力。

参考文献

［1］赵国庆.概念图、思维导图教学应用若干重要问题的探讨［J］.电化教育研究，2012，（5）：78-83.

［2］东尼·博赞.博赞学习技巧［M］.北京：化学工业出版社，2017.

［3］中华人民共和国教育部.普通高中生物学课程标准（2017年版）［M］.北京：人民教育出版社，2018.

［4］教育部考试中心.2019年普通高等学校招生全国统一考试大纲［M］.北京：高等教育出版社，2018.

注释：

胡庆芳.课例研究，我们一起来：中小学教师指南（第二版）［M］.北京：教育科学出版社，2014.

附1：

第三次课的课堂教学实录（课题：细胞器）

师：今天我们复习"细胞器"。（班长喊"起立！"，全班起立，行礼）

师：首先请小组代表来展示一下课前制作的真核细胞三维结构物理模型。（教师走到学生中间，使用手机投屏展示和点评各组的模型）

师：接下来我们来看一幅图，大家看看这是什么图？（教师PPT展示图片）

生：植物细胞图。

师：什么植物细胞？什么类型的图？

生：高等植物细胞亚显微结构模式图。

师：细胞的亚显微结构模式图需要在什么显微镜下观察才能绘制出来？

生：电子显微镜。

师：这是哪些细胞器的亚显微结构模式图？（教师PPT展示图片）

生1：叶绿体、内质网、高尔基体、线粒体。

师：它们就是我们今天学习的主角——八大细胞器（教师板书"细胞器及相关知识网络"）。其实细胞核是细胞中最大的细胞器，但是我们今天暂且不表。

师：细胞器在高考考查中，将怎样呈现呢？（教师PPT展示近五年全国新课标Ⅰ卷的细胞器考查内容）。大家看了这个表以后有什么感受？

生：细胞器每年都考。

生：最喜欢考线粒体和叶绿体。

师：2018年的高考中，怎么考查细胞器，5天后即将揭晓。希望我们今天的学习能为你们明年参加高考打好基础。

师：这节课要达到哪些学习的目标，请同学们浏览学案。

生：（学生1分钟浏览学案）

师：我们进入第一个考点的复习，即细胞器的形态、结构和分布。我们在试卷上看到的都是黑白图片，请一位同学来辨析一下这几张黑白模式图是哪些细胞器？（教师PPT展示4副黑白细胞器）

生2：高尔基体、线粒体、内质网和叶绿体。

师：怎么分辨其中的高尔基体和内质网？

生3：高尔基体薄膜旁有一些小球。

师：小球？应该叫什么？

生：囊泡。

师：对，高尔基体旁分布着囊泡。内质网呢？

生3：内质网是网状结构，膜上分布着小黑点。

师：小黑点是什么？

生3：核糖体，而高尔基体没有。

师：所有的内质网上都分布着核糖体吗？

生4：粗面内质网上有，滑面内质网上没有。

师：再来看看这幅图（教师PPT展示动植物细胞的结构黑白模式图），请同学来标明其中的结构。

生5：［1］是细胞壁，［2］是细胞膜，［3］是细胞质。

师：再准确些！

生5：［3］细胞质基质，［4］核糖体，［5］线粒体，［6］高尔基体，［7］内质网，［8］液泡，［9］叶绿体，［10］中心体。

师：回答得很好。请先别坐，你能否告诉大家，辨别这些结构你靠的是什么？

生5：靠分辨细胞器的形态、结构和分布的差异。

师：总结得非常好。

师：请同学们完成学案考点一中的【连一连】【填一填】和【看一看】。（教师板书"一、细胞器的形态、结构和分布"，然后走到同学中去查看学生的完成情况，并进行个别性辅导。）

师：（投影展示学生的学案答题情况）大家来看看这位同学【连一连】的答案。

师：动物和某些低等植物细胞所特有的细胞器是？

生：中心体。

师：绝大多数动物细胞不含有的细胞器是？

生：液泡、叶绿体。

师：正确，为什么是绝大多数呢？因为有特殊情况，比如说绿叶海天牛，一种绿色蚜虫，绿色的海蛞蝓等就有叶绿体。还有一些原生动物是含有液泡的，比如草履虫的伸缩泡，还有酵母菌的贮藏液泡等，大家有兴趣还可以利用网络搜集相关资料。

师：原核细胞唯一的细胞器是？

生：核糖体。

师：双层膜的细胞器是？

生：线粒体和叶绿体。

师：线粒体通过什么结构来增大膜面积？

生6：嵴。

师：很好，叶绿体呢？

生6：类囊体薄膜。

师：正确！没有膜的细胞器是？

生：核糖体和中心体。

师：核糖体通常分布在细胞哪两个部位？

生：附着于内质网上和游离在细胞质基质中。

师：中心体有两个相互垂直的中心粒。单层膜的有4种细胞器，内质网和高尔基体刚才已经进行了区分，液泡比较明显，而溶酶体内有水解酶。下面我们请一个小组来分享一下课前收集的关于溶酶体异常病的资料。

生7：课本46页提到工矿企业职业病——硅肺，发病原因是肺部吞噬细胞中的溶酶体因缺乏分解吸入肺部的硅尘的酶，反而被硅尘破坏了溶酶体膜，使其水解酶释放，而导致肺部细胞结构破坏，细胞死亡。除此之外，我们还通过查阅资料，了解了其他因溶酶体酶缺陷而导致的疾病，如黏多糖贮积病等。

师：这位同学回答得非常好！接下来请同学来分享一下【填一填】和【看一看】的答案。（教师请1组的同学依次回答）

生8：与叶肉细胞相比，植物的根细胞不含的细胞器是叶绿体。

生9：哺乳动物成熟的红细胞不含上述细胞器。

生10：我通过实验室的光学显微镜能观察到液泡、叶绿体和线粒体的形态和分布。

生11：在电子显微镜下，乳酸菌和酵母菌中都能观察到的结构是核糖体和细胞膜，答案选A。

师：为什么？

生11：因为乳酸菌是细菌，原核生物，无线粒体、内质网和高尔基体；而酵母菌是真核生物，无拟核。

师：回答得非常棒！接下来请各组负责制作思维导图的同学打开电脑上的软件，通过细胞器形态、结构和分布的归纳总结，着手进行细胞器思维导图的绘制，其余组员提供信息（教师在教室走动，对小组绘制思维导图进行个性化辅导）。

师：下面请同学们完成学案考点二的相关内容。（教师板书"二、细胞器的成分和功能"，然后走到同学中去查看学生的完成情况，并进行个别性辅导。6分钟后，教师选择一位同学的学案投影展示和讲评）

师：我们来看看这个同学的答题情况。在座的同学请核对自己的答案并进行完善。线粒体的成分除了DNA和RNA还有什么？（该同学学案中该空空白，其余同学的答案不统一，教师进行引导），那线粒体的功能是什么？

生：有氧呼吸的主要场所。

师：有氧呼吸需要什么重要的成分参与？

生：有氧呼吸有关的酶。

师：非常好！线粒体所含重要成分有：DNA、RNA和呼吸酶。线粒体是什么细胞有氧呼吸的主要场所？

生：植物和动物细胞。

师：更准确的表述是？

生：真核细胞。

师：这位同学答的叶绿体的功能是植物光合作用的主要场所。有其他答案吗？

生：叶绿体是绿色植物进行光合作用的场所。整个光合作用过程都在叶绿体里进行，不应该加上"主要"2字。

师：正确！根据功能推测，叶绿体的重要成分除了DNA、RNA还应该有什么？

生：与光合作用有关的酶和色素。

师：中心体由微管蛋白构成。它的功能是？

生：中心体与细胞分裂有关，如在有丝分裂前期，发出星射线，形成纺锤体。

师：第三种细胞器是核糖体，这位同学书写正确，核糖体内还有rRNA，功能是蛋白质合成的场所。下一个内质网，粗面和滑面的功能有差异吗？

生：粗面内质网与蛋白质的合成和加工有关，而光面内质网与脂质的合成有关。

师：高尔基体的功能是对来自内质网的蛋白质进行？

生：加工、分类、包装和运输。

师：除此之外，植物细胞中的高尔基体还与什么形成有关？

生：与构成细胞壁的纤维素的合成有关。

师：纠正一下，高尔基体之所以与植物细胞壁的形成有关，是因为它与构成细胞壁的果胶和半纤维素的合成有关，纤维素的合成发生在细胞表面，而不是在高尔基体里。溶酶体中含有酸性水解酶，这与它的功能相适应。溶酶体有哪两个重要的功能？

生：溶酶体能分解衰老、损伤的细胞器，吞噬并杀死侵入细胞的病毒或病菌。

师：很好！被溶酶体分解后的产物去向如何？

生：对细胞有用的物质可以再利用，废物则排出细胞外。

师：最后一种细胞器液泡，它含有与质壁分离密切相关的什么物质？

生：细胞液。

师：其功能是？

生：调节植物细胞内的环境，还可使植物细胞保持坚挺。

师：从以上细胞器的成分、结构和功能，我们可以看到它们三者之间有密切的关系。结构和功能相统一是生物学的基本观点，一定的结构产生与之对应的功能，任何功能都需要一定的结构来完成。下面请同学看看学案考点二后的两道高考题，选什么？

生12：第1题选A，核糖体是遗传信息翻译的场所；B选项错在核糖体中的成分是rRNA，而不是mRNA；C选项错在有些核糖体是附着在内质网上的；D选项错在核糖体不能识别基因的启动子，识别启动子的是RNA聚合酶。

生13：第2题选B，酵母菌的细胞核内含有DNA和RNA两类核酸；A选项错在核糖体是无膜细胞器；C选项错在蓝藻是原核生物，无线粒体，有氧呼吸的场所在细胞质中；D选项错在叶绿体中进行光反应时可以合成ATP。

师：回答得非常好！接下来请各组同学将细胞器的成分和功能加入思维导图，进行知识的延伸和扩展，形成结构与功能相统一的观念。（教师走到同学中去查看小组讨论情况和导图制作情况，并进行个别性辅导）

师：接下来，进入我们今天的考点三，请列举高中生物5本教材中与细胞器相关的生理过程，融入各组的思维导图中，构建细胞器相关的完善的知识网络。（各组踊跃讨论，10分钟后，教师选择几组同学的思维导图投屏，请小组主发言同学讲解，各组间相互借鉴，补充完善）

生14：我们组列举的与细胞器有关的生理过程有：①细胞分裂，核糖体在间期合成蛋白质，中心体在前期形成纺锤体，高尔基体在末期形成细胞壁，线粒体给整个分裂过程提供能量；②绿色植物光合作用的场所是叶绿体；③真核细胞有氧呼吸的主要场所是线粒体；④分泌蛋白的合成和分泌与核糖体、内质网、高尔基体和线粒体有关。

师：这四种细胞器与分泌蛋白的合成和分泌有什么具体关联？

生14：核糖体合成肽链，肽链进入内质网进行加工，内质网形成囊泡包裹蛋白质运送到高尔基体进一步修饰加工成成熟的蛋白质，高尔基体再形成囊泡，包裹蛋白质送到细胞膜排出细胞。

师：回答得非常完整。请下一组同学展示。

生15：我们组思维导图中列举的生理过程还有：①细胞癌变需要核糖体合成蛋白质，线粒体提供能量；②主动运输过程需要核糖体合成载体蛋白，线粒体提供ATP；③精子变形时，高尔基体形成顶体，中心体形成尾部，线粒体成为尾基部的线粒体鞘。

生16：我们组有以下补充：①吞噬细胞吞噬病原体、细胞凋亡都与溶酶体有关；②植物细胞的质壁分离和复原与液泡有关；③神经递质的释放与线粒体和高尔基体有关。

生17：我们小组的补充是：遗传信息的翻译过程需要核糖体参与。

师：以上各小组回答得很全面，同学们课后还可以进一步补充和完善。你的思维导图除了可以采用电脑思维导图软件来制作，还可以使用传统的纸笔来完成。（教师向学生展示其他班级学生绘制的细胞器思维导图）

师：考点三的选择题我们请同学来回答。

生18：正确的答案是B，精子游向卵子所需的能量来自细胞呼吸，而细胞呼吸的场所是线粒体和细胞质基质；A选项错在溶酶体酶是蛋白质，在核糖体中合成；C选项错在顶体膜和精子细胞膜融合体现生物膜的流动性，而不是选择透过性；D选项错在受精卵细胞核中的遗传物质才是一半来自父方另一半来自母方，受精卵细胞质中的遗传物质全部来自母方。

师：解释得非常到位！这就是一道细胞器与相关生理功能紧密结合的试题。

师：同学们，我们今天的课就讲到这里，作业是进一步完善细胞器的思维导图，以及完成学案后的归纳小结和习题。下课！

生：（起立、行礼）老师再见！

师：（回礼）同学们再见！

附2:

八大细胞器及相关知识网络构建学案

【高考考纲要求】

主要细胞器的结构和功能——Ⅱ

【学习目标】

1. 在细胞亚显微结构模式图中辨别出八种细胞器。

2. 掌握八大细胞器的形态、分布、成分、结构和功能。

3. 联系与细胞器相关的生理过程,并理解细胞器间的协调配合关系。

4. 能够较全面地构建出细胞器相关知识网络。

【考点一】细胞器的形态、结构和分布

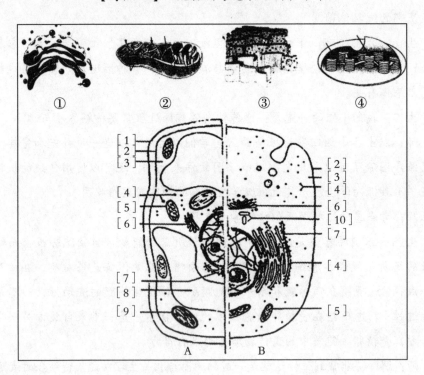

★ **辨一辨:**

[方法提炼]

辨别八种细胞器的关键:认清细胞器的 _____。

★ 连一连：

细胞器在生物体中的分布	细胞器名称	细胞器的结构和在细胞中的分布
	线粒体	无膜，由两个相互垂直的中心粒及周围组织组成
动物和某些低等植物特有的	叶绿体	无膜，游离在细胞质基质中或附着在内质网上
	中心体	单层膜，内含细胞液
大多数动物细胞不含有的	核糖体	双层膜，形态多样，内膜向内腔折叠形成嵴
	内质网	双层膜，绿色，内部有许多类囊体堆叠成的基粒
原核生物唯一的	高尔基体	单层膜，网状结构，有的有核糖体附着
	溶酶体	单层膜，由扁平的膜囊和大小不等的囊泡组成
	液泡	单层膜，内含酸性水解酶

★ 填一填：

1. 与叶肉细胞相比，植物的根细胞不含以上哪一种细胞器？

_____。

2. 哺乳动物成熟的红细胞含有上述细胞器吗？

_____。

3. 你通过实验室的光学显微镜（高倍镜、低倍镜）能观察到哪几种细胞器的形态和分布？

_____。

★ 练一练：

1.（2016上海卷，2改编）在电子显微镜下，乳酸菌和酵母菌中都能观察到的结构是（　　）

A. 核糖体和细胞膜　　　　　　　B. 线粒体和内质网

C. 核糖体和拟核　　　　　　　　D. 线粒体和 高尔基体

31

【考点二】细胞器的成分和功能

★ 默一默：

细胞器	重要成分	细胞器的功能
线粒体	DNA、RNA、_____	_____进行_____的_____。
叶绿体	RNA、_____	_____进行_____的_____。
中心体	微管蛋白	与细胞的_____有关，能在_____期，_____。
核糖体	_____，蛋白质	_____的场所。
内质网	磷脂、蛋白质、酶	粗面内质网：_____。 光面内质网：_____合成的"车间"。
高尔基体	磷脂、蛋白质、酶	①对来自内质网的蛋白质进行_____、_____、_____和_____。 ②在植物细胞中还与_____的形成有关。
溶酶体		①_____ ②_____侵入细胞的_____。
液泡	_____、色素	_____植物细胞内的_____，还可使植物细胞保持_____。

[方法提炼]

结构与功能相统一：一定的结构产生与之对应的_____，任何功能都需要一定的_____来完成。

★ 练一练：

2.（2017天津卷，1）下列有关真核生物核糖体的叙述，正确的是（　　　）

A. 遗传信息翻译的场所　　　　　　　B. 组成成分中含mRNA

C. 全部游离在细胞质基质中　　　　　D. 能识别基因的启动子

3.（2016全国Ⅰ卷，1）下列与细胞相关的叙述，正确的是（　　　）

A. 核糖体、溶酶体都是具有膜结构的细胞器

B. 酵母菌的细胞核内含有DNA和RNA两类核酸

C. 蓝藻细胞的能量来源于其线粒体有氧呼吸过程

D. 在叶绿体中可进行CO_2的固定但不能合成ATP

【考点三】细胞器的思维导图

★ 串一串：（请列举高中生物教材中与细胞器相关的生理过程，构建知识网络）

［思维导图绘制技巧］

为突出重点，思维导图中的关键词需配以图像，使用三种以上的颜色绘制；为突出层次，图中字号大小和线条粗细要有规律，间隔要有序，还可利用箭头、颜色和编码来增加思维导图的层次，关键词表述尽量精简。绘图软件参考：MinMapper（线条比较美观，适用于初学者）和Inspiration（使用起来最简单）。

★ 练一练：

4.（2015四川卷，2）精子内的顶体由溶酶体特化而来。精卵识别后，顶体膜与精子细胞膜融合，释放溶酶体酶使卵子外层形成孔洞，以利于精卵融合形成受精卵。下列叙述正确的是（　　）

A. 顶体内储存的溶酶体酶是在精子的溶酶体中合成的

B. 精子游向卵子所需的能量来自线粒体和细胞质基质

C. 顶体膜和精子细胞膜融合体现生物膜的选择透过性

D. 受精卵中的遗传物质一半来自父方另一半来自母方

【归纳小结】

★ 分一分：（请在表格中填写相关序号）

①线粒体　　②叶绿体　　③中心体　　④核糖体　　⑤内质网　　⑥高尔基体　　⑦溶酶体　　⑧液泡

分类项目	分类细目	细胞器名称
按结构	无膜的细胞器	
	单层膜的细胞器	
	双层膜的细胞器	

续 表

分类项目	分类细目	细胞器名称
按分布	动物和某些低等植物特有的细胞器	
	绝大多数动物细胞不含有的细胞器	
	原核生物唯一的细胞器	
按成分	含DNA的细胞器	
	含RNA的细胞器	
	含色素的细胞器	
按功能	能产生ATP的细胞器	
	能增殖或复制的细胞器	
	能发生碱基互补配对的细胞器	
	与主动运输有关的细胞器	
	与有丝分裂有关的细胞器	
	与分泌蛋白的合成和运输有关的细胞器	

★ 测一测:

5.（2015江苏卷，26）下图为真核细胞结构及细胞内物质转运的示意图。请回答下列问题:

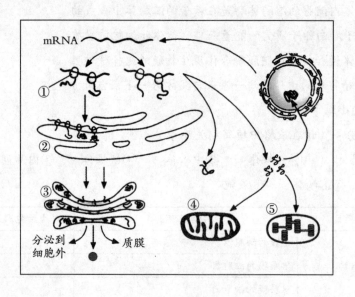

（1）图中双层膜包被的细胞器有_____（填序号）。

（2）若该细胞为人的浆细胞，细胞内抗体蛋白的合成场所有_____（填序号），合成后通过_____运输到_____（填序号）中进一步加工。

（3）新转录产生的mRNA经一系列加工后穿过细胞核上的_____转运到细胞质中，该结构对转运的物质具有_____性。

（4）若合成的蛋白质为丙酮酸脱氢酶，推测该酶将被转运到_____（填序号）发挥作用。

基于探究式实验构建生物学概念的实践研究

——以"水通过渗透作用进出细胞"为例

深圳市福田中学　张雅诗

概念构建是基于事实性知识，理解某类生物学现象或事实的总体规律，并从中抽象出生物学概念，构建概念框架的过程。《普通高中生物学课程标准（2017年版）》中指出，要提倡"内容聚焦大概念"的教学，即重视学生的概念构建过程。[1]核心概念的学习包括两个部分：一是建立在事实性知识的基础上学习；二是将概念放在一定的应用情境中赋予其意义。

科学探究是生物学学科所强调的核心素养之一。科学探究是指能够发现现实世界的生物学问题，针对特定的生物学现象，进行观察、提问、实验设计、方案实施以及对结果的交流与讨论的能力。[2]在课堂教学中开展科学探究，能有效帮助学生建立生物学观点和重要概念，促进概念构建。

探究式实验是科学探究的方式之一。选择探究式实验作为学习方式有以下几点优势：一是能丰富学生的深度学习体验，使学生经历实验选材、实验设计、实验过程以及结果讨论全过程，促进学生对概念的深度构建；二是能提高高一学生的实验技能水平，使学生认同实验在生物学中的重要地位，促进其对生物学观点的理解，提高其科学素养水平。

因此，本课题小组尝试开展"基于探究式实验构建生物学概念的实践研究"，以构建"水进出细胞的原理是渗透作用"这一重要概念为例，经过反复的授课、磨课和改进，最后总结提炼出研究小组基于研究专题的结论和观点。

课例研究课主讲人：张雅诗

课例研究时间：2020年10月～2020年11月

课例研究视角：基于探究式实验构建生物学概念的实践研究

课例研究选题：人教版（2019年版）"被动运输"中"水进出细胞的原理是渗透作用"概念

课例研究流程：

表1 课例研究流程表

时间	项目	内容
2020年10月5日	课前准备	分析考纲、教材、新课标、学生学情，备课，设计学案
2020年10月15日	第一次课试教	设计教学流程，制作课件，试教，问题诊断，修改
2020年10月28日	第二次课改进	修改教学环节，授课，再观察发现问题，提出修改建议
2020年11月11日	第三次课再改进	进一步修改教学设计，授课，再观察发现问题，提出修改建议
2020年11月20日	课后总结	收集课堂观察小组组员观察心得，主讲人撰写课例研究报告

一、教学内容分析

本节内容选自人教版必修一（2019年版）第4章第1节"被动运输"的第一课时。从概念层次分析，此章节旨在构建次位概念（2.1.1阐明质膜具有选择透过性以及2.1.2举例说明有些物质顺浓度梯度进出细胞，不需要额外提供能量），同时两者支撑重要概念（物质通过被动运输、主动运输等方式进出细胞，以维持细胞的正常代谢活动），进而支撑大概念（细胞的生存需要能量和营养物质，并通过分裂实现增殖），进一步形成生命观念（物质与能量观）。

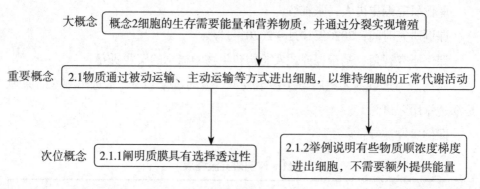

图1　本节概念层次关系

作为"被动运输"的第一课时，本节课结合课时及学情对教材进行重新梳理，将"水是如何进出细胞的？"作为学生整节课的探究问题，先是利用渗透装置构建"扩散""渗透作用"等次位概念，再将"渗透"迁移到动物细胞和植物细胞的情境中，最终构建"水进出细胞的原理是渗透作用"这一概念，即本节课的教学任务。

《2019年普通高等学校招生全国统一考试大纲》对 "物质进出细胞的方式"的要求是Ⅱ，即理解所列知识和其他相关知识之间的联系与区别，并能在较复杂的情境中综合运用其进行分析、判断、推理和评价。[3]

此外，本节课涉及与物理、化学的学科衔接。在理解渗透作用的过程中，物理学上的"扩散"现象有利于学生构建渗透作用的概念。渗透装置中涉及"浓度"，需要学生对化学中物质的量浓度与质量浓度有所区别。

二、学生学情分析

1. 学生已具备的知识基础

（1）学生已知细胞膜的功能之一是控制物质进出，并知道细胞膜具有"选择透过性"。

（2）学生在生活中见过"扩散"现象，并能清楚阐述扩散的方向是从含量高的地方到含量低的地方。

（3）学生初中已了解科学探究的一般过程。

2. 学生的科学探究能力基础

表2　学生科学探究能力基础分析

科学探究能力（内涵）	学生基础
发现和提出问题的能力	可基于生物学现象和生活经验提出
形成猜想和假设的能力	细胞膜结构的探究历程中尝试提出假设与猜想
进行简单实验设计的能力	接触较少，无基础
实验操作与实践能力	有操作基础（观察细胞内叶绿体和细胞质流动）
实验结果分析的能力	具备一定结果分析能力

三、设定教学目标

执教教师从生物学学科核心素养的四个方面，即生命观念、科学思维、科学探究和社会责任，设计了4个与之对应的教学目标。

1. 生命观念

基于渗透装置的结构，理解动物细胞与植物细胞可以通过渗透作用吸水与失水的原理（结构与功能观）；理解细胞膜"控制物质进出"功能与其结构特性选择透过性的相关性（结构与功能观）；以水举例，阐明细胞与外界环境进行物质交换和信息传递的方式（物质观）。

2. 科学思维

利用类比推理、批判性思维等科学思维，分析得出动物细胞和成熟植物细胞分别相当于一个渗透系统，可以进行渗透吸水与失水；归纳概括出渗透作用的概念内涵；构建出概念模型，理解"水进出细胞"的原理。

3. 科学探究

尝试提出猜想与假设，自主设计实验，探究植物细胞的渗透系统。

4. 社会责任

从逻辑推理和实验证明两个角度来论证动物细胞和成熟植物细胞相当于一个渗透系统，可以进行渗透吸水与失水，并将渗透作用的原理用于生产实践活动。

四、第一次课的试教

执教教师基于对教学内容与学情的分析，利用问题支架教学、探究式实验教学等策略，设计了以构建概念为目的的教学设计（见图2）。

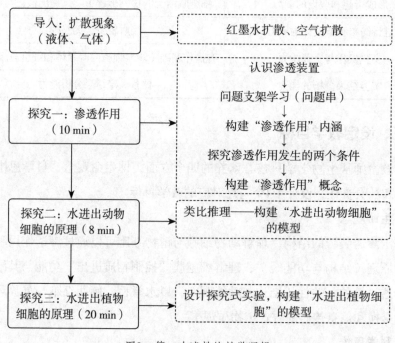

图2　第一次试教的教学逻辑

1. 教学探索中值得肯定的方面

第一，在探究一中，教师结合学生的认知规律，设计问题串，让小组合作学习解决6个小问题。在这一过程中，学生的前概念是扩散是物质从分子含量高的地方向分子含量低的地方运动，因此教师可以利用学生的此认知将对"扩散"的理解迁移到对"渗透"的理解，实现知识迁移，缓解学生在新授课中的畏难情绪，这样也符合学生最近发展区规律。

第二，在构建"渗透作用"概念过程中，教师将渗透作用拆解成内涵（渗透作用运输方向）、外延（渗透发生的两个条件）以及举例（水分子）三个部分，以问题支架式教学策略为主线，将概念的三个部分穿插其中，让学生清晰且循序渐进地通过问题解决的方式构建概念。

探究一：渗透作用

观察渗透现象并小组合作解决问题：

【探究问题】

问题1：按"扩散"的理解，该实验水分子的扩散方向是什么？

问题2：扩散的结果是什么？

问题3：如果漏斗管足够长，管内的液面会无限升高吗？为什么？

问题4：这个现象叫什么？你能不能对"渗透作用"下个定义？

问题5：如果用一层纱布代替玻璃纸，还会出现原来的现象吗？渗透作用需要什么？

问题6：如果将烧杯中清水换成同样浓度的蔗糖溶液，结果会怎么样？渗透作用的发生需要什么？

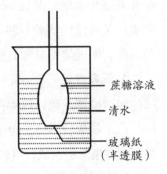

图3 渗透装置模拟

第三，执教教师在设计学案过程中将渗透装置、动物细胞、植物细胞作为三个渗透系统，让学生在不同的情境中去实现类比推理和知识迁移，思考不同渗透系统中的半透膜、外界溶液环境以及细胞状态的变化，既锻炼了学生的发散思维，又提高了学生的归纳与概括能力，这样可有效培养学科思维，促进核心素养的建成。（见表3）

表3 不同情境下渗透系统的构建

渗透系统	半透膜	浓度差		细胞状态
渗透装置	_____相当于一层半透膜	外界溶液浓度 =	细胞质的浓度	
动物细胞	_____相当于一层半透膜	外界溶液浓度 =	细胞质的浓度	
植物细胞	_____相当于一层半透膜	外界溶液浓度 =	细胞质的浓度	

此外，基于科学探究的一般方法，学生从感兴趣的"腌萝卜为什么会流出大量的水"等生活现象出发，自主提出问题、做出假设，并思考和探索植物细胞中的"半透膜"。这个过程符合探究式教学理念，既锻炼了学生的批判性思维和创造性思维，又提高了学生的科学探究能力。在探究式实验的设计中，教师提供了可选的实验材料、实验用具，利用学案提示和帮助学生一步步设计实验方案，促进学生思考的建成性。

2. 观察发现

经过授课发现，课堂存在以下几个问题：

（1）学生较难自主构建"渗透作用"的概念。学生由于此方面的训练较少，并不清楚概念的组成，且较难用专业的术语去描述渗透作用的本质和内涵。

（2）教学难点之一是理解渗透原理以及渗透平衡，教师对渗透原理的讲解稍显不足。

（3）没有及时反馈，课堂上缺乏练习题，无法清楚了解学生是否掌握，教学目标是否达成。

3. 问题诊断

第一，本节课的主线是认识不同情境中的渗透现象，而首次出现的渗透装置对于学生而言存在认知困难，原因主要是渗透装置中涉及长颈漏斗、玻璃纸等不熟悉的材料器具，这一实验的演示与生活中常见的现象有一定认知差距，课堂上给予学生认识装置的时间不足，导致学生在心理上认为这是一个难点而产生畏难情绪。

第二，学生缺乏构建概念的经验。学生尚未学习并尝试构建过概念模型，因此面对一个新的名词，学生存在的困难有不清楚渗透作用的对象、渗透作用的介质以及渗透的方向，也有学生反馈用自己的语言可以描述，但是不知道"概念"需要包括什么要素等。这些问题都是教师给予的支架和帮助不足导致的。

第三，课堂上欠缺即时反馈。在解决探究一的教学难点后，没有设计练习题让学生去解决，教师并不清楚学生的掌握情况，以及重难点知识是否落实到位，因此失去了在课堂上根据即时反馈及时调整教学任务以及时间安排的机会。

4. 改进建议

第一，在初接触渗透装置时，教师应该用丰富的教学素材，从语言、图像、视频动画等多方面让学生认识和理解。增加课堂对此装置的演示过程，能帮助学生更加清晰地认识渗透现象，抓住渗透的本质。

第二，在构建概念的过程中，教师可以增加问题支架，并将"渗透对象、渗透介质、渗透方向"三个问题添加到学案设计中，让学生先解决三个小问题，再构建渗透作用的概念。这样能更有效帮助学生解决问题，而不是在课堂讨论上无限地延长时间。

第三，在探究一小结后可以增加一道练习题作为课堂反馈。习题设置的目的是考查学生是否真正理解渗透作用的本质、渗透装置的运作规律等。此处的理解对于本节课而言十分重要，也对学生后续构建水进出动物细胞和植物细胞的方式有重要的支架作用。

五、第二次课的改进

1. 课堂教学的积极变化

（1）教学难点的解决

首先，针对学生较难自主构建出"渗透作用"概念这一教学难点，教师在此处增加了三个小问题作为支架，步步引导，循循善诱，减轻学生认知负担。（见图4）

探究——渗透现象

4.这个现象是什么？能不能对其下个定义？

渗透作用 { ·对象：水分子（或其他溶剂分子）
·介质：半透膜
·方向：从相对含量高的一侧→相对含量低的一侧

低浓度溶液 ——→ 高浓度溶液

水分子（或其他溶剂分子）透过半透膜，从低浓度溶液向高浓度溶液的扩散

图4　教学课件展示

其次，经学生反馈，探究一中对问题3"如果漏斗管足够长，管内的液面会无限升高吗？为什么？"的解决是教学难点，因此教师在此处运用简易的概念模型（见图5），清晰地展示此处的逻辑关系，并运用物理上的"压力势能"和"渗透压"等概念对渗透现象的原理进行深层分析和浅显解释，帮助学生有效解决学习难点，构建概念。由此，学生构建"渗透平衡是进出半透膜的水分子达到动态平衡的过程，此时半透膜两侧的浓度并不相等"这一观念，从而纠正课堂反馈中暴露出的错误认知。

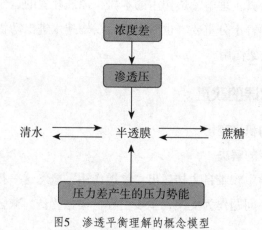

图5　渗透平衡理解的概念模型

（2）教学板块安排的改进

按照初次试教的教学逻辑，探究一、探究二和探究三的时间分配较均匀，但根据学生反馈，学生首次接触渗透作用，产生的疑点较多，需要的思考时间也需要增加。因此，在第二次试教中，教师增加了探究一的讨论时间，并在合作讨论的过程中，走近学生，引导学生思考，并促进学生思维的建成。相应地，考虑到探究二中安排的合作任务较简单，且水进出动物细胞的实例选择学生所熟悉的哺乳动物红细胞，因此探究二的时间有所缩短。

（3）增加课堂上的练习反馈

题目以渗透装置作为考查情境，与原渗透装置有所区别的是，在烧杯和漏斗内放置不同浓度的蔗糖溶液，考查学生能否实现有效的知识迁移，并掌握本小节的教学重难点。

1. 如图为渗透装置示意图，a、b分别为不同浓度的蔗糖溶液。据图6判断，下列叙述错误的是（　　）。

A. 若c为一层纱布，则不会发生此现象（考点：半透膜的必要性）

图6　渗透装置示意图

B. 实验开始时，c两侧的溶液浓度大小是a>b（考点：渗透作用的方向）

C. 实验过程中漏斗管内的液面先上升后保持稳定（考点：渗透平衡的原因）

D. 当漏斗管内的液面停止上升时，水分子进出漏斗达到动态平衡（考点：渗透平衡）

2. 观察发现

探究式实验的实验设计是本节课的另一个学习难点。学生存在以下几点困难：

（1）学生对预设的洋葱探究实验的兴趣不高，反而对生活中的植物失水现象表示好奇。

（2）面对微观的植物细胞，较难提出"植物细胞的半透膜是原生质层"的假设。

（3）实验设计困难，例如选材的依据、实验思路的建成等。

以上问题，都反映出学生自主"探究"的困难较大，也反映出教师并未提供足够的支架，引导学生有效地进行探究。

3. 问题诊断

第一，教材中预设的探究实践是以洋葱鳞片叶外表皮细胞为材料，探究植物细胞的吸水与失水现象。而这个实验对于学生而言设计负担较大，且兴趣不高。相反，学生面对生活中"腌萝卜会产生大量水分，萝卜为什么会变瘪"这一问题兴趣较高，这与学生的生活经验有关。

第二，提出假设这一能力仅在"细胞膜的结构探索历程"中有所涉及，学生接触和锻炼并不算多。同时，提出假设需要基于丰富的事实，而学生并不具有"原生质层"这一前概念，认为动物细胞与植物细胞一样，半透膜都是细胞膜，不能很好地发现两种细胞在结构上的差异，因此较难提出"植物细胞的半透膜是原生质层"这一假设。

第三，实验设计困难反映出教师给予的支架不足。学生学情是尚未尝试过实验设计，也不清楚选材的依据、自变量的设置与处理、因变量的检测等问题，而这些均是学生通过自主学习和合作学习较难完成的教学任务。

4. 进一步改进的建议

首先，针对"学生对预设的洋葱探究实验的兴趣不高"导致的探究实验缺乏主观能动性这一问题，教师可增加课前实验，让部分学生在课前自主探究感兴趣的话题，增加"萝卜渗透实验"，并在课上汇报实验的结果与结论。这样既可以满足学生的探究欲望，又可以利用萝卜渗透实验进一步证明"植物细胞也存在渗透现象"，在增加课堂的信服度的同时从宏观的渗透现象出发，一步步探究微观的渗透原理。

其次，针对"较难提出'植物细胞的半透膜是原生质层'的假设"这一问题，教师需要增加讲解与引导。要想解决这一问题，转变学生的原先概念，教师需要引导学生发现"植物细胞吸水并不会像动物细胞一般使细胞体积增大"这一认知冲突，再引导学生分析两者的差异在于植物细胞细胞壁伸缩性较小，且具有全透性，不能作为半透膜这一事实，从而引导学生认识到植物细胞吸水与失水过程中变化的是原生质层的大小，由此方能正确地提出假说。

最后，针对"实验设计困难"这一问题，教师要降低对学生的要求，显然学生很难在短暂的思考与讨论时间内完成实验方案的撰写，因此，可将完成实验方案的要求改为完善实验思路，并以填空题的方式呈现，而不是任务量和难度都较大的论述题。同时，在学案和教学中教师都要提供更多的材料和信息作为支架，减轻学生的思考负担，一步步地拆解任务，让学生沉浸式地体验实验思路的建成过程。

六、第三次课再改进

1. 课堂教学的积极变化

（1）增加"课前实验+课上汇报"模式的探究式实验

课前实验选择学生感兴趣的主题"萝卜/土豆在不同溶液中是否会出现渗透现象"作为探究问题，由部分学生组成两个小分队，分别完成两个实验（见图7、图8），并记录好实验结果（见图9、图10），用于上课进行汇报展示和结果分析与讨论。

图7 土豆渗透实验

图8 萝卜渗透实验

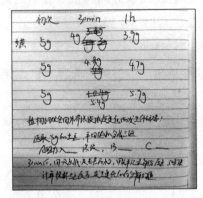
图9 实验原始数据记录（土豆组）

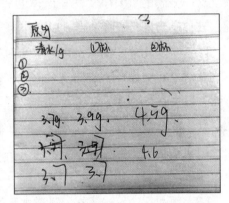
图10 实验原始数据记录（萝卜组）

经过实验后，学生在课堂上汇报两组实验结果以及遇到的问题。两组的探究看似原理与操作相似，但实验结果却反映出了不同的问题。例如，萝卜组放在15%NaCl溶液中第二次记录的数据没有变化、放在清水中反而出现体积增大的现象。这些异常的结果有可能是实验误差引起的，也有可能是新的探究问题。因此，实验结果的分析，有助于培养学生的实验分析能力和步步钻研的探索精神，并引导学生尊重实验结果，认同科学探究尊重事实的重要理念。

"课前实验+课上汇报"这一模式能有效地利用课堂40分钟的时间，将占用时间较多的实验过程放在课前，而将有利于解决教学重难点的汇报部分放在课上进行。通过萝卜/土豆渗透实验的小组汇报，学生大体对实验设计有一定的感性认识，降低下一步"探究植物细胞吸水与失水"实验的探究难度。该实验承接渗透现象从宏观到微观进一步探究，使探究具有较强的连续性，有利于学生发散思维和聚合思维的锻炼。

（2）转变"植物细胞的半透膜也是细胞膜"的认知误区

教师在学案上增加植物细胞结构的复习，让学生回忆植物细胞的最外层是细胞壁而不是细胞膜，先提出"半透膜是否是细胞壁"这一问题，否定这一假设后，讲授"原生质层"的概念，再让学生重新提出假设。经过两次做出假设，学生逐步地从认知冲突，到同化，再到重新构建植物细胞的渗透系统。整个过程有逻辑，符合学生的认知规律和最近发展区理念，可以促进学生类比推理能力和批判性思维能力的形成与提高。

同时，学生理解细胞壁和原生质层伸缩性的差异是构建"原生质层是半透膜"这一概念的重要事实性知识，也是后续理解质壁分离的重要教学知识。因此，教师应当将此解释清晰，以此作为支架，帮助学生提出假设。

（3）步步化解"实验设计"中的困难

针对"实验设计困难"这一问题，教师从精简与拆解任务、提供支架两个方面去解决。

首先，对学生的要求从完成实验方案改为构建基础的实验思路。如：

（1）选取＿＿＿＿＿细胞，观察其＿＿＿＿＿＿＿＿＿＿＿＿＿＿＿＿＿＿，作为初始状态。

（2）滴加＿＿＿＿＿溶液，观察细胞的＿＿＿＿＿＿＿＿＿＿有没有变化。

（3）滴加＿＿＿＿＿溶液，观察细胞的＿＿＿＿＿＿＿＿＿＿有没有变化。

由此，任务就被拆解成了三个小问题：选择什么细胞作为实验材料？如何控制自变量（外界溶液的设置）？应该如何检测因变量（观察细胞什么结构的变化）？这样逐步地解决问题能减轻学生在完成任务中的负担，并能在较短时间内有效地构建实验的核心——实验思路。

其次，在整个过程中增加材料、引导性话语等作为支架。例如，在选择材料前，教师先引导学生得出较好的实验材料需要具备的条件，再让学生在熟悉的几种细胞中进行选择。化填空题为选择题，并步步排除，有助于学生的思考建成。此外，在学案中添加对"假设""实验思路"等专业名词的介绍，让学生在明确学习任务的情况下进行实验设计，清晰有效地解决问题。

2. 进一步改进建议

第三次试教的效果明显优于前两次，但依旧存在几点问题。

第一，课堂上内容满满，学生的思考和讨论时间稍显不足。教学重点是构建动物细胞与植物细胞的渗透系统，而教学难点在于利用渗透装置理解渗透原理以及探究植物细胞吸水与失水的实验设计。教学重点与难点都需要花费较长的时间让学生思考、构建。因此，可以考虑精简内容，考虑学生汇报的精简性或将教学内容做适当调整。

第二，课堂最后缺乏总结。本节课的主线是围绕渗透装置、动物细胞、植物细胞三个情境，构建不同情境下的渗透系统。因此，可以利用主线对课堂进行总结，突出课堂的思维逻辑，增强学生对这节课内容的记忆，实现更有效的学习。

第三，课堂上的即时反馈可以更加丰富。整节课只有探究一后的一道习题作为学习反馈，其余反馈来自学生小组讨论过程中与教师的交流，稍显不足。可以考虑精简教学任务后加强每个知识点后的反馈，可以采用提问、课堂练习、运用知识解释生活现象等方式。

七、三次课演进的脉络

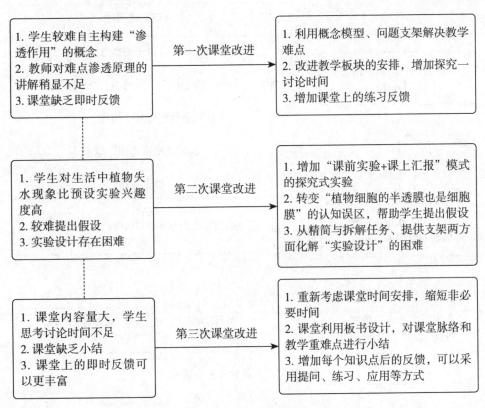

图11 三次课演进的脉络

49

第一次课的情况：以探究一（渗透作用）、探究二（水进出动物细胞的原理）、探究三（水进出植物细胞的原理）三个探究作为课堂逻辑主线，将教学重难点放进三个探究中依次解决，利用学案驱动任务，小组间合作交流，使学生沉浸在探究学习和概念构建的过程中，促进学生科学思维的发展和科学探究能力的提升。

第二次课发生的变化：针对第一次试教后出现的三个问题，第二次课进行了三方面的改进（见图12）。利用概念模型构建策略和问题支架教学策略，减轻学生对教学难点的认知负担，促进学生构建本节课的重要概念。

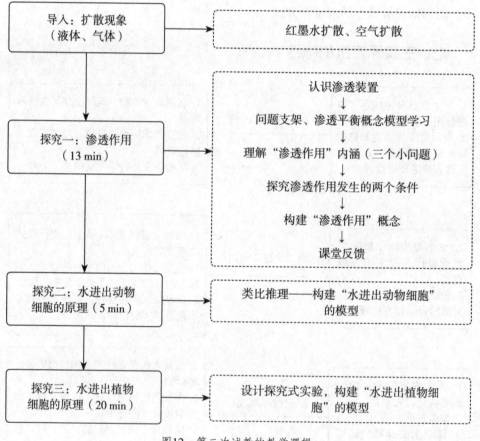

图12　第二次试教的教学逻辑

第三次课的变化：为了更好地将探究式教学融入课堂，并丰富学生的实验探究体验，第三次课加入了"课前实验+课上汇报"的探究式实验模式（见图

13）。这一改进既丰富了学生的实验体验，又促进了学生"实验结果分析与讨论"能力的提高，提升了学生的科学探究能力素养。此外，探究式实验过程能增加学生对"植物细胞的渗透系统"这一概念的建成性，促进其对"植物细胞的半透膜是原生质层"的理解与认同。

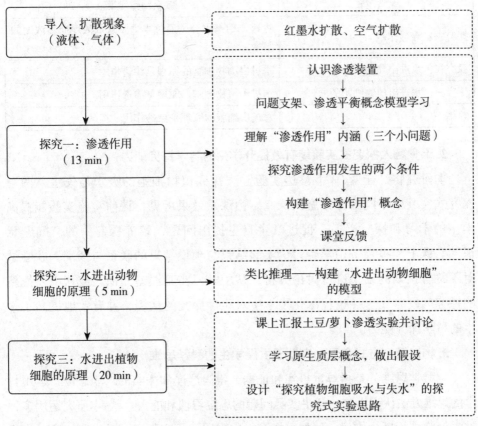

图13　第三次试教的教学逻辑

八、研究形成的共识与结论

通过开展"基于探究式实验构建生物学概念的实践研究"，研究小组形成的阶段性共识与结论如下。

1. 探究式实验可促进生物学重要概念的构建

概念的构建离不开下位具体概念或大量事实的支撑，所以教学重心应围绕大概念使用事实和证据，而探究式实验是概念形成中最重要的一种途径，它可以为概念形成提供一手证据。例如，本研究通过三个小探究串联课堂脉络，并在不同探究中构建不同的渗透系统，完善本节课的重要概念"水进出细胞的原理是渗透作用"。（见表4）

表4　概念构建过程

课堂逻辑	概念构建成果
探究一：渗透作用	渗透作用是水分子通过半透膜从低浓度向高浓度的扩散
探究二：水进出动物细胞的原理	水进出动物细胞的原理是渗透作用
探究三：水进出植物细胞的原理	水进出植物细胞的原理是渗透作用
总结	水进出细胞的原理是渗透作用

2. 课堂融入探究式实验能有效提升学生的科学探究能力

本研究将"土豆/萝卜渗透实验""探究植物细胞的吸水与失水"两个探究式实验以不同的方式融入课堂。由课堂效果可见，课前实施实验能提高学生的学习和探究兴趣，促进学生自主提出问题，培养探究中的"问题意识"。课上汇报环节中学生讨论实验结果与预设结果的联系与区别，并尝试对不符合预期的结果进行讨论分析，从中学习实验误差知识，或从中发掘新的探究问题等，这一过程深化了学生对科学探究的认识，并有效地提高了学生的科学探究能力。

3. 构建概念方式多元，有助于发展学生的科学思维

"科学思维"是指尊重事实和证据，崇尚严谨和务实的求职态度，运用科学的思维方法认识事物、解决实际问题的思维习惯和能力。[4]本研究运用多种教学策略进行概念构建。例如在探究一中采用问题支架式教学串联问题，步步引导学生思考并构建出"渗透作用"概念，同时锻炼了学生的批判性思维能力与归纳概括能力。同时，在解决"渗透平衡"原理这一教学难点时，运用概念模型的建模策略解决了理解难点，也培养了学生的模型与建模的思维能力与习惯。科学思维尊重事实与逻辑，本研究在探究三中通过探究式实验引出实验结果作为事实依据，在顺利构建概念的过程中深化学生尊重科学事实的观念与态度，促进学生科学思维的培养与建成。

九、同行评议

图14　工作室成员课后研讨

彭莹：

本节课完成度高，主线十分清晰。作为被动运输的第一课时，渗透作用、原生质层等概念对本章节有重要的承上启下作用。本节课最亮眼的地方，在于全班一起分析第二组的异常实验数据。高中实验课时间有限，往往教师会更加重视学生的实验操作或对实验原理的理解，而实验后的结果分析实际十分考验学生对实验的理解程度，且是高考中考查的重要能力之一，许多高考试题均以课本实验为原型，以实验结果或现象为题目素材，从中考查学生的实验能力。因此，本节课通过分析实验失败的原因，达到锻炼学生实验结果分析能力的目的，也可更有效地帮助学生理解植物细胞的吸水与失水现象，且在一定程度上激发学生对此问题的探究兴趣和学习兴趣。

朱文艺：

课堂节奏把握得很好，环环相扣，每个环节都能看到学生沉浸在学习或讨论的氛围中。课堂的互动性较强，学生与学生间、学生与教师间都有较长时间的良性互动，且针对教学重难点有很好的引导与互动，从而达成教学目标。渗透平衡的原理讲解较好。此处是教学难点，也是很多学生很难理解的地方，但并不是本节的教学重点，故不宜花太长时间纠结于此。而执教老师用简单的渗

53

透压、压力势能以及学生熟悉的受力分析原理，解释了渗透平衡时并非半透膜两侧的浓度相等，而是压力势能与渗透势能达到平衡的状态。

学生配合度高，在实验汇报环节，让学生主动走上讲台的效果比教师直接展示实验结果更佳。

不足的是教学重点不够突出，本节课的重点可以落到"渗透作用的本质实际上是自由扩散"上，从而将被动运输的概念点出来，这样能使此节课的完整性更高，也能使所构建的概念层级有所提升。探究式实验若是要在课堂上展示结果的话，建议选择实验效果明显，能更直观、快速看到实验现象的实验。本研究采用的土豆/萝卜渗透实验将土豆/萝卜的重量作为实验数据，实验效果尚可改进。

雷蕾：

本节课的构思巧妙，逻辑清晰。采用三个不同环境的渗透作用作为情境，承接自然。三个探究间有共性也有区别，能让学生很好地进入情境中解决问题，也能促进其归纳与概括能力的提升。本节课的实验思维构建较为突出。实验是生物学的重要部分，学生要清楚地认识到生物学是一门实验学科，而不是单纯的知识教学。因此，本节课通过让学生汇报已完成的实验，并在课堂上对实验进行分析、讨论，以促进学生实验思维的建成。

稍显不足的是，本节课的板书较为简单。可以尝试将课堂的脉络呈现在板书上，以便最后的课堂小结与复习，提高课堂的完整性。整节课只有一道练习题，对于学生反馈知识掌握情况而言是不够的。建议丰富每个知识点后的反馈，并尝试以多元的方式丰富课堂上的即时反馈。

庞亚林：

对"渗透压"的解释有待商榷，旧版教材对渗透压的解释是溶质颗粒对水的吸引力，但是究竟是压力还是吸引力，这点需要弄清楚。本节课的容量较大，可以适当减少一些内容。

房薇：

可尝试将学习目标告诉学生，让学生更明确在课堂中需要掌握的要点是什么，并利用板书对课堂进行梳理和总结。本节课能很好地利用学案，让学生每完成一个任务都能将成果书写下来，给予学生足够的记忆点，让学生产生"有所获"的感受。如何更好地发挥学生的"主观能动性"是课堂氛围改善的重点，这节课通过学生自主展示汇报、小组合作探究等方式提升了学生的课堂参与度。

王娟：

与学生的有效互动是本节课的亮点。本节课的教学目标更多落在科学探究能力的培养和科学思维的建成上，但对于社会责任、生命观念两方面的核心素养也应该有所要求。例如，在课堂上，可以让学生尝试运用渗透现象、细胞吸水与失水原理等去解释生活中的现象。这样可以促进学生对知识与原理的运用，也可以加强学生运用生物学的知识与方法的意识，还能促进教师运用更加丰富的教学素材多方位地培养学生的核心素养。

参考文献

［1］中华人民共和国教育部.普通高中生物学课程标准（2017年版）［M］.北京：人民教育出版社，2018.

［2］张颖之，刘恩山.核心概念在理科教学中的地位和作用［J］.教育学报，2010，6（1）：57-61.

［3］教育部考试中心.2019年普通高等学校招生全国统一考试大纲［M］.北京：高等教育出版社，2018.

［4］卢晓华，乔文军，周有祥.基于实验的科学概念构建教学设计：以"植物细胞的叶绿体从太阳光中捕获能量"为例［J］.生物学通报，2020，55（3）：20-23.

附：

第三次课的课堂教学实录：水通过渗透作用进出细胞

师：上课！

生：起立！老师好。

师：同学们好，请坐。

师：我们生活中经常能看到一种现象，让我们来看个视频，同学们告诉我这是什么现象。

（观看红墨水实验和气体扩散）

师：你们看到了什么？

生：看到红墨水慢慢蔓延，最后整杯水都变红了。然后是二氧化氮气体与空气融合的过程，二氧化氮从下面的瓶子慢慢向上蔓延。

师：蔓延？有没有同学能用更专业的词语告诉我，这是什么现象？

生：扩散。

师：没错，扩散的方向是怎样的？能不能单纯用从下到上去描述？如果用"含量"去形容，怎么描述？

生：不能，应该是从扩散的那个物质含量高的地方往含量低的地方扩散。

师：很好。所以我们清楚扩散就是物质从含量高的区域向含量低的区域自然运动的现象。

师：那现在让我们来开始今天的第一个探究。首先要认识一下这个装置，有没有学生来描述一下这个装置？

生：这个装置中有我们见过的器材，比如烧杯，还有新出现的器具比如这个脖子长长的漏斗叫作长颈漏斗。这个情境是，烧杯中装有一定量的清水，在长颈漏斗中装有一定浓度的蔗糖溶液，两者的液面在同一高度。

师：很好。要注意的是，在长颈漏斗与烧杯接触的部分，我用玻璃纸将其包扎。而玻璃纸是一种具有一定孔径，可以让小分子物质通过（如水分子），而大分子物质不能通过的一类薄膜。这种能让部分物质通过的膜，叫半透膜。那你们告诉我，在这个实验里，能透过半透膜的物质是什么？

生：水分子，蔗糖分子太大不能透过半透膜。

师：很好。接下来，请同学们看学案的探究一，一共有6个问题，每个小组进行讨论交流，思考一下这6个问题。

生：（小组讨论）

师：好，大家讨论的热情都很不错。我们来一个个分析。首先，按照对"扩散"的理解，该实验水分子的扩散方向应该是？

小组1：应该是从含量高的地方向含量低的地方扩散，所以应该是从清水向蔗糖扩散。

师：好，让我们仔细看看。这两者的浓度谁更高？

生：蔗糖溶液的浓度＞清水（浓度为0）。

师：那么，单位体积的水分子数应该是？

生：清水＞蔗糖。

师：很好。因为单位时间内从清水到蔗糖溶液的水分子数会多于从蔗糖溶液到清水的水分子数。所以说明，水分子是不是单向移动的？

生：不是，水分子的移动是双向的。

（PPT展示扩散方向，用箭头的粗细来表示水分子数的多少）

师：好，第二个问题，扩散的结果反映出来会是怎么样的？

生：漏斗的液面会上升。

师：很好，那么如果漏斗管足够长，管内的液面会无限升高吗？

生：不会。（大声）

师：为什么？

生：（窸窸窣窣的讨论声，但是意见并不统一）

师：何时会停止升高？

生：当两边浓度相等的时候！（肯定）

师：（偷笑）好，究竟是不是当两边浓度相等的时候呢？

师：其实不是。请物理课代表来给我们做个受力分析，分析对象是"半透膜"，在不考虑重力和浮力的情况下。

生：半透膜会受到由于渗透作用，向漏斗里扩散的水分子的压力。

师：还有没有？

图15 课堂瞬间

生：当水柱升高的时候，还有水柱带来的压力。

师：很好，所以水柱不再上升是因为水柱高度带来的压力势能与渗透作用引起的渗透压平衡所导致的。

（展示概念模型）

师：我们看PPT，首先由于浓度差，会引起渗透作用，从而导致溶质分子对水产生吸引力，这就是渗透压。渗透压会使水有往漏斗中运动的势能。但是，当水柱上升到一定高度后，水柱也会产生一种势能，使水有往烧杯中运动的势能。当两个势能达到平衡时，水柱就不再上升，就是达到了渗透平衡。

生：原来是这样。（点头，感叹，记笔记）

师：好，到此我们能不能给渗透作用下个定义呢？从对象、介质、方向三个方面来说。

生：对象是水分子，介质是半透膜，方向是从低浓度向高浓度扩散。

师：很好，补充一下对象也可以是其他溶剂分子，方向可以从含量、浓度两个角度进行不同的描述。

师生：因此，渗透作用就是水分子或其他溶剂分子，透过半透膜，从低浓度溶液向高浓度溶液扩散的现象。

师：好，那如果用一层纱布代替玻璃纸，还会出现原来的现象吗？为什么？

生：不能，因为纱布不是半透膜，它也可以让蔗糖分子通过。

师：很好。那如果将烧杯中溶液换成同样浓度的蔗糖溶液，结果会如何？

生：液面会保持不变。

师：因此，渗透作用的发生需要什么条件呢？

生：半透膜和浓度差。

师：没错，需要半透膜和半透膜两侧溶液的浓度差。到此，我们就学习了本节课的一个重要概念——渗透作用。接下来请同学们看一下这道题（具体题目见上文45页），检测一下自己的学习成果。

（一段时间后）

师：请同学来讨论一下四个选项吧。

生：A选项是对的，纱布不是半透膜。B选项不清楚，然后C刚才说过，液面会达到平衡所以不再上升，所以D也是对的。

师：嗯，很好。这位同学是用排除法选出来的。那究竟B选项错在哪里呢？要想判断浓度大小，要看什么？

生：水分子总体的扩散方向。

师：那水分子往哪个方向扩散得比较多？

生：从烧杯往漏斗。

师：所以按照水分子从低浓度溶液向高浓度溶液扩散的特点，你们说哪里浓度高？

生：漏斗！（肯定）

师：很好，所以应该是b＞a。

（展示第二个探究活动——动物细胞的吸水与失水）

师：现在同学们思考一下，渗透作用也会在动物细胞中发生吗？如果会，动物细胞的半透膜是什么？讨论，并做出假设。

生：（讨论，并完成表格）

师：很好，表格的完成情况都不错。但是我们仅仅根据猜测能不能说明结论呢？

生：不能。要通过实验去证明。

师：好，这个实验已经有人替我们做过了。我们来看看。

（展示哺乳动物红细胞在不同溶液中的形态）

师：同学们可以看到，当外界溶液浓度大于细胞质浓度时，细胞失水皱缩；当外界溶液浓度等于细胞质浓度时，细胞保持原正常形态；当外界溶液浓度小于细胞质浓度时，细胞会吸水膨胀，到达一定程度，会？

生：涨破。

师：没错，这就是由于渗透作用引起的细胞吸水与失水。所以水进出动物细胞的原理是？

生：渗透作用。

师：好，那么植物细胞呢？植物细胞有没有渗透现象？

生：有，比如家里腌萝卜的时候会出很多水，说明植物细胞在高盐环境下也是会失水的。

师：很好，我们鼓励大家从生活现象中发现问题，这位同学就是很好的榜样。我请部分同学在课前完成了一个小实验，刚好能解答同学们现在的疑惑。那现在，我们请这两组同学派代表上来汇报一下自己的实验过程和实验结果吧！（掌声）

图16　土豆组学生汇报

生1：我们小组是用土豆作为实验材料，探究土豆细胞的渗透现象。把等量的5 g土豆放在三个烧杯里，烧杯分别放置质量浓度为20%的蔗糖溶液、10%的蔗糖溶液和清水。我们预测A、B组的土豆重量会减小，A组会比B组重量减少得更多，然后C组会增加重量。实验数据如下表，实验结果和我们预测的是保持一致的！（自豪）

师：所以，可以说明什么呢？

生1：说明土豆细胞中存在渗透现象，会随外界溶液的变化而发生吸水或失水。

师：很好，掌声鼓励一下，能顺利完成这个实验需要他们长时间的观察，并不是这么容易的。接下来，我们有请萝卜组汇报。

生2：我们的实验目的是探究萝卜细胞的渗透现象，做法和他们组很相似，也是放在三个烧杯中，分别加入15%的NaCl溶液、9%的NaCl溶液和清水。但是不太理想的是，我们的C组萝卜重量没有增加，反而减小了！（摊手）

生：（喧哗）

师：咦，这是为什么呢？

生2：（小声）我猜……应该是我们操作有失误造成的。

师：那你们回忆一下可能是什么失误？（温柔）

生2：可能……我们测的时候没有擦干水吧，也有可能是天平使用得不准确。

师：嗯嗯，这种情况有可能是实验过程中的失误造成的，我们称作实验的偶然误差。不需要自责，这是实验过程中很容易发生的，所以科学实验需要有一个重要的标准，就是可重复性。只有经得住反复实验验证得出的实验结论，才是真正可靠的！

生：（点头）

图17　教学有序进行

师：好，同学们还有没有注意到一个结果比较奇怪呢？

生：A组为什么30 min和60 min的结果一样呢？

师：你们觉得这是为什么？（歪头）

生：难道……也是误差？

师：哈哈，别什么不好的数据都推给误差哈，我们用生物学知识解释一下。

生：啊！我知道了！是不是，细胞已经死了？

师：非常好！这位同学的脑袋动得很快哈。我们刚才讨论动物细胞的时候有说过，当外界浓度过大，细胞会怎么样呢？

生：死亡。

师：那死亡后会怎么样？

生：细胞就不会继续失水了，细胞膜失去半透膜的性质。

师：很好，这可能就是数据没有变化的原因。这也启示我们，当实验数据不理想的时候，我们不能想着修改数据，一定要尊重科学事实，并从中去分析，寻找原理，甚至有可能会找到一些新的发现。

生：好。（点头）

师：好，由这两个实验我们能得出什么结论呢？

生：植物细胞存在渗透现象。

师：那究竟植物细胞的半透膜是什么呢？和动物细胞一样，也是细胞膜吗？我们来回忆一下植物细胞的结构。

（展示植物细胞的结构，并提问回忆）

师：好，请问，细胞壁能不能充当半透膜？

生：不能，细胞壁是全透性的。

师：全透性是什么意思？（挑眉）

生：（自信）就是什么物质都可以通过。

师：好，所以它失去了作半透膜的资格，那谁有这个资格呢？

生：要实验才知道！（现学现用）

师：哈哈，没错。但我们先要尝试提出猜想，这叫假设。我们来关注一下，具有半透性的膜有细胞膜和液泡膜，而我们知道植物细胞内大部分的液体存在于液泡中，我们将细胞膜、液泡膜和两层膜之间的细胞质称作原生质层，所以……

生：有可能半透膜是原生质层。

师：没错，因此我们就做出这样的假设。接下来，请同学思考并讨论学案中的三个问题 [选用什么实验材料？如何控制自变量（外界溶液设置）？应该观察细胞什么结构的变化？]。

生：（讨论并完成学案）

师：好，首先应该选择什么样的实验材料？

生：能看清液泡大小的，那液泡就要比较大，而且最好有颜色。

师：很好。所以我们要选择具有又大又有颜色的液泡的高等植物细胞。那就应该是？

生：洋葱鳞片叶外表皮细胞。

师：很好。内表皮行不行？

生：不行，内表皮细胞的液泡没有颜色。

师：那黑藻叶肉细胞可以吗？

生：应该不可以吧？液泡也没有颜色。

师：的确，但是这个黑藻叶肉细胞具有较多较大的叶绿体，也可以通过观察叶绿体的变化来观察细胞质大小的变化。但效果最好的还是？

生：洋葱鳞片叶外表皮细胞。

师：那接下来，请思考后两个问题，完成实验思路的填写。

生：（填写自变量的控制和观察细胞的位置）

师：好。所以实验思路是：选取洋葱鳞片叶外表皮细胞，观察其液泡大小和原生质层的位置，作为初始状态；滴加0.3 g/mL蔗糖溶液，观察细胞液泡大小和原生质层的位置；滴加等量蒸馏水，观察细胞液泡大小和原生质层的位置。

师：很好。由于时间关系，这个实验我们下节课再去尝试。那让我们来小结一下本节课，首先从渗透装置，我们得出了渗透作用的概念，再进一步探究动物细胞和植物细胞内的渗透现象，最终得出水进出动物细胞和植物细胞的原理是？

生：渗透作用。

师：下课。

基于科学思维养成的课例研究

——以"降低化学反应所需要的活化能——酶"一课为例

深圳市梅林中学　周爽楠

　　思维在学习和生活中无处不在，《辞海》中对思维的解释为"理性认识的过程和结果"或"个体反映客观现实的能动过程"。可见，思维是对客观事物的间接或者概括的反应，它是以感觉、知觉和表象为基础的一种高级认知过程。而科学思维，不同学者有不同的看法，国外学者库恩将科学思维简单明了地定义为"有意识地寻求知识"，也包括以寻求和加强知识为目的的思考，这种思维能力不只是科学家才能具有，普通人也应该拥有科学思维。基于此，笔者认为科学思维是在学习科学概念的过程中建立生命观念的有效工具，它贯穿于整个科学探究之中，在"社会责任"的"做出理性解释和判断"中发挥着不可或缺的作用，培养学生科学思维能力已成为教学的主要内容。

　　课例研究时间：2018年10月8日到10月20日

　　课例研究视角：基于科学思维养成的"降低化学反应所需要的活化能——酶"课例研究

　　课例研究选题：降低化学反应所需要的活化能——酶

　　课例研究流程：

表1 课例研究流程表

时间	项目	内容
2018年10月8日	课前准备	导学案、课件准备，实验材料和装置准备
2018年10月10日	第一次课试教	第一次课讲解了第一节的全部内容，包含酶的实验探究、酶的本质探究、酶的特性。发现内容太多，一节课讲不完。
2018年10月11日	第二次课改进	删掉部分内容，将内容完善为酶的本质的探索、酶在细胞代谢中的作用的探索和酶的作用机理的探索，并且加了课堂演示实验，但课堂小结太简略。
2018年10月12日	第三次课再改进	课堂中重点强调生物科学思维的养成训练，以酶的本质的探索为契机，突出学生对科学思维的感悟。通过学生的角色扮演活动，提高了学生的表达能力。演示实验改进为小组实验，增加了学生的动手机会，课程最后以思维导图的形式进行课堂小结。
2018年10月20日	课后总结	组内教师互评，学生评价，教师反思，课例研究的撰写。

一、教学内容分析

《普通高中生物学课程标准（2017年版）》一书中将生物学学科核心素养的四个要素定为生命观念、科学思维、科学探究和社会责任。通过科学思维的培养，学生不仅能够在课堂中学到足够的知识和技能，也有能力应对课堂之外的生活。而其中科学思维的培养应该放在高中自然科学课程的教学过程中，其中的一个重要策略就是论证或者科学论证，并以此来发展学生的论证技能，促进他们科学思维的发展。"降低化学反应所需要的活化能——酶"这一节中酶本质的发现历程就涉及众多科学家的论证过程，有利于学生科学思维的培养和发展。这一节承接上一节的物质跨膜运输内容，并以初中生物知识"消化"为基础，为细胞呼吸和光合作用的学习奠定了基础，是学生学习必修一"分子与细胞"建立结构与功能观、物质与能量观的重要节点。如果在酶这一节的教学中，向学生展现科学家在探索过程中的实验历程，引导学生从生物科学家的观点去解决科学问题，从科学本质的角度理解生物学现象，就能够实现新课程标准对培养核心素养的要求。

二、学生学情分析

在学习必修一第二章的内容时，学生就已知蛋白质具有催化的功能。通过导学案的学习，学生也清晰地知道酶的一些特性，比如高效性和专一性，但是大部分学生并不清楚酶的作用机理。这就是本节课要解决的难点之一。此外，学生在初中时已经知道了化学反应的本质，所以对酶的活性这部分内容有一定的了解，也具备基本的科学探究能力。因此这节课设计为探索酶的历程等内容是合理的。

三、设定教学目标

（1）举例说明酶在细胞代谢中的作用。（基本生物学概念）

（2）概述酶的化学本质，比较酶和无机催化剂的异同。（基本生物学概念）

（3）举例说明酶的特性。（基本生物学概念）

（4）能用自己的话描述酶的探索过程。（科学探究）

（5）通过阅读分析"关于酶本质的探索"的资料，认同科学是在不断地探索和争论中前进的。（理性科学思维）

四、第一次课的试教

老师选择的是人教版必修1第5章第1节的内容"降低化学反应所需的活化能——酶"。这一节承接上一节的物质跨膜运输，也为后面的细胞呼吸和光合作用做铺垫。执教老师为这节课设计了科学合理的教学目标和严谨的教学过程。

1. 教学探索中值得肯定的方面

执教老师为该堂课设计了四个教学目标，通过课堂导入、分组讨论、科学史的探讨等过程来展开教学。整节课非常流畅，气氛很活跃，师生关系融洽，具体表现为以下几个方面。

（1）课堂导入过程中，以物理性消化和化学性消化的辨析为导入点，很容易就能引起学生的好奇，从而流畅导入课程。

（2）酶的本质探索过程中，学生能通过科学家的探索历程联想到自身的学习过程，比如课堂上有个学生发言"科学探索真的是无止境的过程，很多时候不经意的发现就会导致新的发现"，另一个学生发言"很多时候我们只需要再坚持一下下，可能就成功了"等，这很好地体现了学生的科学思维。

（3）酶在细胞代谢中的作用的探索过程中，执教老师对变量的描述非常详细而到位，课堂上学生的反应较积极。

（4）酶的作用机理的探讨过程中，执教老师用的动画非常新颖，能较好地吸引学生的注意力。

（5）教学目标设计合理，符合学生的认知发展特点和课程标准要求。

2. 观察发现

（1）课堂教学的重点不够突出，时间分配不太合理，导致酶在细胞代谢中的作用的探索这部分内容没有着重讲，以及最后一个板块的内容结束得较为突兀。

例如：课上有学生小声问，无关变量是否一定需要控制住？无关变量又包含哪些？执教老师没能听到该问题，也表明学生对这个内容理解得不够透彻。

（2）课堂时间分配不合理，课堂环节最后的总结部分不够全面。

（3）此节内容中有实验，课上并没有体现实验的具体过程。

3. 问题诊断

（1）课堂时间分配不合理，既然执教老师的课题注重科学思维的养成，那么本节课的内容就应该有所侧重和删减，着重酶的本质探索。

（2）课堂虽然是探究式的，但是学生的探讨时间过少，整堂课还是以教师的讲授为主。

（3）课堂小结太过突兀和简单，酶这一节内容其实非常有逻辑，可以以思维导图形式进行小结。

4. 改进建议

（1）弱化部分内容，比如酶的特性

一节课只有40分钟时间，而本节课的重点是培养学生的生物科学思维，因此可将课程一分为二，本次课中着重体现酶的本质探索和酶在代谢中的作用这两部分内容。酶的本质探索这部分内容是典型的生物科学史材料，深入研究有助于培养学生的科学思维。酶在代谢中的作用这一部分是典型的实验内容，抓住实验教学，有助于学生科学思维的形成。酶的特性等内容可以放在第二节课讲。

（2）以学生为主体，教师为主导

课堂中尽量将探索和动手机会留给学生，教师只是引导，实验操作和探索历程都可以以小组为单位讨论和总结。

（3）画思维导图总结课程内容

本节课的教学目标之一是培养学生的科学思维，而画思维导图本身就是一个认知的过程，一个将知识点进行联系的过程，也能很好地体现学生的科学思维。

五、第二次课的改进

1. 课堂教学的积极变化

（1）执教教师准时完成了预设的教学计划，时间分配比第一次课更合理，内容也有所侧重。在酶的本质探索这一块，环环相扣，通过设置一系列疑问让学生清晰了解酶的本质的探索历程。首先通过巴斯德的提问来引发学生的思考，进而引出持完全不同观点的科学家李比希的探究历程，然后又引入李比希和巴斯德的争吵的故事来引出萨姆纳的观点。

（2）课堂中加入了学生实验操作的环节，课堂气氛更加活跃。学生的学习兴趣也明显得到提升。

师：准备好实验装置，请两位同学上来给大家演示实验。

生：邱同学、潘同学上来。

师：同学们，我们一起来看这两位同学做实验。首先，我们第一步干什么？

生：阅读教材，选取四支试管（与此同时，学生也在进行演示实验），标上A、B、C、D。

师：思考，为什么要对试管进行标号？

生：否则在实验过程中容易混淆。

师：实验过程中一定要遵循分组原则，标记每一组的组号显得尤为重要。

师：实验第二步往四支试管中加入等量的过氧化氢溶液，为什么要加入等量？

生：控制变量。

师：控制什么变量呢？引入变量的相关概念，即变量分为无关变量、自变量和因变量。

师：复述实验第三步的步骤，引导学生观看实验现象，并记录现象。

师：通过演示实验，我们可以看出酶与无机催化剂相比，能明显提高化学反应的速率，所以酶的作用就是高效的催化作用。

2. 观察发现

（1）在讨论酶的本质的探索历程时，课堂稍显混乱，没有进行分组讨论。导致课堂上出现了七嘴八舌的现象。

（2）学生参与的时间过少，课堂还是以教师讲授为主。

（3）实验过程中，只有两个学生参与演示实验，参与的人数太少。

3. 问题诊断

（1）教学设计中有分组讨论这一环节，课堂中学生围坐也体现了小组讨论的要求，但是实际教学中只是流于形式，并没有充分调动各个小组的积极性。

（2）演示实验如果只是少数人参与，教学效果将大打折扣。

4. 进一步改进建议

（1）分组教学应该落到实处，课堂可通过评比或适当奖励等方式来调动小组的积极性。

（2）每个小组都进行演示实验，并且让每个小组进行总结，可以以实验报告形式呈现出来。

（3）在酶的本质探索内容教学时，可以让小组代表以角色扮演的形式来呈现实验的探索历程。

六、第三次课的改进

1. 课堂教学的积极变化

（1）小组讨论气氛更活跃，成员之间的讨论也更和谐。

（2）每个小组都进行了演示实验，并且还有专门的小组成员进行科学的实验记录，有利于学生科学思维的养成。

（3）角色扮演是这节课最大的亮点，学生之间默契的合作、幽默的语言，让师生在笑中厘清了酶的本质的探索历程。

具体改变为引入了小组合作，小组间通过各种搞笑的对话和接地气的语言来呈现毕希纳等人的争吵，从而使这一部分的科学史变得生动活泼。

2. 观察发现

（1）角色扮演时间过长，其他组的扮演无法呈现。

（2）演示实验进行得比较仓促。

3. 问题诊断

（1）课上一共有五个小组，讨论过程中，每个小组都在积极讨论，其中四组无法一一呈现，但是可以让学生用小视频的形式录制下来，在后续课上呈现。这样能更好地调动学生的积极性，体现新课程标准中面向全体学生的理念。

（2）课堂有角色扮演，有实验操作，内容丰富，所以需要进一步合理分配时间。

4. 进一步改进建议

（1）利用现代化信息技术，比如微课、直播、小视频等手段将未完成的四组表演录制下来。

（2）为了进一步优化课堂时间利用，实验装置和器具等可提前备好。

七、三次课演进的脉络

第一次课的情况：内容较多，时间分配不合理，主次不分明，课堂小结比较仓促而且内容不全面。

第二次课发生的变化：内容进行部分调整，整堂课比较紧凑。酶的本质探索历程极富逻辑，课堂上还进行了演示实验，增加了整堂课的趣味性和科学性。课程的最后以思维导图的形式呈现酶这一节的知识脉络，是个比较大的亮点。但是演示实验大部分学生都只能看，不能亲自动手，无法完美呈现实验效果。

第三次课的亮点和不足：

（1）亮点：第三次课进行了分组讨论，并且进行了角色扮演，学生能将酶的本质探索历程形象生动地表现出来。课堂上进行的演示实验也改进为每个小组同时进行实验，还有专门的学生负责记录和写实验报告。未在课堂上展示的角色扮演将以小视频方式呈现，这一点也体现了"面向全体学生"的课程理念。课堂最后执教老师呈现了酶的思维导图框架来进行小结，也是科学思维的一种体现。

（2）不足之处：课堂上形式多样，呈现的内容太多，以至于每部分的讲解都略显仓促。由于课堂上进行了操作实验，部分学生热衷研究实验材料（本次实验用的新鲜猪肝），导致实验操作时，课堂纪律稍显混乱。

八、阶段的共识与结论

在连续三次的课堂教学实践探索过程中，研究小组对生物科学思维的养成策略进行概括和总结如下：

1. 充分运用生物科学史材料

生物教材中的生物科学史既蕴含着生物学科发展的历史，也有生物科学发展的历史。这些生物史学材料高度体现了科学家的科学思维、科学方法和科学精神，也体现了人类文明的进步，所以具有极高的研究价值，也是非常好的科学思维的培养材料。一个科学实验的成功既依赖科学家的智慧，又需要具备严谨的实验态度和科学的实验方法。教材中的科学史体现的科学方法有很多，每一项都值得学生去深入研究。比如：孟德尔的假说-演绎法，萨顿的类比-推理法，以及常用的同位素标记法等，掌握这些方法有助于培养学生的科学思维。

生物科学史的教学实施过程中需注意以下几个原则：

（1）预设与分析。预设即教师要设置一系列问题，鼓励学生敢于做出假设。这样可以让学生在课前就能充分展现知识上的不足，以便教师及时调整。在第一节课中，导入环节就以物理性消化和化学性消化的科学史为切入点，很好地引发了学生的讨论。此外，为了更好地培养科学思维，教师要帮助学生对科学家所做的一系列实验进行分析或者演示。能够让学生自主做实验的，尽量让学生去操作。最后教师还要带领学生进行科学史的反思，反思整个实验过程中的科学性和局限性，鼓励学生对科学史中所涉及的实验进行大胆的改造。

（2）巧用角色扮演。科学史体现的是科学家的探索历程，教师可以运用多种手段，设计一些教学情境，让学生扮演科学家，深入了解科学探究的过程。在酶这节课中，执教老师完全可以让学生分别扮演巴斯德、李比希、毕希纳和萨姆纳等，让学生分别陈述自己的观点，并进行辨析。

2. 构建思维导图

思维导图就是一种将科学思维形象化的方法，结合概念图、知识树、问题树等图示，将结构化思考、逻辑思考、辩证思考、追问意识等思维方式融合进来，将学科的思维导图运用于课堂教学中，有助于学生科学思维的提升。[1]在第三次课中，执教老师用思维导图的方式将本节课所讲的知识高度概括起来，以点带面地由酶这个点出发，引申出了酶的概念、酶的本质、酶的探索历程，以及酶的特性等知识点。执教老师所呈现的思维导图能帮助学生理清各知识点的脉络及其之间存在的紧密联系，也高度体现了本节课的内在逻辑，这也是一种科学思维的训练。

3. 培养学生的表述能力

能用文字、图表以及数字等多种表达形式准确地描述、解释、推理、做出合理的解释，是高考考查要求之一。而表述能力的培养需要做到如下几点：一是能够准确解释核心概念，并且能够将核心概念外延。比如第三次课中酶的本质的总结，酶的本质大部分为蛋白质，可以延伸为酶的本质为蛋白质或者RNA；二是能够运用所学去解决生活中的问题，比如第三次课中的老师的问题"为什么加酶洗衣粉不能用高温去溶解"，学生如果能准确解释这个问题，就能对酶的本质和活性有更深入的理解；三是能够自己用图表形式去表述核心概念，比如第三次课中的用箭头加文字的形式去总结酶的本质的探究历程，这个过程能有效帮助学生掌握科学思维。

4. 重视实验教学

生物是一门实验学科，只有注重实验，才可能形成良好的科学思维。在新课程标准下，我们应该鼓励学生主动参与实验。可以利用探究实验来培养学生的逻辑思维和创造能力，使学生的思维得到锻炼。教师可以结合教材当中的实验，与实际生活相联系，让学生创造性地解决问题，比如在酶的这一节教学中，可以把演示实验和课堂内容相结合，以小组为单位进行科学记录，并且最终呈现出一份小组实验报告。实验形式可以多样，同时可以结合当前的信息技术进行网络实验等多种手段来促进学生科学思维的养成。此外，还可以联系课外生活，引导学生做一些拓展性实验。

九、同行互评

李老师：

本节课一气呵成，酣畅淋漓。教师以风趣幽默的语言充分调动了学生的积极性。

教学过程思路清晰，把握重点。教师能够引导学生开展对酶的本质的探索，很好地培养了学生的生物科学思维。

任老师：

三次打磨课程下来，明显可看到执教老师的进步和变化。课程一次比一次顺畅，一次比一次高效。执教老师的教学设计思路符合学生现有的认知结构，知识点之间环环相扣，过渡自然。角色扮演这个环节将整堂课推向高潮，学生生动的表演也让酶的本质的探索历程变得清晰。

陈老师：

执教老师的课程充分体现了新课程标准中"面向全体学生，提高生物科学素养，倡导探究性学习"的课程理念，积极鼓励学生做演示实验，用学生自己的方式去表现生物科学史的发展过程，是一节非常高效的课程。

涂老师：

执教教师教态自然大方，亲切和蔼的同时也不乏幽默搞笑，整堂课学生都非常活跃。课堂上的内容丰富多彩，既有实验，又有学生的表演，完美体现了新课程理念倡导的"以学生为主体，教师为主导"的思想。

王老师：

这是一节令人惊艳的课程，整节课逻辑性非常强，执教教师的语言表达能力非常强。酶在细胞代谢中的探索实验进行得非常顺利，学生的兴趣非常高。课堂中的角色扮演活动，体现了学生的幽默和个性，也将生物科学史形象生动地体现出来，有助于学生了解科学家的科研精神和科学思维。

林老师：

这是一堂高效课，课堂很好地实现了课前所定的各项教学目标。执教教师上课节奏紧凑，布局合理；既有演示实验，操作实验，又有学生的情景展示，内容丰富多彩。

朱老师：

这是一节符合新课程标准要求的课堂，执教教师既做到了创设教学情境，激发兴趣，引导学生自主探究，也能注重学生的参与，充分发挥学生的主体地位。而且，课堂上教师也特别尊重学生，注重学生的个性，实现因材施教。此外，这节课最大的特色是以学生为中心，以活动为基础，有效地提升了学生的科学素养，是一节值得大家观摩学习的好课程。

参考文献

[1] 陈柳清.探析核心素养视域下高中生物科学思维培养策略 [J].华夏教师，2018（35）：14-15.

附：

第三次课的课堂教学实录：降低化学反应所需要的活化能——酶

第一部分：课堂导入

同学们，今天我们来学习第四章第一节的内容，降低化学反应活化能的酶，在此之前大家有接触过酶吗？

学生：有，唾液淀粉酶、胃蛋白酶、肠脂肪酶。

教师：酶到底在我们的体内起到一个什么样的作用呢？

学生：消化作用。

教师：是什么样的消化作用呢？

学生：化学性消化作用。

教师：你们现在知道是化学性消化作用，但是在300多年以前，科学家们认为消化只是物理性消化，什么是物理性消化？

学生：比如说将肉块变成肉末的过程，就称之为物理性消化。

教师：很好，因此直到一位科学家的出现——斯巴兰让尼才终结了这样一个观点。

第二部分：酶的本质的探索

教师：看PPT动画演示，对于斯巴兰让尼的实验，同学们思考一下，为什么会用到金属笼子呢？

学生：因为金属笼子能够防止肉块的物理性消化。

教师：很好，根据这个动画，说明这个肉块是怎样消化的呢？

学生：化学性消化。

教师：鹰胃里的什么物质使肉块消化了呢？

学生：酶。

教师：斯巴兰让尼有没有得出这样一个结论呢？

学生：没有。

教师：到底是哪种物质呢？请大家将教材翻到资料探索部分，阅读资料部分，我们一起来探索，并且完成学案上的相关内容。请大家以小组为单位阅读相关内容，并且每小组现场呈现一个酶的本质探索历程的小表演。

教师：好了，请各小组进行展示，由于时间关系，课堂上呈现一组的表演，其他组将在后面的课上继续呈现。

（小组阅读、讨论）

教师：李同学你们这一组开始。

学生1：我是巴斯德，我沉迷于饮酒无法自拔，但是我穷，因此我决定自己酿酒。饱读诗书的我知道酿酒就是将有机物变成酒精的过程。哇，成功了，葡萄糖发酵的香味让我无法自拔。可是，是什么引起葡萄糖的发酵呢？大家知道吗？哈哈，告诉你们是活细胞的一种物质。

学生2：No，巴斯德，你这个自负的家伙。怎么会是活细胞的物质呢，笑死人，哈哈。我告诉你是死细胞中的一种神秘物质。

学生1：你骗人，你个目中无人的家伙，你真是无知。

学生2：你才无知，你才无理取闹。

（争执不休的过程中，学生3站起来了。）

学生3：你们别吵了，我认为你们都是错的。应该是酿酶这种物质引起了发酵。

学生1和2：你又是谁，酿酶？这是啥？你怎么知道的？

学生3：我是毕希纳，我，我猜的，但是这一定是对的。

学生1和2：哦……（不屑一顾）

学生4：毕希纳，你是我的偶像，我太崇拜你了。我是萨姆纳，我做了九年实验，终于证明了酿酶的存在，而且我可以拿出证据来证明酿酶的本质是蛋白质。请看我的实验数据。

学生1和2：哇，被你折服。

学生3：生气，这个观点是我提出来的，但是被你证明出来了，你这个小人！

学生4：我坚持了九年，今年我可能要拿这个去争取诺贝尔化学奖啦！哈哈……

学生5：毕希纳，你不要生气。毕竟你没有深入研究，而萨姆纳坚持了九年，这九年他的付出有多少，正所谓站在巨人的肩膀上看世界。我们有了资源，就要更加坚持下去。

教师：所以同学们，我们应该向萨姆纳学习，只有学会坚持，我们才能离成功更近一步。坚持一下，你会发现意想不到的收获，正所谓一句话：成功往往在下一秒。这个小组呈现得非常好。我们的课继续。

教师：是不是所有酶的本质都是蛋白质呢？

学生：不是。

教师：那么哪位科学家进一步做了探究呢？

学生：奥特曼和切赫通过实验得出了酶的本质也可能是RNA。

教师：所以，根据上述那么多科学家的探索，我们总结一下，酶到底是什么呢？酶是活细胞还是死细胞产生的呢？到底起到一个什么样的作用呢？

（板书：酶是活细胞产生的一类具有？作用的蛋白质或者RNA。）

教师：酶到底起到一个什么样的作用呢？我们一起来探究本节课的第二个重点内容，酶在细胞代谢中的作用。

第三部分：酶在细胞代谢中的作用的探索

教师：要清楚酶的作用，我们就得知道细胞代谢的概念，请大家将教材翻到黑体字部分，请大家一起将这个概念读一遍。

学生：活细胞中全部有序的化学变化的总称。

教师：根据概念，请大家举例说明什么是细胞代谢。

学生：比如说光合作用，呼吸作用。

教师：很好，了解了细胞代谢之后，教材上通过实验来探究这一点。请大家阅读教材上面的实验部分，了解实验的原理、实验材料和实验步骤，并将学案上的相关内容写完。

教师：实验老师已准备好实验装置，放在各小组的桌子上，请各小组进行实验，实验过程中请注意实验安全，每小组派一个代表进行实验的记录。也请两位同学上到讲台给大家一起演示。

教师：邱同学、潘同学上来。

教师：同学们，我们一起来看这两位同学做实验。首先，我们第一步干什么？

学生：阅读教材，选取四支试管（与此同时，学生也在进行演示实验），标上A、B、C、D。

教师：思考，为什么要对试管进行标号？

学生：在实验过程中容易混淆。

教师：每个试管都长一样，所以标号的目的就是将每个试管区分开来。所以以后在做实验时，首先要将试管进行标号。

教师：如果四支试管中加入的过氧化氢含量均不相同，请问会有什么影响呢？

学生：会对最后的实验结果产生较大的干扰，也会混淆实验结果，会弄不清楚是含量引起的，还是催化剂种类引起的。

教师：所以，我们应该如何进行操作呢？

教师：因此需要控制无关变量，下面我们来重复演示实验。

教师：通过演示实验，我们会发现加酶的那一组实验现象更明显，因此可总结出来，酶可以显著降低化学反应所需要的活化能。请同学们根据实验操作来完成有关变量的概念图。

第四部分：酶的作用机理

教师：通过实验我们得出酶在细胞代谢中的作用就是催化作用，那为什么酶可以起到催化作用呢？请大家观看酶的作用机理动画。通过形象的动画演示，可以明显看出酶的催化作用事实上就是降低化学反应所需要的活化能。所以到底什么是活化能呢？请大家用自己的话表述一下。

学生：原来活化能就是化学反应过程中的"拦路虎"，只有降低这个门槛，化学反应才能更快进行。而酶就是"王者"，能够在化学反应中披荆斩棘。

师：解释非常到位，聪明。

第五部分：课堂小结

教师：本节课主要是从酶的本质、酶的作用和酶的作用机理几个方面来探究的，通过这节课的内容我们对酶又有了更进一步的了解，请大家一起和老师完成关于酶的思维导图，并完成课后练习。

有效落实课堂教学目标的策略研究

——以"细胞呼吸"一课为例

深圳市福田中学 彭 莹

在一线教师的日常教学中，经常会出现教师的教学行为和学生的课堂学习行为与课前预设的教学目标不对应的现象，导致教学目标不能有效落实。原因可能是教学目标定位不清晰，清晰合理的教学目标对教师的"教"和学生的"学"均起着良好的导向作用。教师根据所制定的教学目标，选择相应的教学策略完成教学设计，并依据学生的表现及时调整教学策略以贯彻教学目标，使目标有效地落实。

本研究以"细胞呼吸"一课为例，通过试教、反思、改进、再试教等环节，探究有效落实课堂目标"有氧呼吸的三个阶段"的策略，最后总结梳理成文，过程叙述如下。

课例研究时间：2017年12月

课例研究视角：教学目标达成的有效性

课例研究选题：人教版《ATP的主要来源——细胞呼吸》第1课时

课例研究流程：

表1 课例研究流程表

时间	项目	内容
2017年1月	课前准备	分析教材、课标、学生学情，备课，设计学案，制作教具

时间	项目	内容
2017年12月13日	第一次课试教	试教，观察发现，问题诊断，修改教具
2017年12月19日	第二次课改进	授课，再观察发现问题，提出修改建议
2017年12月26日	第三次课再改进	进一步修改教学设计，授课，再观察发现问题，提出修改建议
2018年1月	课后总结	收集各成员研究心得，主讲人撰写课例研究报告

一、教学内容分析

《ATP的主要来源——细胞呼吸》是人教版普通高中生物课程标准实验教科书必修1第5章第3节的内容。细胞呼吸是细胞新陈代谢的基本内容之一，它涵盖了胞内物质、能量代谢，紧密联系了"酶"和"ATP"，指明了光合作用形成的糖类的部分去向。本节课阐述了细胞呼吸、有氧呼吸、无氧呼吸、细胞呼吸原理的应用4个板块的内容，呈现了"有氧呼吸过程图解"，补充了实验"探究酵母菌细胞呼吸的方式"，涉及较多概念性知识和过程性知识，要求学生能理解有氧呼吸、无氧呼吸的过程，能将细胞呼吸原理在生产和生活中进行应用。

二、学生学情分析

《ATP的主要来源——细胞呼吸》这节内容是承上启下的重要内容，学生可以进一步理解只有在能量的供应下，细胞膜才能行使主动运输的功能，并且加深把线粒体比喻为"动力车间"的含义，加深理解活细胞之所以能够经历生长、增殖等生命历程，与能量的供应和利用是分不开的。生物必修2《遗传与进化》中有关"基因的表达"以及生物必修3《稳态与环境》中有关"动物和人体生命活动的调节"等，实际都是细胞在得到能量供应的情况下才能进行的生命活动。本节内容的重要性不言而喻。但细胞呼吸的基本过程与应用，又是学生不好理解的重难点。所以，本节课大胆设计，将有氧呼吸这一部分单独作为一节课的内容，通过概念辨析、有氧呼吸原理图解，让学生仔细思辨、反复理解。在教学设计中，突出"问题"的层次性，让学生"自学"时，能够"发现问题"；"互学"时，希冀"解决问题"；"领学"时，围绕"新生问题，提升认知"。如此,学习过程"以问题为核心不断答疑、生疑、再答疑",顺道"解决问题",最终理解掌握有氧呼吸的具体过程。

三、设定教学目标

1. 知识目标

(1)说出线粒体的结构与功能。

(2)简述有氧呼吸过程。

2. 能力目标

(1)培养学生寻找关键词的能力。

(2)锻炼学生提取信息、梳理信息的能力,训练学生从反应条件、物质变化、能量变化、摩尔数变化4个角度认识化学反应。

(3)尝试培养简化文本、化文为图的能力。

(4)锻炼学生归纳、比较等能力。

3. 情感态度与价值观目标

(1)进一步形成结构与功能相适应的生物学基本观点。

(2)进一步体会糖类作为主要的能源物质对生命的价值;认同细胞呼吸的意义。

四、第一次课的试教

2017年12月13日,彭莹老师在福田中学高一(14)班进行第一次课的试教。第一稿教学设计:将本节课的教学重心放在有氧呼吸三个阶段的反应式上,通过老师的"领学"梳理有氧呼吸的三个阶段的反应场所、反应物、生成物及能量释放,让学生尝试写出有氧呼吸三个阶段的反应式。利用磁力片贴图讲解有氧呼吸的基本过程。重点突破有氧呼吸的三个阶段。

1. 教学探索中值得肯定的方面

(1)课堂内容流程设计合理

从复习ATP的相关知识,引入产生ATP的途径,进而导入细胞呼吸;同学们初中学习过"呼吸运动"的过程,但对于"呼吸作用"是陌生的,从比较、讲解"呼吸运动与细胞呼吸的区别与联系"引出细胞呼吸的概念、类型。线粒体是有氧呼吸的主要场所,复习线粒体的结构。为了让学生更形象地理解有氧呼吸的基本过程，自制教具讲解其过程原理。接下来请学生尝试写出有氧呼吸三个阶段的反应式和总反应式。最后总结有氧呼吸的概念、实质，进行课堂小结、反馈。

（2）PPT设计合理清晰，制作精美。

2. 观察发现

（1）讲解"呼吸运动与细胞呼吸的区别与联系"用时过长，导致后面小结反馈时间非常紧张。

（2）经过教师的"领学"，学生对于有氧呼吸三个阶段的反应式仍不能够很好地写出来，前来听课的化学老师说："在高一的这个阶段，学生还没有学习有机化学的内容，让他们仅凭现有课堂上的内容，很难写出正确的反应式。"这样说来，学生并没有有机化学的基础，对于写分步反应式和推导总反应式都是困难的，教学的有效性就很难实现。

3. 问题诊断

（1）有氧呼吸的三个阶段的教学，"领学"不够详细、具体。

（2）设计问题不够层层递进，没有很好地启发学生自主探究，学生没有深入理解有氧呼吸的原理。

（3）自制教具磁力贴图中，磁力片底色为白色，不容易区分。

4. 改进建议

（1）缩短讲解"呼吸运动与细胞呼吸的区别与联系"的时间。

（2）"领学"有氧呼吸的三个阶段的教学时，直接用PPT讲解，最后再用自制教具进行学生掌握情况的检测。

（3）自制教具磁力片更换底色，使之容易区分。

（4）优化问题设计，一步步引导学生写出有氧呼吸三个阶段的反应式及总反应式。

五、第二次课的改进

2017年12月19日，彭莹老师在福田中学高一（15）班进行第二次课的讲授。

1. 课堂教学的积极变化

"领学"有氧呼吸的三个阶段，使学生对于有氧呼吸的过程原理更加清晰。教师给出有氧呼吸第一阶段反应式，引导学生写出第二、第三阶段的反应式和总反应式。将课后的填图小测挪到了课堂上，对本节内容的学习进行了及时的反馈，提高了教学目标达成的有效性。

2. 观察发现

（1）针对线粒体的结构，没有很好地强调易错点"嵴"的写法。

（2）有氧呼吸三个阶段的名称不合适，学生弄不清水解与分解的区别。

（3）对于如何从三个分步反应式推导出有氧呼吸的总反应式，还需要跟学生特别强调每个反应式的反应物、生成物和反应条件。

（4）对于利用自制教具检测学生掌握情况的时间不合适，没有充分利用好教具。

（5）展示学生学案时，可以直接纠错。

（6）前面内容仍然耗时较多，以至于教学反馈时间非常紧张。

（7）课堂氛围比较沉闷，学生参与度太低。

3. 问题诊断

（1）教师对学生现有知识水平的把握不准，问题设置不符合学生认知层次。

（2）教师如何引导学生理解、分析有氧呼吸的三个步骤并顺利写出反应式，方法仍需要改进。

4. 进一步改进建议

（1）本节课的教学目标就是学生能理解掌握有氧呼吸的基本过程及原理，所以能否顺利说出和写出每个阶段的反应式及总反应式，是检测教学有效性的唯一标准。

（2）设置层层递进的问题，逐一解决。

（3）增加学生自主学习环节，充分调动学生学习的积极主动性。

六、第三次课的改进

2017年12月26日，彭莹老师在福田中学高一（16）班进行第三次课的讲授。

1. 课堂教学的积极变化

教学设计进行了大幅度的调整，重新梳理了【读一读】【找一找】【说一说】【贴一贴】【写一写】【练一练】六个教学环节。大幅度增加学生活动，通过"领学""自学""互学"，学生对有氧呼吸的三个环节能够比较好地掌握。课堂时间安排合理，内容紧凑。

2. 观察发现

（1）部分学生在进行反应式书写的时候，容易漏写反应条件，或将"→"符号写成"="。

（2）在用自制教具进行"贴图环节"时，有个别同学会将第二阶段的"$6H_2O$"与第三阶段的"$12H_2O$"位置调换。

3. 问题诊断

虽然学生已经初步掌握了有氧呼吸的基本过程及反应式，但应用起来还不够熟练，需要加强练习。

4. 进一步改进建议

在课堂上，大部分学生能够掌握有氧呼吸的基本过程和三个阶段的反应场所、反应式。可设置不同梯度的检测题目，逐步达成知识目标。

七、三次课演进的脉络

第一次课的情况：教学重点放在有氧呼吸三个阶段的反应式上，通过老师的"领学"梳理有氧呼吸的三个阶段，利用自制磁力片贴图讲解有氧呼吸的基本过程。通过学生的"自学""互学"让学生尝试写出有氧呼吸三个阶段的反应式。

第二次课发生的变化：通过老师"领学"有氧呼吸的三个阶段，使学生初步了解有氧呼吸的过程。老师给出有氧呼吸第一阶段反应式，引导学生尝试写出第二、第三阶段的反应式，并尝试梳理总结有氧呼吸的总反应式。将填图小测放到了课堂上，对所学内容进行及时反馈，提高了教学目标达成的有效性。

第三次课的亮点：大幅度调整教学设计，重新梳理了【读一读】【找一找】【说一说】【贴一贴】【写一写】【练一练】六个教学环节。问题设置层层递进，目的明确。学生通过多种途径的学习与巩固，能够比较好地掌握有氧呼吸的过程。

八、阶段的共识与结论

在连续三次课堂教学实践探索过程中，课例研究工作室成员对有氧呼吸一节的教学目标有效性达成的实践策略进行了概括和总结。

1. 依据学情，优化教学设计，巧设教学环节

细胞呼吸一节的内容属于高中生物必修1教学的重点和难点，在充分考虑学生的学情，准确掌握学生的知识基础、理解能力的情况下，为了突破重难点，跳过细胞呼吸的探究实验，直奔细胞呼吸的过程，这样本节的重难点更鲜明，易于接受；教学流程环环相扣，由易入难，由浅入深。从ATP复习提问导入，引入呼吸作用；从呼吸作用与呼吸运动的区别引入细胞呼吸的概念，创设情境，导入新课。

首先结合线粒体结构示意图用文字的形式让学生了解有氧呼吸的场所和三步反应式；然后清晰地告知学生葡萄糖、丙酮酸、还原型辅酶Ⅰ的分子式和简写形式，让第一次接触这些分子式的学生有一个明确直观的认识；接下来让学生通过阅读课本，结合课本的有氧呼吸过程图解试着写出分步反应式；然后通过学生互相讲述反应式，填写学案，第二次巩固知识，接下来请部分学生使用磁片教具在黑板上展示反应式，学生评价纠错，第三次巩固知识。教师投影学生学案，纠错评价，第四次巩固知识，反复强化本节重点知识。通过【读一读】【找一找】【说一说】【贴一贴】【写一写】【练一练】等环节的设计，强化了学生对有氧呼吸重点知识的掌握，有效突破重难点，高效地落实了学习目标。这样的实施规划遵循学生的认知规律，让学生对知识的掌握由局部到整体，由直观到抽象，发展了学生的思维。

教学环节中，【读一读】【找一找】环节，学生参与度100%，用时约15分钟；组内交流【说一说】环节，组内成员基本能两两结对，互相讲述有氧呼吸的基本流程；【贴一贴】环节共有13位学生参与，用时约10分钟；【写一写】环节完成挑战性练习，用时约10分钟，完成率80%。

课堂40分钟内，学生的说、读、写、练、思的基本能力都得到了一定的训练。

2. 设计关键问题，层层递进，解决重难点

（1）该节课注重提问设计，围绕重难点，通过巧妙设计问题，激活学生思维，激发学生学习欲望。如基础性目标中，关于细胞呼吸的概念就设计了6个问题，层层递进，环环相扣。【读一读】通过阅读课本，提问、思考、归纳、总结，学生对于细胞呼吸的概念就已经基本掌握了。通过观察，基础性练习全员过关，用时约7分钟。

（2）拓展性目标是该节课的重难点，【找一找】通过阅读课本，标出课本中有氧呼吸三个阶段的反应物、生成物、反应条件、反应场所，从物质和能量的视角，分析有氧呼吸的基本过程，引导学生重视课本、回归课本。通过【说一说】【贴一贴】，生生互动讲解，磁片教具协助，进一步梳理有氧呼吸的基本过程，反复巩固知识点，用时约18分钟。

（3）挑战性目标练习设置了4题，【写一写】环节根据已有的条件，要求写出有氧呼吸三个阶段的分步反应式，第四次巩固知识点。在此基础上进行提升，归纳总结有氧呼吸的总反应式，有氧呼吸的概念及特点，用时约10分钟。

3. 充分挖掘与利用教学资源

（1）教师充分准备学生资源，能把学生差异作为资源加以利用，组员之间的交流十分顺畅。12个小组均能全员参与讨论探究。而组员之间，甚至是小组与小组之间出现了疑义，提出了问题，班里也能有优秀的学生进行解释和解答，课堂气氛特别活跃。

（2）教师充分利用课本资源。如【读一读】环节，全班朗读课本第91页细胞呼吸的概念，再从反应物、生成物和能量三方面分析细胞呼吸概念，并完成基础性目标练习。再如【找一找】环节，阅读课本第92、93页，在课本中标出三个阶段的反应物、生成物、反应条件、反应场所，参考课本第93页"有氧呼吸过程的图解"，并完成拓展性目标练习。

（3）教师十分注重教学与信息技术的结合，课件制作得十分精美，一些细节问题处理得惟妙惟肖。这极大地吸引了学生注意力，提升了其学习兴趣，使学生的学习变得更加直观。自制磁片增加了师生、生生的互动性，增强了教学的灵动性和趣味性，同时反映了教师的教学功底和高度的责任心。利用投影展台展示学生的学案答题情况，可让学生及时发现问题、解决问题。视觉、听觉及触觉三方面的反馈增强了学生对知识的吸收。

4. 课堂多向交流，教师智慧点拨

（1）本节课所有环节均在师生互动、生生互动中展开，从温故知新到落实基础，从合作学习到拓展能力。学生活动层层推进，学生主体性得到充分重视，学习积极性充分被调动。多向互动让课堂活起来，也为目标达成提供了保障。小组内交流、讨论、对话气氛热烈、积极、有效，用时约10分钟，全员参与。

（2）教师点拨恰当，评价及时准确。如比较呼吸运动与呼吸作用时，用图解分析两者的不同，使学生快速区分清楚。再如分析是否所有的有机物都能作为细胞呼吸的反应物时，指出反应底物应为能源物质，能够分解放能，而核酸虽是有机物但作为遗传物质，它不能作为细胞呼吸的反应物。类似这种整体点拨还有四处，均是通过设计关键问题，激发学生深入思考，学生全员参与，个别展示，对于学生出现的问题及时纠正，点拨提高，效果显著。整体点拨用时约为6分钟。

九、同行互评

杨志强：

参加彭莹老师的公开课学习收获很大，彭老师的课值得学习的地方很多。

（1）注重与信息技术结合。课件制作漂亮，自制磁片增加了师生、生生的互动性，既反映教学功底和高度的责任心，也增强了教学的灵动性。

（2）注重提问设计，激活学生思维。在教学中，她认真分析教材内容，围绕重难点，巧妙设计关键问题，通过巧妙地设计问题和灵活有效地解决问题，激发学生学习欲望。彭老师前后设计了多个问题，如关于有氧呼吸的概念就设计了6个问题。

（3）强化了教学环节，落实了学习目标。在教学中，她通过【读一读】【找一找】【说一说】【贴一贴】【写一写】【练一练】等环节，强化了学生对有氧呼吸重点知识的掌握，有效突破重难点，高效地完成教学任务。这一节课的学习学生想不学好、想记不住都难。

（4）提点建议。本节课的导课环节可以再轻松一些，例如可以从学生身边的小事开始，从学生关注的问题开始；老师自制教具磁片非常好，若能进一步提升利用空间，会将公开课的课堂氛围推向高潮。

何登峰：

今天听彭老师的公开课收获颇丰，感触如下：彭老师对教材的处理非常老练，为了突破重难点，果断砍掉细胞呼吸的探究实验，直奔"细胞呼吸"主题，突出本节的重难点；教学流程环环相扣，教学层层推进，流畅自然，学生全程投入；尊重学生的认知规律，分解难点。针对高一学生还没学有机化学的事实，葡萄糖、丙酮酸等物质先给出文字后给出分子式，不强行一步到位，学生易于接受；教学方式灵活多变，为突破难点，通过学生阅读教材、填学案、教师讲解、学生贴图、生生互讲、学案展示等，多种形式反复呈现有氧呼吸的过程，深耕细作，实现学生的深刻领会。彭老师教学语言清晰精准，课件精美，教具运用娴熟……总之，感谢彭老师奉献，学习了！

林凯纯：

今天很开心能够参加工作室彭莹老师的公开课，感觉收获很多。彭老师整节课节奏紧凑，语言流畅，各种教学手段运用娴熟，非常值得我学习。尤其吸引我的是以下3点：

（1）课堂教学由浅入深。先引导学生用文字语言来学习、描述有氧呼吸的过程，再用化学方程式将各个阶段的反应简洁地表达出来，这符合学生的认知，有利于学生有条理、有层次地理解这部分内容。

（2）巧妙利用教具，考查学生对新知识的掌握情况。

（3）课件制作非常精美，与课堂教学相得益彰。

本次听课给我自己的课堂教学带来了新的灵感和反思！感谢彭老师，感谢工作室！

左海珍：

彭莹老师的公开课《ATP的主要来源——细胞呼吸》，很好地体现了课例研究的过程。从第一次上课评课修改，到第二次上课评课修改，再到第三次，每一次都有认真的准备，精心的揣摩和修改；根据学生的课堂反馈、课后检测，对本节课的课堂内容做出更好、更适合学生学情的呈现。

整节课的内容从学生易混淆的细胞呼吸和呼吸运动开始。对于有氧呼吸的过程这一重难点进行重点突破，反复演练，最后达到了基本所有学生都可以熟练掌握的教学目标。课堂上无论是精美的PPT还是贴图等活动的设计，都非常吸引大家，也值得我好好学习。总之，收获很多，对自己的课堂教学有很大的启发，感谢彭老师和工作室给了我参与学习的机会。

张晓云：

好课是磨出来的。彭老师的这节课不像传统公开课那么花哨，没有把课堂变得热闹非凡，但是却将绝大部分精力放在重难点的突破上了，从阅读教材、填学案、教师讲解到学生贴图、学案展示，绝大部分学生从懵懂到熟练掌握，这节课的教学目标就达到了，这才是学生要的教学效果。教学设计合理，课件制作精美，教师语言流畅，向彭老师学习！

童志伟：

彭莹老师的这堂课，课件制作很是精美，显示效果清晰，教具制作精良，心思巧妙；教学设计符合学生的认知规律，充分考虑了学生的知识储备、年龄特征等问题；教学过程从两个易混概念入手，很好地解析了呼吸运动和细胞呼吸的区别，然后层层深入分析细胞呼吸的过程、特征，并对学生活动进行精心设计，及时反馈学生所学知识的掌握情况；整个教学过程重难点突出，多次多形式突破教学难点；教学语言亲切，表达清晰，教学效果完美，是一堂高质量的公开课。

朱文艺：

我对彭莹老师这节课的感受可用"四个精心"来概括。

（1）精心选择研究主题：细胞呼吸一直是必修1的重难点知识，为学生理解物质代谢，特别是光合作用奠定了重要基础。细胞呼吸又是一个微观的化学反应过程，学生在高一还没有接触有机化学的情况下，要掌握细胞呼吸的分步反应和能量代谢有一定困难。彭莹老师选择这一章节作为课例研究的主题，力求通过不断磨课改进，来摸索细胞呼吸的高效教学模式，对工作室成员的教学都很有启发。

（2）精心设计教学环节：结合本校的教学条件和学生情况，本课题并没有从"探究酵母菌细胞呼吸方式"的活动入手，而是通过引导学生区分呼吸作用和呼吸运动，创设情境，导入新课；随后通过学生阅读课本，师生互动等教学环节，对细胞呼吸的概念进行细致剖析；接下来以有氧呼吸为主线，设计分步骤完成学案、生生互动、师生互动、投影展示等多类型的教学环节，循序渐进，由浅入深地依次讲授了有氧呼吸的场所、基本过程、反应式、概念、特点等知识。整堂课环环相扣，节奏把握得当，教师语言流畅，板书清晰。

（3）精心把握认知规律：彭莹老师在帮助学生掌握有氧呼吸基本过程的教学中，结合线粒体结构示意图让学生初步了解有氧呼吸的场所和反应式；用文字清晰地展示葡萄糖、丙酮酸、还原态氢的分子式，让学生有明确直观的第一印象；再让学生通过阅读课本，尝试着写出有氧呼吸三个阶段的分步反应式；然后通过填写学案、学生互相讲述反应式、部分学生使用磁片教具在黑板上展示反应式、教师投影学生学案等形式，反复强化本节重点知识。这样的设计遵循了学生的认知规律，让学生对知识点的掌握由局部到整体，由直观到抽象，发展了学生的思维。

（4）精心制作教具课件：彭莹老师通过课例研究过程中的三节磨课，对磁片教具、学案和课件进行了一次次精心修改、不断完善，最终呈现出了简洁大方的精美课件、层次分明的学生学案、灵活运用的磁片教具，它们对本节课教学目标的达成都起到了非常好的促进作用。

总而言之，用心教学，必出精品！

附1：

第三次课的课堂教学实录：细胞呼吸

师：今天咱们要讲细胞呼吸。讲细胞呼吸之前我们先复习一下之前的内容，生命活动的直接能源物质是什么？

生：ATP。

师：ATP的中文名字是什么？

生：三磷酸腺苷。

师：很好，那么产生ATP的主要途径是什么呢？

生：ADP加磷酸加能量生成ATP。

师：这是合成ATP的反应式。在细胞代谢当中有哪些代谢途径会产生ATP？

生：光合作用和呼吸作用。

师：好，今天我们就要讲呼吸作用。在生活中我们讲呼吸通常指的就是吸气和呼气，这种现象叫呼吸运动。那呼吸运动和我们今天要讲的细胞呼吸有什么样的联系和区别呢？好，我们看看黑板的图，生物体总是要不断地与外界环境进行物质交换。以气体为例，氧气要通过我们的鼻子等呼吸器官，进入肺部，肺泡中的氧气通过血液循环进入我们身体里的各种组织细胞被利用。在细胞中有机物就被分解生成二氧化碳，并产生能量。但我们人体细胞是不需要二氧化碳的，二氧化碳是通过什么途径排出体外的呢？是呼吸，对吧。在这个过程当中，我们可以把呼吸的过程分为三个环节。第一个环节：气体交换，即氧气吸入二氧化碳呼出。这个过程我们称之为呼吸或者呼吸运动。气体通过运输进入我们的细胞，在细胞内发生一系列的化学反应。这一过程我们称之为细胞呼吸。

呼吸运动实际上指的是氧气和二氧化碳的一个气体交换过程。而细胞呼吸是在细胞水平上，有机物在细胞内氧化分解，并且释放能量的过程。我们今天就来学习细胞呼吸。请大家翻开课本91页。读一读细胞呼吸的概念，在学案上把细胞呼吸的概念补充完整。

教师活动：【板书：一、细胞呼吸 】

学生活动：【阅读细胞呼吸的概念】

师：好，我们请同学把细胞呼吸的概念给大家介绍一下。

生：细胞呼吸是指有机物在细胞内进行一系列的氧化分解生成二氧化碳或其他产物，释放能量并产生ATP的过程。

师：好的，大家一起把细胞呼吸的概念读一遍。

学生活动：【读一读】阅读细胞呼吸的概念。

师：好，我们已经把细胞呼吸的概念写了一遍读了一遍，现在我们就来分析一下黑板上的问题。通过细胞呼吸的概念，咱们能不能知道细胞呼吸的反应场所、反应物和生成物是什么？

生：细胞呼吸的场所是细胞内。

师：反应物是什么？生成物是什么？

生：反应物是有机物，生成物有二氧化碳和其他有机物。

师：细胞呼吸的概念中，反应物就是有机物，那这里所说的有机物是不是就是我们前面讲过的蛋白质、脂肪、糖类和核酸呢？

师：糖类，肯定是。我们前面讲过糖类是主要的能源物质，糖类可以在细胞内氧化分解，提供能量。

那蛋白质可不可以在细胞内进行分解呢？有的同学说不可以，平常咱们吃的鸡蛋和肉类都是蛋白质，进入我们消化道后干什么去了呢？所以蛋白质是可以在细胞内进行分解并提供能量的。

那脂肪可不可以呢？有同学说脂肪是备用的，对，脂肪是细胞内的储能物质，当我们细胞内糖类不够的时候，细胞就可以分解脂肪了。

所以糖类、蛋白质、脂肪都可以作为细胞呼吸的反应物在细胞内被分解。那核酸能不能作为细胞呼吸的反应物呢？

生：不能。

师：为什么？

生：因为核酸是遗传物质。

师：对，核酸作为遗传物质，主要存在于细胞核内，所以核酸不能作为细胞呼吸的反应物。下一个问题，生成的ATP到底是能量还是物质？

生：是物质。

师：那ATP含不含能量？

生：ATP最右边的高能磷酸键断裂会提供能量。

师：谁给他纠正一下？

生：应该是远离腺苷的那个高能磷酸键。

师：ATP是高能磷酸化合物，它的能量储存在远离腺苷的高能磷酸键当中。那么氧化分解是否都需要氧气？

生：不一定。

师：对，并不是氧化分解反应都需要氧气。根据反应是否需要氧气，我们可以把细胞呼吸分为两类，需要氧气的是有氧呼吸，不需要氧气的就是无氧呼吸。我们今天先来学习有氧呼吸。我们以前学过哪个细胞器是跟细胞呼吸有关的？

生：线粒体。

师：好，请大家看课本回忆一下线粒体的结构及功能。

教师活动：【板书：二、有氧呼吸　1.线粒体的结构与功能】

师：请大家在学案上写出线粒体各个结构的名称。线粒体具有特殊的结构，它和叶绿体同样是双层膜结构的细胞器。

学生活动：【书写线粒体结构名称】

师：好，我们看一下，线粒体是有氧呼吸的主要场所，它具有双层膜结构，有外膜、内膜，它的内膜向内折叠形成嵴。大家注意嵴的写法，"山"的"脊梁"，嵴字特别形象地表达了线粒体内膜向内折叠形成的状态。我们知道嵴是线粒体内膜的一部分，那内膜为什么要向内折叠呢？它有什么意义呢？

生：应该是为了扩大表面积，像小肠上皮绒毛细胞一样。

师：很好，内膜向内折叠扩大了内膜的表面积，可以让更多的跟有氧呼吸有关的酶附着在上面，提高化学反应的速率。在嵴的周围，是液态的线粒体基质。在基质中，也有许多跟有氧呼吸有关的酶，所以说线粒体是有氧呼吸的主要场所。

师：现在我们学习有氧呼吸的基本过程，请大家翻开书。阅读有氧呼吸相关的内容，然后在书上找到黑板上问题的答案：有氧呼吸可以分为几个阶段？每个阶段的反应场所在哪里？反应物、生成物、反应条件分别是什么？

学生活动：【找一找】阅读课本，回答问题。

师：请大家在看书的同时拿一支笔把有氧呼吸各个反应阶段的反应物以及反应条件在书上标记出来。

教师活动：【板书：2. 有氧呼吸的基本过程】

师：下面我们请同学们来说说有氧呼吸的基本过程。

生：有氧呼吸可以分为三个阶段。第一个阶段，反应场所是细胞质基质，反应物是葡萄糖，生成物是丙酮酸和氢，释放少量的能量。

师：大家要注意两点，一、这个［H］，咱们在讲光合作用的时候也见过，应该读作"还原态氢"，二、反应过程中需要酶的催化。

有氧呼吸可分为三个阶段，请大家在书上找到第一阶段的反应物、生成物、反应条件、释放能量的多少，并标注出来。第二阶段呢？

生：第二阶段反应场所是线粒体基质，反应物是丙酮酸和水，生成物是二氧化碳和［H］，释放能量。

师：请大家在书上找到第二阶段的反应物、生成物、反应条件、释放能量的多少，并标注出来。那第三阶段呢？

生：第三阶段反应场所是线粒体内膜，反应物是氧气和［H］，生成物是水，释放大量能量。

师：这里请大家注意，有氧呼吸的三个阶段的反应场所均不相同，而且释放的能量也有多少之分。好，现在跟老师一起再来梳理一遍有氧呼吸的整个过程：第一阶段反应发生在细胞质基质，葡萄糖在酶的催化作用下生成丙酮酸和［H］，释放少量能量；第二阶段反应发生在线粒体基质，丙酮酸进入了线粒体中，丙酮酸是第一阶段的生成物，也是第二阶段的反应物，丙酮酸和水在酶的催化作用下，生成二氧化碳和［H］，释放少量能量；有氧呼吸，氧气在第一、二阶段都没有出现，我们看看第三阶段，反应发生在线粒体内膜上，［H］与氧气结合，在酶的催化作用下生成水，释放大量能量。这就是有氧呼吸的基本过程。

师：这三个阶段，有什么相同点吗？

生：都需要酶的催化。

生：都产生能量。但是第一、二阶段产生的能量少，第三阶段产生的能量多。

生：第一、二阶段都产生了［H］。

师：特别好。这里要特别提醒大家注意［H］，首先是它的写法，这是一种简化的写法，实际上它是一个很复杂的物质。其次，它与我们之前学习的光合作用中的［H］并不是同一种物质。

为了方便以后写反应式，我们把图中中文书写的葡萄糖和丙酮酸用分子式替代，请大家记清并区分这两个分子式（$C_6H_{12}O_6$和$C_3H_4O_3$）。为了方便大家区分记忆，我们把有氧呼吸的三个反应阶段用不同的背景颜色展示给大家，大家看着黑板把有氧呼吸的基本过程梳理一遍，在梳理的过程中，注意每个阶段的反应物、反应条件、生成物以及能量释放。大家也可以通过读和写的方式来强化记忆。

学生活动：【默读有氧呼吸基本过程】

师：现在请大家把书合上，小伙伴两两之间互相说一说有氧呼吸的基本过程，你给别人讲是一个复习的过程，你听别人讲也是检验自己的过程。

学生活动：【说一说】学生相互之间讲解有氧呼吸的过程。

教师活动：【黑板上贴出线粒体示意图】

师：好，说一遍听一遍相当于复习了两遍，请大家完成学案上有氧呼吸的基本过程。我现在随机分发一些磁力片，上面写着有氧呼吸的反应物、生成物、条件及能量，请拿到磁力片的同学把它贴到黑板上相应的位置。

学生活动：【完成学案和黑板内容】

师：我们来看看黑板上，同学们贴的位置对不对？有没有发现错误的？

生：第二阶段和第三阶段的反应场所贴反了！

师：很好，看得很仔细，大家自己写的时候，请一定注意区分三个不同的反应场所。我们对有氧呼吸的三个阶段的反应物、生成物、条件和能量释放有了大致的了解，现在请大家试着写出有氧呼吸三个阶段的反应式及总反应式。

学生活动：【写一写】书写有氧呼吸三个阶段的反应式及总反应式。

师：要注意我们写化学反应式的时候，是写等号还是箭头符号呢？

教师活动：【展示学生学案及评价】

师：大家看看这位同学写的三个反应式中有没有问题呢？

生：第一阶段写对了。第二个阶段的反应物应该是丙酮酸和水，他把水写到生成物那边了，然后生成物中少了［H］。第三阶段也是把反应物氧气写到生成物那边了。

师：对，请大家自己订正。好，通过三个分步反应式，咱们能不能推导出有氧呼吸的总反应式？该怎么写？

生：反应式左边可以把三个阶段的反应物相加，右边把生成物相加，有相同的就约掉，应该就能得到有氧呼吸的总反应式。

师：大家都试试这个方法，还要注意写反应条件和能量哦。

教师活动：【板书：有氧呼吸的总反应式】

师：先写反应物葡萄糖$C_6H_{12}O_6$，第二个写H_2O，因为水是第二阶段的反应物，第三个写O_2，因为氧气是第三阶段的反应物，箭头符号上写反应条件"酶"，生成物有CO_2和H_2O，还要写上"能量"。这个就是有氧呼吸的总反应式，注意反应式的配平。

我们再来归纳总结一下有氧呼吸的概念和特点，完成学案。

学生活动：【练一练】急速判断题。

产生二氧化碳的阶段是（二）　　　　　　氧气参与的阶段是（三）

产生［H］的阶段是（一二）　　　　　　消耗［H］的阶段是（三）

需要酶参与的阶段是（一二三）　　　　　产生能量的阶段是（一二三）

产生能量最多的阶段是（三）　　　　　　产生水的阶段是（三）

师：今天的课就到这里，作业是学案后面的习题。下课。

附2：自主学案
第3节　ATP的主要来源——细胞呼吸

【基础性目标练习】

一、细胞呼吸（阅读课本P91，将细胞呼吸的概念补充完整）细胞呼吸是指在_____内经过一系列的_____，生成_____或其他产物，释放_____并产生_____的过程。

二、有氧呼吸

1. 线粒体——有氧呼吸的主要场所

结构示意图：

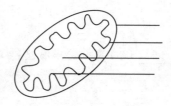

内膜向内折叠形成"嵴"的意义：_____

【拓展性目标练习】

2. 有氧呼吸的基本过程

葡萄糖分子式：_____   丙酮酸分子式：_____

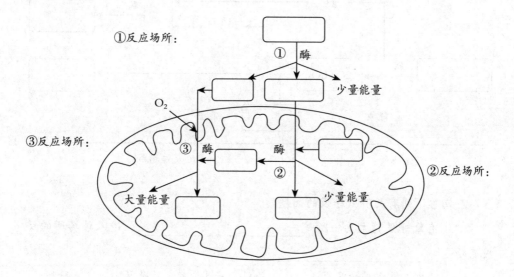

【挑战性目标练习】

3. 写出有氧呼吸三个阶段的反应式

① _____

② _____

③ _____

4. 写出有氧呼吸的总反应式：_____

5. 有氧呼吸的概念（课本P94）

有氧呼吸是指细胞在_____的参与下，通过多种_____的催化作用，把_____等有机物_____氧化分解，产生_____和_____，释放_____，生成大量_____的过程。

6. 有氧呼吸的特点

（1）条件：_____（2）氧化分解程度：_____（3）能量释放：_____

【课后巩固提升】

1. 完成有氧呼吸过程示意图

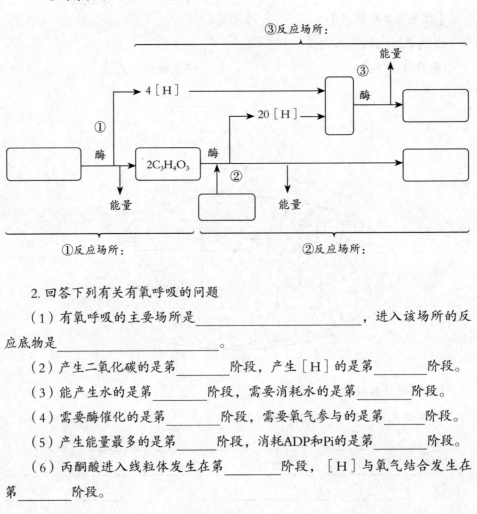

2. 回答下列有关有氧呼吸的问题

（1）有氧呼吸的主要场所是_____，进入该场所的反应底物是_____。

（2）产生二氧化碳的是第_____阶段，产生［H］的是第_____阶段。

（3）能产生水的是第_____阶段，需要消耗水的是第_____阶段。

（4）需要酶催化的是第_____阶段，需要氧气参与的是第_____阶段。

（5）产生能量最多的是第_____阶段，消耗ADP和Pi的是第_____阶段。

（6）丙酮酸进入线粒体发生在第_____阶段，［H］与氧气结合发生在第_____阶段。

3. 下图表示有氧呼吸的过程，请据图回答下列问题：

（1）写出图中各标号代表的物质名称或过程

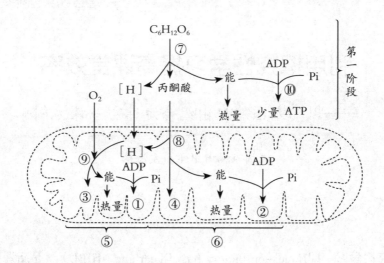

① _____

② _____

③ _____

④ _____

⑤ _____

⑥ _____

（2）写出有氧呼吸的总反应式：

_____

（3）写出图中形成ATP的反应式：

_____

利用探究性学习提高课堂效率

——以"基因的自由组合定律"一课为例

深圳市福田中学　左海珍

探究性学习，即Hands-on Inquiry Based Learning（HIBL），是新课程倡导的一种学习的理念、方法、模式。探究性学习指学生通过类似于科学家科学探究活动的方式获取科学知识，并在这个过程中，学会科学的方法和技能、科学的思维方式，形成科学观点和科学精神。探究性学习是一种学生学习方式的根本改变，学生由过去主要听从教师讲授，从学科的概念、规律开始学习的方式变为学生通过各种事实来发现概念和规律的方式。探究性学习的最终目的是让学生掌握科学研究的方法，通过亲自参与探究来理解科学探究的艰难，体会科学家在科学研究中可能遇到的各种问题，以及科学家怎样通过一次一次的尝试来解决问题。探究性学习作为一种学习方式，它不同于科学家的探究活动。与科学家的探究过程的主要区别在于，探究性学习必须使学生在短时期内学到学科的基本知识和学科的结构，所以这个过程在许多情况下都要被简化，比如，提出问题这个环节，在大部分的教学活动中，都是由教师提出问题，或由教材提出问题；在获取事实这个环节，常常是由教师和教材来确定研究方法、步骤、所用材料等，这样就省去了学生设计实验的环节。本课例围绕"孟德尔的豌豆杂交实验"展开，教师引导学生使用科学研究中的假说-演绎法去发现科学规律。本课例以探究性学习为研究视角，摸索实践高中生物遗传定律学习的新方式，在培养学生探究能力的同时，让学生体验和学习科学家做科研的思维方式和方法。

课例研究时间：2017年3月

课例研究视角：教学目标达成的有效性

课例研究选题：《孟德尔的豌豆杂交实验（二）》第一课时

课例研究流程：见下表

表1 课例研究流程表

时间	项目	内容
2017年3月	课前准备	分析教材、课标、学生学情，备课，设计学案、课堂观察量表
2017年3月7日	第一次课试教	设计教具和探究环节，试教，观察发现，问题诊断，修改
2017年3月15日	第二次课改进	修改教具和探究问题，授课，再观察发现问题，提出修改建议
2017年3月23日	第三次课再改进	进一步修改教学设计，授课，再观察发现问题，提出修改建议
2017年3月28日	第四次课再改进	再修改教学设计细节，授课，再观察发现问题，提出修改建议
2017年4月	课后总结	收集各成员研究心得，主讲人撰写课例研究报告

一、教学内容分析

"孟德尔的豌豆杂交实验（二）"是根据课程标准中"必修模块2：遗传与进化"的第3主题"遗传的基本规律"的具体内容标准"分析孟德尔遗传实验的科学方法，阐明基因的自由组合规律"来进行教学设计的。该内容安排为2课时，本节课是第1课时。本节内容是"遗传与进化"模块的开篇，而孟德尔的豌豆杂交实验是经典遗传学研究的开端。孟德尔两对相对性状的杂交实验是在一对相对性状的基础上完成的。在这一节的学习中，学生可以通过对孟德尔两对相对性状的遗传实验的分析，重温孟德尔的研究之路。

本节课的学习，旨在使学生能够用生命观念认识生物多样性，并基于生物学事实和证据运用演绎与推理，探讨、阐释生命现象及规律，培养学生运用科学的思维方法认识事物、解决实际问题的思维习惯和能力，并且让学生在探究的过程中，逐步增强对自然现象的好奇心和求知欲，掌握科学探究的基本思路和方法，提高实践能力。在探究中，学生乐于并善于团队合作，勇于创新，最后也可以承担基于生物学的认识，对生命的现象做出理性解释和判断的社会责任。

二、学生学情分析

孟德尔的遗传定律对高中学生来说是难点，有很多新的概念，如杂交、自交、遗传因子、性状等，学生还要有一定的关于减数分裂的知识基础。作为自由组合定律的第一课时，学生刚刚接触遗传学定律，不必安排过多的内容，要精讲细讲，逐一推进。在两对相对性状的遗传学实验中，"亲本的纯合黄色圆粒豌豆和绿色皱粒豌豆杂交得到F_1全为黄色圆粒"的过程，可以让学生自己推导写出遗传图解。之后为了使学生更好地理解"自由组合"，在两对相对性状的遗传学实验中，关于"F_1产生四种类型的配子且比例相等"，这一体现自由组合定律实质的地方，安排学生通过教师的逐步引导，使用学具模拟产生配子的过程，由小组合作探究得出结论。最后测交实验的演绎推理过程，又可以让学生自主完成，进一步加深对"自由组合"的理解，并且让学生熟悉遗传图解的绘制。

三、设定教学目标

1. 知识目标

（1）概述孟德尔两对相对性状的杂交实验的过程和结果。

（2）对孟德尔两对相对性状的杂交实验做出解释。

（3）阐明基因的自由组合定律的内容和本质。

（4）分析得出孟德尔在遗传学实验中是如何运用科学的思想方法揭示遗传规律的。

2. 能力目标

（1）理解和使用"假说–演绎法"，掌握分析数据的方法。

（2）学会用遗传图解阐释遗传过程。

3. 情感态度与价值观目标

体验科学家做科研的思维方式和研究方法。

四、第一次课的试教

2017年3月7日，左海珍老师在福田中学高一（11）班进行第一次课的试教。课前工作室成员进行了集体备课，对该课的教学设计提出以下建议。

（1）将本节课的教学重心放在F_1产生配子的类型上，让学生对基因自由组合定律的实质有一个深刻的认识和理解。

（2）增加课堂教学的前测和后测。因为本次课例研究的视角是教学目标达成的有效性，因此需要设计纸笔测试，在课前和课后对学生学习目标的达成情况进行及时反馈。

（3）设计探究实验，利用教师自制的棋子学具，让学生在体验假说-演绎法的过程中，推导出基因的自由组合定律。

1. 教学探索中值得肯定的方面

（1）课堂内容流程设计合理，先介绍孟德尔两对相对性状的杂交实验，提出问题，然后学生以探究的形式提出假说，对实验进行解释。PPT设计合理清晰，与课堂内容无缝对接。

（2）课前小测的设计可以发现学生在学习分离定律过程中容易出现的问题；课后小测可以对本节内容的教学效果进行及时检测。

（3）探究设计可以让学生体验孟德尔的研究方法和过程。

2. 观察发现

学生对上一堂课"基因的分离定律"中的"假说-演绎法""分离定律实质"等内容掌握情况不佳，对"F_1形成配子时，成对的遗传因子彼此分离"这一重要结论理解不透。探究活动设计不合理，学生很难理解探究问题设置的目的。

3. 问题诊断

（1）基因的分离定律的教学效果直接关系到本堂课基因自由组合定律的教学，因此教师在课前应对分离定律教学中学生存在的问题进行及时的解决。

（2）教师在设计探究活动的时候，设置的问题层次感不明晰，不能使学生理解到位。探究学具的使用给学生交代不清楚，部分学生不会使用学具。

4. 改进建议

（1）对于分离定律的实质需要通过课前习题的检测和讲解反复强调，落实到位。

（2）在探究活动中，把问题设置难度降低，并优化问题设计，一步步引导学生得出结论。学具的使用说明要更加清楚，给予示范。

（3）印制纸质课堂探究学案，使学生更好地完成探究过程。

五、第二次课的改进

2017年3月15日，左海珍老师在福田中学高一（15）班进行第二次课的讲授。

1. 课堂教学的积极变化

使用学案对学生探究过程进行了明确详细的引导，使学生对探究的问题更加清晰明确，更易得出探究结论，减小了探究的难度。将课后的纸笔小测挪到了课堂上，对本节内容的学习进行了及时的反馈，提高了教学目标达成的有效性。

2. 观察发现

（1）模拟配子的探究学具，使用方式仍存在交代不清楚的情况。学生不知道棋子的不同颜色是表示不同的亲本，如父方的遗传因子为白色，母方的遗传因子为黑色。

（2）探究学案第1题的设置是让学生预测F_2四种性状表现的豌豆的遗传因子组成，但是学生不理解其设置的出发点是为了以此为基础去推测F_1产生的配子种类，反而会误把类似于"黄色可以用遗传因子Y_表示，圆粒用遗传因子R_表示，因此黄色圆粒的遗传因子组成为Y_R_"这样的过程混淆为雌雄配子的随机结合。

（3）探究学案上的5个问题一起给出，没有体现问题的层次递进性，学生一次完成需要大量时间，而且后面3个小问要以前面问题的答案为基础，设计不科学，需要改进。

（4）对于探究问题"若F_1（YyRr）产生的雌配子为YR，则雄配子是什么类型，经过受精作用可以产生黄色圆粒的子代？"，学生不清楚怎样用学具棋子演示其过程。

（5）前面探究内容设计不合理，时间拖沓，以至于后面探究2没有时间完成。

（6）课堂氛围不够热烈，对于学生演示的过程没有及时给予指导。

3. 问题诊断

（1）教师对探究学具的使用方法没有交代清楚，缺乏演示过程。

（2）教师对学生现有知识水平的把握不准，高估了学生对遗传因子随机结合的理解能力。

4. 进一步改进建议

（1）在探究前，棋子学具的使用方法需通过演示给学生交代清楚，尤其是黑白棋子代表的含义，即黑色棋子代表父方的遗传因子，因此雄配子都为黑色；白色棋子代表母方的遗传因子，因此雌配子都是白色。

（2）探究的问题逐一解决，层层递进。

（3）探究题答案的展示要清晰，可在黑板板书，学生以填空的形式完成。

（4）两对相对性状的杂交实验过程表述稍显冗长，可简化。探究2的问题可以删除，下节课完成。

（5）学生回答问题和演示的时候要给予及时的点评，丰富自己的语言表达，使课堂氛围活跃热烈，提高学生学习的积极性。

六、第三次课的改进

2017年3月23日，左海珍老师在福田中学高一（16）班进行第三次课的讲授。

1. 课堂教学的积极变化

以假说–演绎法为轴线设计课堂教学过程，课堂教学思路更加清晰。探究问题的设置由浅入深，层层推进，更加清晰明确，并增加了教师详细的探究过程演示环节，使学生学会使用学具并理解其代表的含义。

2. 观察发现

（1）有的学生对学具中黑白棋子所代表的含义不明确。

（2）学生对学案上的类似于"成对的遗传因子分离后，如果Y只能和R进入同一配子，y只能和r进入同一配子"这样的问题设置不理解。

（3）学生会误把两种类型的配子直接结合成下一代，而没有搞清楚是亲本的雌雄个体各产生两种类型的配子。

3. 问题诊断

（1）教师对学具中黑白棋子代表的含义还需给学生交代清楚，否则会使部分学生在解决"F_1产生的配子类型"这个问题时，思路不清，探究时间过长，使预期效果的达成不佳。

（2）课堂探究学案中的问题设计文字过于繁复，学生不能很好地读题理解。

4. 进一步改进建议

（1）简化课堂探究学案上的问题设计，直接以"如果F_1产生的配子只有YR和yr两种类型，F_2的遗传因子组成及性状表现是怎样的？"形式来提问。

（2）对于探究的问题，教师增加解释的过程，并简要说明为什么会有"如果F_1产生的配子只有YR和yr两种类型"和"如果F_1产生的配子只有Yr和yR两种类型"这样的问题设置，并以第一题为例抛砖引玉。

（3）对于学具使用的指导，需更加详细。为避免学生不理解黑白棋子的含义，所以棋子改用同一颜色。用PPT清晰展示学具的使用方式，模拟杂交实验过程，并强调自交亲本相同，雌雄配子各有两种类型，再随机结合，产生F_2。

（4）增加探究问题"如果F_1产生的配子有YR、Yr、yR、yr四种类型，F_2的遗传因子组成及性状表现是怎样的？"，学生尝试使用棋盘法总结F_2情况，进一步加深对两对相对性状杂交实验的认识。

七、第四次课的改进

2017年3月28日，左海珍老师在福田中学高一（12）班进行第四次课的讲授（见图1）。

图1　第四次课的改进

1.课堂教学的积极变化

课堂思路清晰，以假说-演绎法为主线，对孟德尔两对相对性状的杂交实验做出解释，并阐明基因的自由组合定律的内容和本质。课堂探究问题逐一推进，学生可以较顺利地使用学具完成探究，并得出F_1需要产生YR、Yr、yR、yr四种类型的配子才符合孟德尔两对相对性状杂交实验的结果，并明确产生这样四种类型配子的原因。课堂时间安排合理，内容紧凑。

2. 观察发现

（1）在完成探究题"用棋盘法总结F_2遗传因子的组成"时，学生不能规范书写，并出现类似"YRYR"的错误写法。

（2）在练习题"请写出下列遗传因子组成的个体产生配子的种类及比例"中，部分学生对配子的比例问题不会作答。

3. 问题诊断

虽然学生已经得出了自由组合定律的内容，但是由于是第一课时刚接触，所以应用还不够熟练，需要加强练习。

4. 进一步改进建议

本节课的内容是在前面学习了分离定律的基础上完成的，所以在分离定律的课程安排中就可以使用学具棋子模拟遗传因子，这样在本节内容中再使用棋子帮助学生理解遗传实验过程就更为顺利。通过课后小测的检验，发现还是有同学会认为"黄色圆粒豌豆可以由遗传因子组成为YY和RR的配子经受精作用形成"，说明同学们对减数分裂和受精作用的知识学习不到位，不能与孟德尔遗传定律相结合。可以在阐明自由组合定律后，对其根本原因进行解释：等位基因随同源染色体的分离而分离，非等位基因随非同源染色体的自由组合而自由组合，这样安排能进一步加深学生对自由组合定律实质的理解。

八、四次课演进的脉络

第一次课的情况：确定教学目标，完成教学设计，围绕教学重难点，设计课堂探究活动。

第二次课发生的变化：依据学生的课堂反应，对课堂内容有所取舍，并完善课堂探究设计，增加课堂学案和课堂练习。

第三次课发生的变化：精化课堂内容，以假说-演绎法为主线，清晰梳理课堂脉络，合理设计探究活动，问题清晰，逐层推进。

第四次课的亮点：整节课清晰流畅，内容合理紧凑，多媒体、学具的使用为教学添彩，学生积极参与课堂探究活动，较好地完成了本节课的教学目标。

九、阶段的共识与结论

在连续四次课堂教学实践探索过程中，课例研究工作室成员对"基因的自由组合定律"的探究性学习的实践策略进行了概括和总结。

（一）探究性学习的定义

探究性学习是从科学领域或从现实社会生活中选择和确定研究主题，在教学中，创设一种类似于学术（或科学）研究的情境，学生在教师的指导下，通过自己自主、独立地发现问题，以及实验、操作、调查、收集与处理信息，表达与交流等探索活动，获得知识、技能、情感与态度的发展，特别是获得探索精神和创新能力发展的学习方式和学习过程。探究性学习提倡让学生在探究过程中学习和认识需要掌握的概念、规律等知识，培养学生的探究能力和科学精神。孟德尔在对两对相对性状的豌豆杂交实验的研究中，应用的是假说-演绎法，这种方法本身也是探究性学习的一种方式，所以本节课的探究性学习方法可以让学生更好地重温孟德尔的研究之路。

（二）探究性学习要素

1. 提出问题

在课堂上提出对学生有意义的有针对性的问题能够丰富学生的探究活动，但是问题不能是深不可测的，必须能够通过学生的观察和从可靠的渠道获得的科学知识来解决。学生必须掌握解答问题的基本知识和步骤，这些知识与步骤必须是便于检索和利用的，必须适合学生的发展水平。提出的问题可以来自学习者、教师、教材、网络和其他一些资源。

如本节课中，为了使学生理解自由组合定律的本质，体会孟德尔是如何提出"在产生配子时，控制同一性状的遗传因子彼此分离，控制不同性状的遗传因子自由组合"这一假说的，教师通过对一系列问题的设置引导学生进行探究。在第一次课中，设置的问题是：①若F_1（YyRr）产生的配子为YR，则另一配子是什么类型就可以产生黄色圆粒的豌豆？②黄色皱粒、绿色圆粒、绿色皱粒的豌豆分别是由哪些种类的配子经过受精作用而形成的？③F_1（YyRr）产生了几种类型的配子？④若要形成这些类型的配子，F_1（YyRr）产生配子时，成对的遗传因子彼此分离，不同对的遗传因子是怎么组合的？这几种配子之间的比例是多少？但是通过课堂观察发现，这几个探究活动设置的问题层次感不明晰，关键问题指代不清楚，学生不明白为什么要研究这些问题和探究的关键问题是什么。接下来在第二次课中，探究的问题修改为：①若F_1（YyRr）产生的雌配子为YR，则雄配子是什么类型，经过受精作用可以产生黄色圆粒的子代？②黄色皱粒、绿色圆粒、绿色皱粒的豌豆分别是由哪些种类的雌雄配子经过受精作用而形成的？③F_1（YyRr）产生了几种类型的配子？与第一次相比减小了难度，但是课堂观察又发现了问题：探究学案上的三个问题一起给出，没有体现问题的层次递进性，学生一次完成需要大量时间，而且后面的问题要以前面问题的答案为基础，设计不科学。在第三次课中教师对探究性问题又进行了修改，改为：①F_1（YyRr）产生配子时，成对的遗传因子分离后，如果Y只能和R进入同一配子，y只能和r进入同一配子，那么F_1产生的配子就只有YR和yr两种类型。那么F_2会有几种性状表现？与孟德尔的实验结果符合吗？②F_1（YyRr）产生配子时，成对的遗传因子分离后，如果Y只能和r进入同一配子，y只能和R进入同一配子，那么F_1产生的配子就只有Yr和yR两种类型。那么F_2会有几种性状表现？与孟德尔的实验结果符合吗？③F_1（YyRr）产生配子时，成对的遗传因子分离后，如果Y既能和R进入同一配子，也能和r进入同一配子；y既能和R进入同一配子，也能和r进入同一配子，那么F_1产生的配子就有YR、Yr、yR、yr四种类型。那么F_2会有几种性状表现？与孟德尔的实验结果符合吗？④F_1（YyRr）产生配子时，成对的遗传因子分离后，不同对的遗传因子是怎样组合的？探究问题设置由浅入深，层层推进。但问题中文字过于繁复，不够简洁明了，学生不能很好地把题目读懂。在最后一次课中，才形成了简洁清晰、层层递进的三个问题：①如果F_1产生的配子只有YR和yr两种类型且比例相同，F_2的遗传因子组成及性状表现是怎样的？与孟德尔的实验结果符合吗？②如果F_1产生的配子只有Yr和yR两种类型且比例相同，F_2的遗传因子组成及性状表现是怎样的？与孟德尔的实验结果符合吗？③如果F_1产生的配子有YR、Yr、yR、yr四种类型且比例相同，F_2的遗传因子组成及性状表现是怎样的？孟德尔的研究思路是非常超前的，用三个问题而不是直接抛出为什么"F_1产生的配子有YR、Yr、yR、yr四种类型且比例相同"一个问题，降低了学生提出问题的难度，更适合学生的发展水平，而且三个问题关联性强，问题的文字设计也简洁明了，关键问题指代明确，让学生清楚地知道探究的主要问题集中在F_1产生的配子种类，从而顺利引导出自由组合定律的实质。

2. 猜想与假设

猜想与假设是自然科学发展的形式。科学的发展从一定意义上说，是猜想和假设不断被证实或证伪的过程。猜想与假设是科学的先导，如果猜想与假设一旦得到实践结果的支持，它就可能发展成为科学结论。猜想与假设促成了科学概念和科学定律的建立，在科学定律被提出之前，人们往往先提出假设，再通过实践等对假设进行检验，并不断地对假设进行修改和完善，最后形成科学的定律。比如本节课的自由组合定律的提出，就是孟德尔先进行了大胆的假设，然后又设计实验进行验证，证明了假说的正确性，最终总结出了遗传学的定律。

在学生的探究性学习中，猜想与假设能为收集信息、分析和解释信息提供一个大致的框架，能为制订探究计划或设计探究方案奠定必要的基础。猜想和假设要依据已有的知识和经验，运用一定的科学方法提出，不能凭空想象。在本节课的教学中，让学生进行探究，设计习题，以假说-演绎法为主线对整个遗传学定律的发现过程进行整理，就是让学生体会孟德尔的研究之路，体验科学家做科研的思维方式和研究方法。

3. 制订计划

在探究性学习中，假设与猜想必须通过实践进行证实或证伪。为使验证假设与猜想的实践能顺利而有效地进行，必须精心设计方案，制订计划。制订计划是探究性学习过程中的重要环节。在本节课中，为了验证假说是否正确，孟德尔精心设计了测交实验进行验证。为了充分体会测交实验设计的巧妙之处，本节课的课堂练习中也设计了"写出两对相对性状的测交实验（F_1的黄色圆粒×绿色皱粒）的遗传图谱"的习题。

4. 收集数据

学习者重视实证在解释与评价科学性问题中的作用。在探究性学习中，学生要根据实证资料做出对科学现象的解释。一是观察，描述相关事物的特征；二是测量，认真地做记录；三是实验室中的实验、观察和测量，将实验过程中的变化和发展情况记录在报告和表格中；四是从教师、教学材料、网络或其他途径获得实证资料，使探究进行下去。本节课中，孟德尔在进行豌豆杂交实验的过程中，无论是杂交实验还是测交实验，他对豌豆粒的颜色和形状都进行了细致的观察，并对每一代中豌豆的表现型进行了详细的记录，最后还运用统计学的知识对数据进行了整理和分析，才得出了规律。学生在学习本节课的过程中，也要学习如孟德尔这样的收集数据的方法。

5. 形成解释

学习者根据实证形成对科学问题的解释。学习者在实证的基础上，根据逻辑关系和推理，找到事件的因果关系和其他解释。他们的解释和观点必须与实验或观察得来的实证材料相一致。学习者必须尊重事实，尊重规律，以开放的态度面对批评，运用与科学相联系的各种不同的认知过程，例如：归类、分析、推论、预测以及批判性推理和逻辑等一般方法。所谓解释，指的是在学习新知识的过程中，将自然或实验室观察的结果与已有的知识联系起来，形成超越已有知识和当前观察结果的新的理解。孟德尔的遗传规律的提出，就是一种超越已有知识的新的发现和理解，是一种科学探究。探究性学习与科学探究都能够产生新知识，所不同的是，由于学生已有的知识有限，探究性学习所产生的新知识，可能只是针对学生本人而言。所以在本节第四次课的试教中，设计了一个挑战性的问题给学生："从数学角度分析，9：3：3：1与3：1能否建立联系，这对理解两对相对性状的遗传结果有什么启示？"这个问题的设置，就是从学生的角度出发，在探究性学习中产生的新知识。

6. 评价结果

学习者根据其他解释对自己的解释进行评价。学生们能通过参与对话比较各自的研究结果，或把他们的结果与教师或教材提出的结果相比较来评价各种可能的解释。与科学探究不同的是，学生只要将他们的结果和适应他们发展水平的科学知识相结合，就达到了探究性学习的目的。本节课中，通过教师的探究性问题的逐步引导，学生最终得出了跟孟德尔一样的结论：在形成配子时，成对的遗传因子彼此分离，不同对的遗传因子自由组合。

7. 检验结果

学习者交流和验证他们提出的解释。让学生们交流他们的研究结果可以为其他人提供问题，检验实证材料，找出错误的推理，做出实证资料所不能证明的表述以及根据同一观察资料提出其他不同解释的机会。交流结果能够引入新问题，或者加强在实证资料与已有的科学知识以及学生提出的解释之间的联系。结果是学生们能够解决交流中遇到的矛盾，进一步确定以实证为基础的论证方法。因为本节课是对已有知识的探究，而且孟德尔的研究比较超前，所以在这节课中这个内容没有详尽的体现。

探究性学习应充分体现这七个基本要素。当然所有这些要素都可以有所变化。在有些情况下学生并没有直接提出问题，而是在教师提供的问题中选择一个问题进行研究，或者在别人提出的问题上稍加修改，使之更为深入。只要是围绕科学性问题的，使学生投入思考中去的，适应特定的学习目标要求的，即使在这七个要素上有所变化，也可以认为是探究性学习。比如在本节课的内容中，七个要素没有全部体现，而是有所侧重在"提出问题"这一要素。

（三）探究性学习培养目标

探究性学习目标强调对所学知识、技能的实际运用，注重学习的过程和学生的实践与体验。具体目标为：①获得亲身参与研究探索的体验；②培养发现问题和解决问题的能力；③培养搜集、分析和利用信息的能力；④学会分享与合作；⑤培养科学态度和科学道德。孟德尔发现遗传规律的过程就是科学探究的过程，科学探究和探究性学习有许多相同之处，所以本节课让学生进行探究性学习是非常适宜的，最终也达到了探究性学习的培养目标，学生体验了科学家做科研的思维方式和研究方法，培养了发现问题和解决问题的能力，在小组研讨中学会了分享与合作。

十、同行互评

李晓燕：

高中生物教学的核心任务是提高学生的生物学科学素养，而最能体现科学素养内涵的是学生们能像科学家那样去思考和探究。在学生们已经学完了一对相对性状的遗传定律之后，可以放手让学生应用遗传因子彼此分离的特点去推导两对相对性状的遗传特点。主讲老师在这一课时用不同的教法和学情预设分别进行课堂探究，实在难能可贵。因为每一次课堂教学都会出现新的生成性教学互动，所以主讲老师必须不断调整教学思路来应对学生们课堂中出现的新问题，比如配子的正确书写、棋盘法的熟练程度。该课时的重心在探究F_1产生的配子类型上，是2种（YR/yr，Yr/yR）还是4种（YR，Yr，yR，yr）。教师准备了教具在黑板上演示，然后让学生用棋子自行组合，写出正确的配子类型。总体上看学生能够体验到相同字母一定要分离以及不同字母间的自由组合。相信学生们在学习了减数分裂之后会对自由组合定律有崭新的认识。

林凯纯：

左老师这节课已经经过前几次"磨课"的雕琢，整个课的流程非常完整，也十分流畅，注重学生的讨论和参与。多数学生在本节课结束之后，能掌握自由组合定律的实质，并能举一反三写出课堂思考题中的"配子类型"。本节课我最为受益的地方有两点：①利用简易的教具例如纸板、围棋，能辅助学生理解自由组合定律中"决定不同性状的遗传因子自由组合"；②引导学生像孟德尔一样思考"基因组成为YyRr的豌豆能产生多少种基因型的配子？"让学生体验和探索"配子的类型"，并在这个过程中得到问题的答案。

彭莹：

海珍老师的这节课真的是"磨"出来的。在最初选课题的时候，海珍老师就本着解决学生问题的角度，选择了这节《孟德尔豌豆杂交实验（二）——两对相对性状的杂交实验》。历经三次调整教学方式、三次修改课件，这节课终于完满地达成了教学目标，解决了学生在遗传规律学习中的根本问题："根据亲代基因组成写出配子类型"。

在学完了一对相对性状的分离定律以后，让学生尝试应用这个原理去分析两对相对性状的遗传特点，对于学生来说有了理论基础，在以往的教学设计中，我们常常强调让学生掌握F_2的四种表现型及其比例，也过分强调各种表现型的基因组成。而事实告诉我们，这部分的内容历来就是学生掌握不好的知识点！原因在哪里？海珍老师做了一次很好的尝试：从写配子的基因组成下手。当F_1为YyRr时，要产生什么样的配子及比例时，才可能出现F_2中的4种表现型及9：3：3：1这样的比例呢？如果只产生两种类型YR和yr或Yr和yR行不行？不行的话，产生四种类型YR、yr、Yr、yR行不行？这节课的重点就是解决产生配子的类型，通过学生的实际动手操作（用围棋子代表各基因）来演示F_1产生配子的类型以及配子相互组合的过程。海珍老师启发学生按照假说-演绎法的步骤，模拟孟德尔发现遗传规律的方法，体验科学研究的乐趣。本堂课最终证明，当学生掌握了亲代所产生的配子类型后，就基本能够掌握其子代的基因型及表现型了。在以后遇到比较复杂的遗传应用题时，学生就有了着手点，不会一头雾水无从下手了。四次课，四个课件，一个月，磨出了一堂好课，给我带来了很多感悟。感谢海珍老师！感谢工作室！

张晓云：

本课的重点在于帮助学生理解研究两对相对性状的遗传时配子的产生类型，再根据已有的研究一对相对性状时的知识点，最终得出自由组合定律。本课模拟了孟德尔的研究思路，用假说-演绎法进行一步步推论，最终达到了预期的目标。左老师用遗传图谱的正确书写方式导入，再用棋子模拟豌豆可能产生的配子类型，在探究过程中，老师的引导起到了至关重要的作用，学生在老师的引导下顺利得到了想要的结果。这一节课中配子类型的确定和棋盘法的正确书写是难点。教具的使用突破了第一个难点，教师对遗传图谱的解析和板书突破了第二个难点。通过这一节课的学习，学生进一步加深了对分离定律和假说-演绎法的理解，并突破了这一节课的重难点，以后将这一节的知识和减数分裂结合起来讲解后，学生将会理解得更透彻。

朱文艺：

课例研究是一种行动研究，是由教师组成的教学共同体围绕教学实践过程中遇到的某一急需解决的问题，在课堂教学过程中反复研究，提炼经验，改善教学，最终促进学生有效地学习。在此研究过程中，教师也能实现自身的专业发展。

"基因的自由组合定律"一向是我们高中生物教学的重难点，海珍老师选择这一堂课作为研究的对象，用心良苦。一个月的研究历程，痛并快乐着！我们团队的每一位成员也借此契机得以成长提升，站在一个新的角度来审视自己的教学，谢谢海珍老师的倾情付出！

附：

第四次课的课堂教学实录：孟德尔的豌豆杂交实验（二）第一课时

（PPT展示本节课的学习目标）

师：前面我们已经对孟德尔的一对相对性状的杂交实验进行了学习。学习完以后我们进行了一个小的测验，小测验有这样一个内容大家一起来看一下。之前我们让大家把答案写好并上交，现在我们来看一下这个遗传图谱应该怎么写。

（屏幕展示第一个同学的答案）

师：大家看一下，有没有什么不对的地方？

生：（思考，小声讨论）

师：大家看一下题目的要求。这里有一个明显的错误，就是雌雄配子的结合。交叉线法一定要体现雌雄配子的结合，而这位同学没有写出配子，所以这是个明显的错误。

师：我们再来看下一个同学的，大家看看，有什么问题？

生：（思考，小声讨论）

师：好，大家看出来了很多问题。首先符号没有表示出来，这个应该是亲本"P"，这里要写"配子"，最后这里要写"子一代F_1"，还有这里的杂交符号没有写，而且我们还要写出它们的性状表现"高茎""高茎""高茎""高茎""矮茎"，这样才是一个遗传图解的正确写法。接下来我们来看一个正确的遗传图解的写法。

（教师PPT展示遗传图解过程）

师：亲本用P表示，然后写出遗传因子组成及其表现形式，然后我们再写出它的配子。在形成配子的时候，成对的遗传因子要彼此分离，然后F_1用交叉线法，写出它们的遗传因子组成及其表现形式。最后我们整理一下，写出它们的遗传因子的组成及其比例，以及性状的种类和比例。

师：在之前的内容中，我们给大家重点介绍了遗传学的第一大定律——分离定律，那大家还记得分离定律的内容吗？分离定律指的是什么分离呢？在什么样的过程中要分离？大家如果不记得了，把书翻到第七页，一起来看一下。在体细胞中遗传因子是成对存在的，形成配子时，配子中只有成对的遗传因子中的一个，这就是分离定律的实质。

（PPT展示分离定律的实质）

师：这是我们的遗传学第一大定律，形成配子的时候，成对的遗传因子分离。成对的遗传因子控制的是同一性状。之前，我们在讲课的时候讲的是一对相对性状的杂交实验。

师：今天我们来研究一下两对相对性状的杂交实验。我们来看一下大家自主预习的情况。我们先来看基础性目标练习：写出孟德尔两对相对性状的杂交实验的过程。

（PPT展示答案）

师：大家对照着看看有没有要修改的。

生：（看答案自己修改）

师：两对相对性状的杂交实验过程大家都清楚了。那我们再看一下孟德尔是如何运用假说–演绎法来研究的。大家一起来看一下拓展性目标练习，就是第3题。这道题稍有难度，需要大家自己看书整理。我看了一下，有的同学写了一些，有些同学还没有写出来。那现在小组同学合作，快速地把这道题写完整。

生：（翻书，小声讨论）

师：好，大家都写得差不多了，现在思路清晰一些了。我们来看孟德尔是如何使用假说–演绎法来研究两对相对性状的杂交实验的。（给出答案）

生：（对照答案，修改自己的学案）

师：接下来，我们要来研究一下，为什么F_1的黄色圆粒豌豆会产生四种类型的配子。为什么不是两种、三种？我们可以借助学具来讨论这个问题。大家看一下，我给大家准备了围棋棋子模拟基因，也就是孟德尔说的遗传因子。每个棋子上写了它代表的基因是哪个。（教师在展台展示）F_1的基因型我们可以这样表示，YyRr。接下来这样的个体会产生什么样的配子呢？大家看学案上的探究题，然后小组一起讨论一下，时间5分钟。

生：（小组讨论）

师：好，时间到了。现在找一个小组的代表，来回答一下，为什么F_1产生了四种类型的配子？

生：（一人）因为F_1要有四种类型的配子，F_2才会出现实验结果，就是四种类型的豌豆，而且比例是9∶3∶3∶1。

师：那如果是两种类型，你们讨论了没有？如果是YR和yr两种类型，后代是什么样？

生：（一人继续回答）不会有黄色皱粒和绿色圆粒的出现。

师：对，很好。那如果是第2个问题，只有Yr和yR两种类型呢？

生：（一人继续回答）没有绿色皱粒的出现。

师：对，那就不符合实验的结果了，是吧。请坐，这个小组基本把问题搞清楚了，很好。

接下来我们看一下，如果是四种类型的配子，F_2是怎样的？我们展示一下刚才讨论的结果吧。（找一人的学案展台展示探究一的第3题）大家来检查一下这位同学写的，有没有错误？

生：（小声回答，议论）

师：这里错了，我们改一下。现在还有没有问题？

生：没有。

师：好，那我们来数一数，黄色圆粒有几个？

生：9个。

师：黄色皱粒呢？

生：3个。

师：绿色圆粒呢？

生：3个。

师：最后绿色皱粒只有一个。是不是我们说的9∶3∶3∶1啊？

生：对。

师：所以要得到9∶3∶3∶1的比例，F_1必须产生四种类型的配子才可以，而且每种类型的配子出现的概率也是相同的，对吧？

生：对。

师：所以F_1产生了四种类型的配子，且比例相等。那我们来看看，在产生这样的配子的时候，有什么规律？根据我们之前学过的分离定律，F_1在产生配子的时候，成对的遗传因子要彼此分离，也就是每个配子中只能出现一个Y（y）和一个R（r）。那不同对的基因之间呢，（大）Y到底是和（大）R到一个配子中，还是和（小）r呢？

生：都有可能。

师：对，也就是说在形成配子的过程中，成对的遗传因子彼此分离，不成对的遗传因子是自由组合的，都有可能。所以第4题，我们要填的关键字就是"自由组合"。很好，基因在形成配子时的分配规律，其实就是我们遗传学的第二大定律"自由组合定律"。接下来，假如我们是孟德尔，我们要根据假说设计测交实验进行演绎推理。我们一起来完成探究的第二大题，给大家3分钟时间。

生：（答题）

师：好，现在我们来展示一位同学写的。大家一起来看看，有没有什么问题？

生：（仔细看，小声议论）

师：对，有一些细节的问题还要注意，比如要写好亲本子代的性状表现，还有子代的比例。（边说边修改，展示）同学们再对照着修改一下自己写的遗传图解，保证准确。

师：好，大家都基本完成了。那么接下来我们来做个小挑战吧。在我们预习作业上，有一个挑战性问题，现在给大家再重新思考一分钟的时间，看看有没有什么新的发现？

生：（思考）

师：现在谁来挑战一下？

生：（举手）

师：好，那么这个同学你来说说你的发现。

生：（一人）9：3：3：1是3：1的平方，也就是说两个3：1相乘，就是9：3：3：1。

师：嗯。你说得很对。我们来看一下，（3：1）乘（3：1）就是9：3：3：1。我们看一下这个是怎么乘的啊，因为有些同学不太会这种乘法，我演示一下。（3：1）乘（3：1）我们先让第一个3和后面的（3：1）乘一次，再让第一个1和后面的（3：1）乘一次，就是9：3：3：1了。那3：1是哪个实验的数据啊？

生：孟德尔高茎矮茎那个实验。

师：是第几代的高茎和矮茎的比例？

生：子二代。

师：对。那9：3：3：1呢？

生：是两对性状的实验。

师：也是子二代的结果对吧？

师：嗯。那三对呢？会有什么结果出现？大家思考一下。

生：应该是三个3：1相乘吧。

师：很好，这就是规律了。三个3：1相乘结果是什么？课下有时间大家可以试着算一下。那也就是说，从一对到两对甚至更多对是有规律的。所以孟德尔是先一对，再两对，是按照这个顺序来研究和分析实验结果的，所以得出了数据之间的联系，总结出了遗传的规律，发现了遗传学中非常重要的两大定律：分离定律和自由组合定律。好，今天的内容到这里我们就都学习完了。接下来我们做个回顾小结。大家对照前面的这些学习目标，看一下你们的目标都完成了没有。

生：（思考）

师：完成了吗？

生：完成了。

师：那大家觉得都完成了，我就来考考大家啊。谁能用一句话来总结一下，自由组合定律的实质是什么？就是它主要描述的是什么问题？描述的是哪个过程？我随机找一个啊，请这位同学回答。

生：（一人）F_1产生配子时，成对的遗传因子彼此分离，不同对的遗传因子是自由组合的。

师：很好，这个同学很聪明啊，他找对地方了，就是我们课堂探究练习第一大题的第4个小问，我们探究的结果。很好啊，大家要牢牢记住这句话：在形成配子的过程中，成对的遗传因子，也就是基因要彼此分离，比如说（大）Y和（小）y，（大）R和（小）r，不同对的遗传因子是自由组合的。遗传学定律是我们必修二这本书的主线，也是难点。以后我们还要应用这些定律去解决很多问题。大家一定要记住它的内容，这会对我们后面的学习有很大的帮助。

那今天的课就到这里，课后请大家完成一篇小卷检测。下课！

学生自主探究学习新模式的研究

——以"遗传信息的表达——翻译"一课为例（同课异构课）

深圳市福田中学　张晓云

新课程标准指出：有效的学习活动不能单纯地模仿与记忆，动手实践、自主探究与合作交流才是学生学习的主要方式。转变传统的教师讲授、学生被动吸收知识的教学模式，倡导有意义的、学生自主学习的方式是我们的探索的核心任务。

探究性学习是指学生在学习过程中选取某个问题作为突破点，通过质疑发现问题，通过调查研究和分析讨论解决问题，通过表达与交流等过程获得知识，掌握方法。探究性学习让学生由过去主要听从教师讲授，从学科的概念、规律开始学习的方式变为学生通过各种事实来发现概念和规律的方式，实现了传统学习方式的根本改变。自主探究教学模式的基本环节是：①创设情境，明确目标，生成问题；②自主探究，解决问题，建立模型；③巩固深化，解释应用，内化提高；④总结回顾，整体评价，反思提升。

不同的课程，应用的教学模式不完全一样，在具体实践过程中，我们要具体问题具体分析，根据新课标要求和课程的重难点，寻找最适合本节课的教学方式。

本节课的标题为"遗传信息的表达——翻译"，基因是很微小的东西，学生看不见摸不着，理解起来很费劲，进行探究性学习的难度也比较大。如果教师能变抽象为具体，就能为学生提供极大的帮助。教具在这个过程中扮演着非常重要的角色。教具指的是用来讲解说明某事物的模型、实物、标本、仪器、图表、幻灯片，包括教学设备、教学仪器、实训设备、教育装备、实验设备、教学标本、教学模型等。教具是以传播科技、教育人为目的的实物，是教学过程中不可缺少的器材。但是市面上购买的教具有时候不能满足教学的需求，自己动手制作就是解决问题的一条途径。本课例就是通过教师自制教具引导学生模拟基因表达过程中的翻译过程，不仅突破了重难点，还提高了学生学习的兴趣和参与课堂的积极性，并且加深了学生对知识点的理解和记忆。

课例研究时间：2018年5月

课例研究视角：利用学具探究学习遗传信息的表达过程

课例研究选题：人教版必修2《基因指导蛋白质的合成》第2课时

课例研究流程：见下表

表1 课例研究流程表

时间	项目	内容
2018年4月	课前准备	分析教材、课标、学生学情；备课；制作教具
2018年5月10日	第一次课试教	试教，观察发现，问题诊断，修改教具
2018年5月17日	第二次课改进	进一步修改教学设计，设计学案，制作学具，授课，观察发现问题，提出修改建议
2018年5月22日	第三次课改进	进一步修改教学设计、学案，授课，再观察发现问题，提出修改建议
2018年5月22日	课后总结	收集各成员研究心得，主讲人撰写课例研究报告

一、教学内容分析

《基因指导蛋白质的合成》为人教版高中生物必修2"遗传与进化"第4章第1节的内容。基因指导蛋白质的合成是高中生物课本里非常重要的一个知识点，它与DNA的复制和后续基因对性状的控制等知识点密切相关。这一节主要涉及两大过程：转录和翻译。转录过程相对简单，属于第一课时的教学内容，翻译的过程也不难理解，但是密码子的位置是易错的知识点；探究mRNA上几个碱基决定一个氨基酸是这一节最难的知识点。根据新课标的要求，要突出学生对生命观念的认知和对结构与功能相互联系的认知，这些都需要通过小组讨论和回答老师设计的层层递进的问题来实现。

二、学生学情分析

《基因指导蛋白质的合成》这节内容是承上启下的重要内容，学生可以在掌握DNA复制过程的基础上学习转录的过程，在第一课时了学习转录的过程后，在第二课时学习翻译过程就比较容易了。转录和翻译过程的场所、模板、原料、碱基配对和产物等内容可通过表格进行对比，是重要的比较容易掌握的知识。对于密码子的位置这一易错点，本节采取多次查询密码子表的方式来解决，加深学生对密码子位置的记忆。此外，为了将抽象的翻译过程具体化，本节利用教具演示翻译过程，再由学生利用学具模拟翻译过程，加深学生对这一过程的印象。本节的在教学设计突出了"问题"的层次性，让学生在阅读课本以及小组讨论时能够逐步解决问题。

三、设定教学目标

1. 知识目标

（1）理解翻译的概念和过程。

（2）区分相关概念：遗传信息、遗传密码、反密码子。

（3）比较转录和翻译的异同。

2. 能力目标

（1）运用数学方法，分析碱基与氨基酸的对应关系，提高学生分析推理能力。

（2）利用课本插图、课件等学具，培养和发展学生的读图能力，提高学生的归纳总结能力。

3. 情感态度与价值观目标

（1）体验基因表达过程的和谐美，基因表达原理的逻辑美、简约美。

（2）认同生物结构决定功能这一观点。

（3）认同人类探索基因表达奥秘的过程仍未结束。

四、第一次课的试教

2018年5月10日，张晓云老师在福田中学高一（1）班进行第一次课的试教（见图1、图2）。第一稿教学设计：将本节课的教学重心放在翻译过程的演示上。首先，老师利用教具演示，让学生理解翻译的过程，总结翻译的场所、模板、原料、工具、碱基配对情况和产物；然后，请学生代表上讲台再次演示翻译过程，让学生加深对翻译过程的记忆。另外，利用表格的形式对比DNA复制、转录和翻译的过程，帮助学生综合记忆三个过程。

图1　张晓云老师第一次授课

图2　师生互动

1. 教学探索中值得肯定的方面

（1）课堂内容流程设计合理，主要体现在以下几个方面：

① 通过旧知识的复习导入；

② 由基因与蛋白质的关系引出RNA与蛋白质的关系，进而引出翻译的概念；

③ 教具演示过程合理准确，激发了学生的学习兴趣；

④ 学生模拟操作过程，加深了对翻译过程的记忆；

⑤ 总结翻译过程的场所、模板、原料、工具、碱基配对情况和产物；

⑥ 对比DNA复制、转录和翻译的异同点；

⑦ 课堂小结、反馈。

（2）教具和PPT设计合理清晰，制作精美。

2. 观察发现

（1）复习旧知识的时间过长，导致后面小结反馈时间紧张。

（2）对tRNA的介绍过于简单，未体现其结构与功能的联系。

（3）学生上讲台演示翻译过程时，台下学生的积极主动性没有被激发。

3. 问题诊断

（1）DNA复制的内容与本节关系不大，可以考虑去掉这一知识点的复习。

（2）设计的问题的层次性不够，没有很好地启发学生自主探究，学生没有深入理解碱基与氨基酸之间的数量对应关系。

（3）教师讲解的过多，未充分调动小组成员的讨论热情，未充分提高学生学习的积极主动性。

（4）板书不够完整。

4. 改进建议

（1）DNA复制的内容与本节关系不大，复习旧知识时可以去掉此内容，将节约下来的时间用于总结和做习题。

（2）想办法让台下的学生参加演示翻译过程。

（3）优化问题设计，一步步引导学生探究。

（4）教师少讲，把问题抛给学生，激发学生的学习热情。

（5）重新设计板书。

（6）制作学案，将引导学生探究的问题列到学案上。

五、第二次课的改进

2018年5月17日，张晓云老师在福田中学高一（5）班进行第二次课的讲授（见图3、图4、图5）。与第一次授课比较，本次课新增加了动画演示、学案和学具。通过动画演示，学生重温了转录过程，对翻译过程也有了初步的印象；通过学案，学生能更清楚地了解本节的重难点和要解决的问题，学案设计的习题便于及时反馈学生的学习效果；新增加的学具让所有学生都能模拟翻译的过程，提高了学生的学习兴趣和参与课堂的积极性，使学生牢牢记住翻译的过程。

图3　张晓云老师第二次授课

图4　参加听课的老师

图5　学生利用学具演示翻译过程

1. 课堂教学的积极变化

通过播放基因指导蛋白质合成的整个过程的动画，学生对DNA、RNA和蛋白质的关系有了更加清晰的认识。制作学案，把问题放到学案上，便于学生边思考边写。设计问题，让学生探究mRNA上碱基排列顺序与氨基酸顺序的关系，提高学生思维能力。制作学具，让所有同学都参与模拟翻译的过程，加深学生对翻译过程和密码子所处的位置的印象，提高了教学目标达成的有效性。

2. 观察发现

（1）播放视频和复习转录知识的耗时太长。

（2）教师在讲台演示翻译过程后，再由学生上台演示，最后是学生利用教具演示，重复操作，耗时过长。

（3）碱基和氨基酸的数量关系探究难度过大，很多学生思考这个问题的时间过长，导致没时间完成后续的问题。

（4）未直接展示学生的问题回答情况。

（5）由于前面问题探讨耗时过长，导致最后的总结时间不够。

3. 问题诊断

（1）教师对学生现有知识水平的把握不准，问题设置不符合学生认知层次。

（2）教师引导学生理解、分析碱基与氨基酸的对应关系的方式和方法仍需改进。

4. 进一步改进建议

（1）本节课的重点是翻译的过程，但是这一过程比较简单，学生容易理解，教师用教具演示一遍，学生用学具模拟一遍即可；本节的难点在于理解碱基数量和氨基酸数量的关系，所以如何突破这一难点问题教师一定要提前设计好，如果学生无法突破，教师可以给予一定的提示。

（2）让学生描述tRNA的结构特点，引导学生认识物质结构与功能的联系性。

（3）把课堂上更多的时间还给学生，充分调动学生的积极主动性。

（4）进一步优化学案。

（5）进一步充实板书的内容。

六、第三次课的改进

2018年5月22日，张晓云老师在福田中学高一（7）班进行第三次课的讲授

（见图6、图7、图8、图9）。本节课对学案进行了较大的改动，增加了探究性的问题，层层递进引导学生突破重难点；另外，增加了学具的数量，让每位同学都能模拟翻译过程，同时节约时间，提高课堂效率。

图6　张晓云老师第三次授课

图7　学生利用学具演示翻译过程

图8 师生互动

1. 课堂教学的积极变化

教学设计进行了微调，通过"温故知新""课堂探究1""课堂探究2""课堂小结""习题反馈"五个环节，不仅突破了重难点，还充分调动了学生的学习积极性，激发了学生的学习兴趣，较好地完成了教学目标。整个课堂时间安排合理，内容紧凑。

2. 观察发现

（1）部分学生对mRNA上的几个碱基决定一个氨基酸仍然理解得不透彻。

（2）个别学生把密码子所处的位置搞错了。

3. 问题诊断

理论知识讲解得比较透彻，要想学生灵活运用，还需要加强练习。

4. 进一步改进建议

在课堂上，大部分学生能够熟练掌握翻译的过程，并总结出翻译的场所、模板、原料、工具和产物，课后需加强习题巩固，提升做题能力。

七、三次课演进的脉络

第一次课的情况：研读教学大纲，明确教学目标和重难点，完成教学设计，设计课堂探究活动，自制教具使用情况良好。

第二次课的变化：依据学生的课堂反应，重新调整课堂部分内容，并增加学具和学案，学生的活动大大增加。

第三次课的亮点：整节课内容丰富，节奏紧凑，问题设计合理，逐层推进。多媒体、教具、学具的使用为教学添彩，学生积极参与课堂探究活动，较好地实现了课堂的教学目标。

八、阶段的共识与结论

在连续三次课堂教学实践探索过程中，课例研究工作室成员对《基因指导蛋白质的合成——翻译》一节的教学目标有效性达成的实践策略进行了概括和总结。

1. 依据学情，确定课堂容量及知识传授方式

《基因指导蛋白质的合成》一节的内容属于高中生物必修二教学的重点，虽然难点不多，但涉及很多细节问题，所以不断尝试研究各种教学方式，有利于教学目标有效性的达成。在各种教学方式的尝试中，我们必须充分考虑学生的学情，准确掌握学生的知识基础、理解能力、易错点和混淆点等，不能主观臆测学生的能力和反应，要从观察、分析、反馈等多角度发现问题，以便于设计出更适合本班学生的教学流程和策略，让学生可以顺利清晰地掌握教学内容，最后达成本节课的教学目标。本节课充分发挥了学生的主观能动性，让学生动起手来模拟转录和翻译的过程，一来是让学生对这两个抽象的生理过程理解得更加透彻，二来增加了课堂的趣味性，真正做到把课堂还给学生，充分锻炼了学生的探究能力。

2. 巧用教具和学具，加深理解和记忆

基因指导蛋白质的合成属于分子水平上的生化反应，核糖体、RNA和多肽链等物质和结构体积微小，肉眼无法识别，这些对于学生来说都是抽象的。如何把抽象的内容形象化，更易于学生理解，也是我们在教学中需要重点考虑的问题。本节课使用了磁力片贴图模拟翻译过程，将抽象化转为具体化，便于学生对新知识的认识和理解，再利用卡纸建成的迷你版mRNA、tRNA、多肽链和核糖体，让每个学生都有机会模拟翻译过程，印象深刻。

3. 自主探究，让学生做课堂的主角

在自主探究教学模式里，教师的教是一种引领、指导，学生能否学会、能否学好，关键要看学生有没有掌握学习能力、有没有自己主动参与到学习过程中去。在教学过程中，教师要把学习的自由和权利、时间和空间还给学生，在教与学的互动过程中，学生始终是主体，教师的教学行为和教学艺术必须服

务于学生，教师只有让学生掌握学习能力、掌握运用工具服务自己的学习的方法，才能让学生的学习水平得到真正的提高。自主探究学习模式的出发点和关键点都是先学后教，多学少教。本节课使学生充分发挥主观能动性和动手能力，让学生成为课堂的主人，让他们积极探索基因表达的奥秘，培养他们对生物学的兴趣，提高他们的生物学素养。

附1：

第三次课的课堂教学实录：遗传信息的表达——翻译

1. 导入：复习转录，引出翻译（5 min）

师：同学们，经过上节课的学习，我们知道细胞的基因必须通过指导蛋白质的合成来控制生物性状。讲新课之前我们先来看一个小视频（播放转录和翻译过程的视频）。这个视频里有没有你熟悉的过程？

生：转录过程。

师：细胞核内的基因将遗传信息传递给RNA的过程叫作转录；RNA从核孔进入细胞质，能够指导多肽链的合成，这个过程就是我们这一节课要学的翻译过程。请大家用一分钟的时间把学案第一题的表格中和"转录"有关的内容填完，"翻译"一列的内容如果会的话也请填上去。

生：（完成学案相应部分）

师：（切换展台，展示学生答案）请问这个学案完成得如何？有没有需要改正或者补充的？

生：场所填写成细胞核不准确，线粒体和叶绿体中也有转录过程；原料不对；碱基配对方式不对。

师：（播放PPT展示正确答案）非常好，场所主要是细胞核，原料要根据产物来判断，由于转录的产物是RNA，所以原料应该是四种游离的核糖核苷酸；碱基配对方式：DNA的A配RNA的U，DNA的T配RNA的A，DNA的C配RNA的G，DNA的G配RNA的C。

转录的过程大家都学得比较好，翻译过程的知识我们没学过，所以很多同学不会填，没关系，我们现在就开始学习这个过程。

2. 翻译过程的学习（25 min）

（1）mRNA的碱基排列顺序与蛋白质上氨基酸的排列顺序的关系（10 min）

师：我们知道，RNA有四种碱基，大家还记得蛋白质是由什么构成的吗？

生：氨基酸。

师：是的，氨基酸是蛋白质的基本组成单位，组成生物体的氨基酸大约有多少种？

生：20种！

师：那mRNA携带着DNA的遗传信息跑到细胞质，它的四种碱基怎么决定20种氨基酸呢？请大家带着这个问题阅读课本P64～65，与小组成员共同讨论，试着回答学案中第二大题的第一小题的四个问题。

生：（阅读课本，讨论并完成学案相应部分）（10 min）

师：第5小组请一位代表回答第一个问题：如果1个碱基决定1种氨基酸，那么4种碱基可以决定几种氨基酸？

生：4种。

师：远远少于20种，所以可不可能一个碱基决定一种氨基酸？

生：不可能。

师：如果2个碱基决定1种氨基酸，那么4种碱基可以决定几种氨基酸？

生：16种。

师：第一个碱基可能是A、U、C、G任何一种，即4种可能，第二个碱基也是4种可能，如果2个碱基决定1种氨基酸，那么4种碱基可以决定4×4=16（种）氨基酸，还是少于20种，所以也不可能。如果3个碱基决定一种氨基酸，4种碱基可以决定几种氨基酸？

生：（回答不出）

师：如果3个碱基决定一种氨基酸，每个碱基都有4种可能，所以组合有4×4×4=64（种），大于20种，所以有可能是mRNA的三个碱基决定一种氨基酸。科学家研究发现，mRNA上3个相邻的碱基决定1个氨基酸，每3个这样的碱基称作1个密码子。请注意：密码子指的是mRNA上的三个相邻的碱基。mRNA上的三个相邻的碱基决定什么样的氨基酸呢？我们课本P65有个密码子表，我们一起来查一下AUG、GAA、GAG、CGA、UAA这五个密码子分别决定什么氨基酸。第3小组请一位代表回答这个问题。

生：AUG决定的氨基酸是甲硫氨酸、GAA决定的氨基酸是谷氨酸、GAG决定的氨基酸是谷氨酸、CGA决定的氨基酸是精氨酸、UAA决定的是"终止"。

师：AUG决定的氨基酸是甲硫氨酸，它下面还有两个字：起始，另外GUG决定的缬氨酸下面也有"起始"两个字，意思就是所有翻译的起点都是这两个密码子；而UAA、UAG和UGA三个密码子都不决定氨基酸，它们是翻译终止的信号，在翻译的过程中，如果遇到这三个密码子，翻译就结束了。此外，某些氨基酸对应的密码子不止一个，如GAA、GAG决定的氨基酸都是谷氨酸，这种现象叫作遗传密码的简并。密码的简并有何意义？

生：不知道。

师：如果RNA上的某个碱基出错，它决定的氨基酸是不是一定会改变？

生：不一定。

师：是的，比如GAA本来决定的是谷氨酸，如果最后一个A变成了G，即GAA变成了GAG，它决定的还是谷氨酸，这在一定程度上增强了密码的容错性。

师：地球上几乎所有的生物都共用同一个密码子表，根据这一事实，你能想到什么？

生：它们有相似性。

师：是的，这说明地球上几乎所有的生物都有共同的遗传语言，它们可能有共同的起源。

（2）翻译过程（15 min：tRNA2 min，上台演示5 min，小组内演示3 min，展示2 min，P67图讲解3 min）

师：mRNA进入细胞质后，将与核糖体结合，tRNA能把20种游离的氨基酸搬运过来，用于合成蛋白质，请大家仔细观察tRNA的结构示意图，想一想tRNA的结构有什么特点，它的结构与它的功能有什么联系。

生：（思考，回答）一端能连接氨基酸。

师：是的，tRNA的结构非常巧妙，它的一端能够连接氨基酸，另一端的三个碱基能与mRNA的密码子互补，所以这三个碱基称为反密码子。正是因为有这样的结构，这种RNA才能成为氨基酸的搬运工，并且被命名为转运RNA。

下面我用教具模拟翻译的过程，请大家仔细观察。我先演示前半部分，然后请一个小组的同学上来演示后半部分，演示三个氨基酸的合成过程。

生：（上台演示翻译过程的后半部分）

师：请注意，密码子位于mRNA上，不要查错地方；翻译过程中，核糖体移动，mRNA不移动。

我们每个小组都有一套学具，请大家模拟翻译过程，每个小组都有双面胶，可以用来连接氨基酸。最后我要展示大家模拟的翻译过程的产物。

生：（分组用学具模拟翻译过程）

师：请把连接好的多肽链拿到讲台。

（切换投影展示，再次强调密码子所在部位是mRNA）

我们课本67页还有一幅图很重要，请大家仔细观察，你能描述一下这幅图吗？

生：有多个核糖体同时与一个mRNA结合。

师：也就是说多个翻译可以同时进行，这有什么好处？

生：翻译速度快。

师：每个翻译的速度没有变，但是多个翻译同时进行的话能在短时间内合成大量的多肽链，使翻译具有高效性。

所有的翻译过程结束后，得到的多条多肽链是否相同？为什么？

生：（有的说不同，有的说相同）

师：这些翻译过程的模板相同吗？

生：相同。

师：相同模板翻译出来的多肽链相同吗？

生：相同。

师：是的，这些多肽链都相同，因为模板一样。

3. 总结（3 min）

师：我们刚刚学习了翻译的过程，请大家总结翻译所需条件和特点，完成第一题表格内"翻译"相关的内容。

生：（完成学案相应部分）

师：（PPT展示学生答案）

师：在生物体细胞中，DNA的遗传信息通过转录传递给RNA，mRNA上的遗传密码决定了蛋白质中的氨基酸顺序，这就是我们第四章第1节学习的基因指导蛋白质合成的全过程，这个过程又叫作基因的表达。

4. 习题反馈

学生完成学案上的判断题并订正错误的题目（7 min）。

附2:

课前教学准备

（1）制作PowerPoint演示文稿和翻译过程的Flash。

（2）准备翻译的剪纸模型共14套（1套用于教师演示，13套发给学生，每4人一组共用1套）。

tRNA:

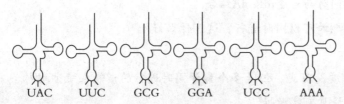

UAC　　UUC　　GCG　　GGA　　UCC　　AAA

mRNA: A U G G A A G A G C G A U A A　　核糖体:

氨基酸: 酪 甘 苯 甲 精 丝 丙 赖 脯 精

（3）设计学案，学案每人一份。

附3: 自主学案
第四章第1节第2课时　遗传信息的表达——翻译

（一）温故知新

填写"转录"相关的内容。

	转录	翻译
场所		
模板		
原料		
碱基配对		
产物		

（二）课堂探究

mRNA的碱基排列顺序与蛋白质上氨基酸的排列顺序的关系

阅读课本P64～65，小组讨论，回答下列问题：

（1）mRNA上的碱基排列顺序如何转化为氨基酸的排列顺序？

如果一个碱基决定一种氨基酸，四种碱基可以决定几种氨基酸？

_____

如果两个碱基决定一种氨基酸，四种碱基可以决定几种氨基酸？

_____

如果三个碱基决定一种氨基酸，四种碱基可以决定几种氨基酸？

_____

科学家研究发现，_____上_____个相邻的碱基决定1个氨基酸，每_____个这样的碱基称作1个_____。

（2）请根据密码子表查询密码子AUG、GAA、GAG、CGA、UAA决定的氨基酸种类。

_____

（3）从密码子表可以看出，一种氨基酸可能有几个密码子，这一现象称作密码的简并。密码的简并有何意义？

_____

（4）地球上几乎所有的生物都共用同一个密码子表，根据这一事实，你能想到什么？

_____

（三）翻译过程

（1）观察tRNA的结构示意图，tRNA的结构有何特点，与其功能有何联系？

_____

（2）利用学具，模拟翻译过程，并写出翻译产物中的氨基酸顺序。

mRNA：AUGCGCCCUAAGAGGUUUUGA

翻译产生的多肽链的氨基酸顺序：

_____

（3）观察P67的图片：多个核糖体与同一个mRNA结合，说明什么问题？有何优点？

_____

所有的翻译过程结束后，得到的多条多肽链是否相同？为什么？

_____

（四）课堂小结

总结翻译所需条件和特点，完成第一题表格内"翻译"相关的内容。

（五）习题反馈

1. 判断正误，并订正错误的题目

（1）遗传信息位于mRNA上，遗传密码位于DNA上，碱基构成不同。（　　）

（2）DNA的两条链都可作为转录的模板。（　　）

（3）一种tRNA能识别并转运多种氨基酸。（　　）

（4）tRNA上只有三个碱基。（　　）

（5）翻译可以在mRNA上的任意部位开始，也可以随时结束。（　　）

（6）遗传密码具有通用性，即地球上几乎所有的生物都共用这一套遗传密码，这说明所有生物可能有着共同的起源。（　　）

（7）转录和翻译过程中的碱基配对方式是一样的。（　　）

（8）真核细胞中DNA复制、转录和翻译的主要场所依次是细胞核、细胞质、核糖体。（　　）

（9）在翻译过程中，mRNA穿过核糖体，进而合成多肽链。（　　）

（10）遗传密码的简并指的是一个密码子可以决定多种氨基酸。（　　）

（11）在翻译过程中，同一个mRNA可以和多个核糖体结合，合成多条不同的肽链。（　　）

（12）正常翻译过程中出现肽链终止，是因为转运RNA上出现终止密码子。（　　）

2. 选择题

（13）遗传密码通常是指（　　）

A. DNA上决定氨基酸的碱基序列

B. 核糖体上决定氨基酸的碱基序列

C. 信使RNA上决定氨基酸的碱基序列

D. 转运RNA上决定氨基酸的碱基序列

（14）四环素、链霉素、氯霉素、红霉素等抗生素能抑制细菌的生长，它们有的能干扰细菌核糖体的形成，有的能阻止tRNA和mRNA结合，这些抗生素阻断了下列过程中的（　　　）

A. 染色体活动　　　　　　　　B. DNA复制过程

C. 转录过程　　　　　　　　　D. 翻译过程

（15）下列关于遗传信息和遗传密码在核酸中的位置和碱基构成的叙述中，正确的是（　　　）

A. 遗传信息位于mRNA上，遗传密码位于DNA上，碱基构成相同

B. 遗传信息位于DNA上，遗传密码位于mRNA、tRNA或rRNA上，碱基构成相同

C. 遗传信息和遗传密码都位于DNA上，碱基构成相同

D. 遗传信息位于DNA上，遗传密码位于mRNA上，碱基构成不同

3. 填空题

（16）下图是蜘蛛的丝腺细胞合成蛛丝蛋白的部分过程示意图，据图回答下列问题：

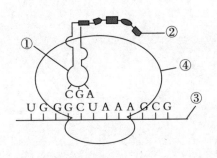

题一：在蛋白质合成过程中，该图表示的过程称为_____，图中④的结构名称是_____，该过程的模板是_____。

题二：由图中信息可推知DNA模板链上对应的碱基序列为_____。

题三：根据密码子表分析：[①]_____上携带的氨基酸是_____。

（17）下图表示某动物细胞DNA片段遗传信息的传递过程，①～⑤表示物质或结构，a、b、c表示生理过程。请据图回答下列问题：（可能用到的密码

子：AUG—甲硫氨酸、GCU—丙氨酸、AAG—赖氨酸、UUC—苯丙氨酸、UCU—丝氨酸、UAC—酪氨酸）

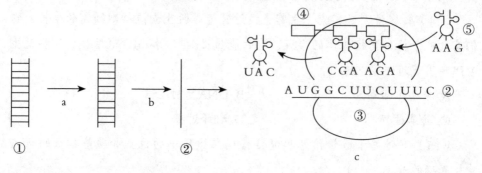

题一，反映遗传信息表达的是_____（填字母）过程，b过程所需的酶是_____。②加工成熟的场所是_____。

题二，图中含有核糖的是_____（填数字）；由②指导合成的多肽链中氨基酸序列是_____。

题三，该DNA片段应有_____个游离的磷酸基，氢键有_____个，第三次复制需游离的胸腺嘧啶脱氧核苷酸的数目为_____个。

使用教具提高课堂效率的实践研究

——以"遗传信息的表达——翻译"一课为例（同课异构课）

深圳市梅林中学　林凯纯

教具，是教师教学过程中的重要课程资源。教师通过自制教具能将抽象的知识具体化、形象化，加深学生对知识的理解；学生参与教具模型构建能够激发求知欲望，培养创新意识。我国教育部颁布的《普通高中生物课程标准（实验）》明确提出模拟实验和模型构建能力在科学发展中具有重要作用。自制教具在高中生物教学中有许多积极的作用。本课例研究以"遗传信息的表达——翻译"为例，探究自制教具在改善课堂效果方面的作用，以供高中生物教师参考。

课例研究课主讲人：林凯纯

课例研究时间：2018年5月

课例研究视角：教具在课堂实践中的运用

课例研究选题：人教版《基因指导蛋白质的合成》第2课时

课例研究流程：见下表

表1　课例研究流程表

时间	项目	内容
2018年4月	课前准备	分析教材、课标、学生学情，备课，设计学案，制作教具
2018年5月11日	第一次课试教	试教，观察发现，问题诊断，修改教具
2018年5月16日	第二次课改进	授课，再观察发现问题，提出修改建议

续　表

时间	项目	内容
2018年5月22日	第三次课再改进	进一步修改教学设计，授课，再观察发现问题，提出修改建议
2018年5月	课后总结	收集各成员研究心得，主讲人撰写课例研究报告

一、教学内容分析

本节内容是本章的开篇，是本章学习的基础，也是教学的难点所在，要用2课时。基因是如何控制生物的性状的？这是本章学习要解决的中心问题。蛋白质是生命活动的体现者，也可以说是执行者，基因对性状的控制，是通过控制蛋白质（包括结构蛋白和功能蛋白）的合成来实现的。本节集中讲述的基因指导蛋白质合成的内容，可以说是本章的重点。课程标准中与本节教学相对应的要求是：概述遗传信息的转录和翻译。"概述"是理解水平的要求，即要求学生能够把握知识的内在逻辑联系，能够与已有的知识建立联系，进行解释、推断、区分和扩展等。因此，本节教学不应局限于对转录和翻译过程的单纯描述，而应当让学生理解转录和翻译的物质结构基础以及二者之间的内在逻辑联系。要达到理解层次的目标，需要引导学生运用已有知识和观点思考和讨论相关的问题，比如"为什么RNA适于作DNA的信使呢？"需要运用有关DNA和RNA结构的知识，以及结构与功能相适应的观点进行分析；"为什么是三个碱基编码一个氨基酸呢？"需要学生运用数学知识和方法进行分析。

本节教材的特点之一是插图多而且复杂。插图包括结构示意图、化学组成区别图、转录过程流程图、翻译过程流程图和一个mRNA分子上的多个核糖体同时合成多条肽链示意图等。能否处理好教材中的插图，是本节教学成败的关键因素之一。

二、学生学情分析

本课的授课对象是高一年级理科班学生，学生在学习了《基因的本质》后，已经对基因产生了浓厚的兴趣，想进一步探知有关基因的其他问题，学习的欲望强烈。但从教材的内容上来看，本节课引入许多新概念，例如"遗传密码子""tRNA""反密码子"等，比较抽象，因此学生理解和接受起来有些困难，且按照以往的经验，学生往往会陷入学习时明白，学完了就糊涂的困惑中。因此作为授课的教师应该找到合适的方法，既能保持学生高昂的学习热情，也能通过良好有效的教学方法，化抽象为具体，促进学生对知识的理解和应用。

三、设定教学目标

1. 知识目标

（1）运用已经准备的教具，概述遗传信息的翻译过程。

（2）运用数学方法，分析碱基与氨基酸的对应关系，理解密码的简并。

2. 能力目标

培养和发展学生的观察识图能力、分析归纳和推理判断的能力。让学生能利用教师自制的教具等形式，阐述翻译的概念、原理和过程。

3. 情感态度与价值观目标

能利用生物学观点认识和分析生物体生命活动的基本规律。

四、第一次课的试教

2018年5月11日，林凯纯老师在梅林中学高一（5）班进行第一次课的试教（见图1、图2）。第一稿教学设计：将本节课的教学重心放在：①老师利用教具，在黑板上演示翻译的动态过程，并邀请2位学生到黑板上进行演示；②通过当堂练习，引导学生发现DNA、碱基、氨基酸之间的关系。

图1　林凯纯老师第一次课的试教

图2　学生上台演示

1. 教学探索中值得肯定的方面

（1）课堂内容流程设计合理。

本节课教学任务比较多，既包含教学内容，也包含学生的活动，因此需要设计出比较好的教学流程才能保证新课导入直接而顺利，也有助于教学重点难点的教授。课堂设计了以下5个环节：①通过复习转录导入新课翻译；②教师抛出问题，学生进行小组讨论，探究mRNA上的碱基与氨基酸之间的对应关系，推出密码子的概念，并学会看密码子表；③通过小组合作探究得出tRNA的特点及种类；④利用自制教具演示翻译的基本过程；⑤总结翻译的概念；⑥课堂小结、反馈。

（2）课堂节奏紧凑，PPT设计合理清晰，制作精美。

（3）课堂气氛活跃，学生的专注度比较高，对于教师准备的教具比较感兴趣，学习欲望高涨。

2. 观察发现

（1）课堂内容较多，知识点比较分散，无法将前面所学的"转录"的过程与"翻译"的过程联系起来。本节的知识点比较多，主线清晰，但是支线也非常繁复，需要有所取舍，不然会造成整节课的重点不清晰，学生也难掌握其中的知识点。

（2）新概念比较多，例如"遗传信息""密码子""反密码子"都是比较容易混淆的概念。教师在课堂上应该引导学生自己去发现这些类似概念之间的区别，从而加深印象。没有"翻译过程"的动画演示，学生对这个过程没有一个全面的了解，教学的有效性就很难实现。由于学生对这部分概念较陌生，无法建立较为完整的知识框架，不理解各部分内容之间的关系，因此在总结"翻译"的过程时有难度。

（3）由于教具的引入，课堂上需要花一些时间去让学生理解。学生对于教师自制的教具也比较感兴趣，会分散掉部分注意力，这样对课堂纪律的管控就有比较高的要求，而且课堂效果会受到部分影响。

3. 问题诊断

（1）除了学生上台利用教具，演示翻译的过程以外，学生活动过少，出现教师"满堂灌"的现象。课堂上，如果只是教师单独表演，会让学生成为看客。课堂上教师不遗余力地进行知识传播、知识讲解，教师是知识的播放机，而课堂上的学生却成为知识的接收机器，机械地接受知识。教师的板书让学生成为抄写工，课堂教学成了教师的独角戏。没有教师与学生的双边参与交流活动，学生没有参与到课堂教学中，这会让学生失去学习主动性。我们教师本身就是这种传统教学方式培养出来的，教师本人以前也是接受这种教育的，这样的教学方式已成为一种习惯。

（2）设计问题不够层层递进，没有很好地启发学生自主探究，学生没有深入理解一些新概念。在课堂上，老师提出的问题要具有核心价值。一堂课的问题并不是多多益善，教师想要课堂提问有效果，那就要设计出有效的问题。这个围绕教学内容的核心问题应该是一个依据教材特点设计的能紧扣教材内容核心价值的"主问题"。这样的"主问题"定是兼顾教材的内容和形式，从整体入手覆盖全课内容的核心问题。这样的"主问题"能触及教学核心目标，是可以引发深层次课堂活动的突破性问题，从而有利于学生的探索与思考。

（3）演示教具时请学生上台演示翻译的过程没有达到相应的教学效果，反而造成课堂的混乱。教具教学是教师用演示方法结合课堂知识进行的教学，是一种非常直观的教学手段。通过课堂教具演示，教师可以更为形象地讲解生物学概念、现象和规律等，同时可以培养学生的观察力、注意力和思维能力等。但是在本次教学过程中，学生只是非常简单地参与教具在课堂上的运用，甚至不能从中理解老师运用教具辅助教学的真正意义，也没有真正将教具运用到实处。课堂是热闹的课堂，但是教具的真正用途，却是被忽略的。

（4）缺乏深层次思维训练，学生活动流于形式。教师频繁地问一些提示性的肤浅问题，课堂表面上热热闹闹，教师问一句，学生几乎不假思索地齐声答一句，教师一旦停止发问，课堂上沉寂一片，学生不会主动思考，更不会向教师发问。这种浅层次、快频率、割碎式、操作式的表面学生活动，使大部分学生没有自由想象的空间和时间，没有深层次的思维活动，失去了真正课堂的体验。这样的课堂只有少部分学生与教师对话，少数思维活泼的学生统治课堂的气氛，大部分思维"散慢"的学生一直处于一种被动接受的状态，无法获得成功感而在心理上、行为上失去了参与的热情。

4. 改进建议

（1）优化问题设计，用更多的探究性的问题引导学生自主思考和小组讨论。

（2）课件中安插"翻译的过程"的动画，让学生对这个过程有较为全面的认识。

（3）请学生上台演示翻译的过程时，教师应该在旁向全班讲解。

（4）合理安排本节课的内容，避免课堂内容过多导致学生自主思考的时间太短。

五、第二次课的改进

2018年5月19日，林凯纯老师在梅林中学高一（1）班进行第二次课的讲授（见图3）。

图3　第二次授课

1. 课堂教学的积极变化

插入了"翻译的过程"的动画，让学生对此过程有比较整体的认识。学生上台活动时，教师注重对此过程进行及时的反馈，提高了教学目标达成的有效性，也让整个课堂的氛围更加活跃。教师自制教具演示遗传信息的翻译过程，有了这些教具，学生在观看动画之后能小组讨论，最后由学生代表上台动手模拟和展示所学的重点内容"翻译的过程"，这对于课堂目标的达成，有非常积极的作用，整体效果较第一次授课有明显进步。

2. 观察发现

（1）tRNA与氨基酸之间的对应关系学生掌握得不好。因为氨基酸的种类由mRNA来决定，密码子位于mRNA上，由三个相邻的碱基决定一种氨基酸，而由于密码子的简并性，一种氨基酸有时可以对应多种密码子，所以可以由多种tRNA来转运。但是学生很难理解其中的数学关系，因此对于问题"一种氨基酸对应一种或多种转运RNA"学生难以理解，甚至觉得"一种氨基酸对应一种转运RNA"或者"一种转运RNA对应多种氨基酸"。这是一个思维上的误区，需要解决。

（2）学生对于查找密码子表存在误区，一部分学生用tRNA上的反密码子去查。密码子指的是mRNA上的三联体核苷酸残基序列，该序列编码着一个指定的氨基酸，tRNA的反密码子与mRNA的密码子互补。但是部分学生没有理清密码子和反密码子在概念上的区别，因此会比较模糊。

（3）翻译过程中，核糖体上的位点的数量以及核糖体的移动等细节容易被学生忽视。翻译的过程中，核糖体在信使RNA上移动，移动过程中有个细节，即核糖体会对应信使RNA中6个碱基，也就是两个密码子的位点。这个细节在课本插图中有所体现，但是非常容易被学生忽略。课堂上对应的动画也有所体现，但是还是有个别学生忽略这个细节。

3. 问题诊断

（1）教师对学生现有知识水平的把握不准，问题设置不符合学生认知层次。可从认知结构学习理论、建构主义学习理论以及最近发展区理论出发，分析问题设置对学生认知结构发展的影响，并以案例的形式加以说明。学生认知结构的发展由旧认知结构，在新信息的影响下，形成新认知结构。在该过程中阐明问题设置的方式及作用，并分析其动因，以达到提升教学效果的目的。

（2）教师引导学生探究mRNA上的碱基与氨基酸的对应关系的方法仍需要改进。本节课中，通过授课教师抛出一个问题"mRNA上有某个数量的碱基，将会翻译出有多少个氨基酸的多肽链？"有部分学生直接将信使RNA上碱基的数量除以3得出多肽链上氨基酸的数量，忽视了起始密码子和终止密码子对应的规律。教师在带领学生学习密码子表的时候提出让学生关注两种特殊的密码子"起始密码子"和"终止密码子"，但是学生在真正运用的时候却忽视了这个细节。

4. 进一步改进建议

（1）注重细节的提醒。教师的提醒可让学生注意到一些很容易被忽视的细节。例如："核糖体上会对应2个密码子的位点""计算氨基酸的数目时应考虑起始密码子和终止密码子""由于一种氨基酸对应多个转运RNA，对应多个密码子，这是密码子的简并性""在翻译过程中，是核糖体沿着信使RNA移动的"等等。

（2）设置层层递进的问题，逐一解决。抛出有价值的核心问题，如："DNA有四种碱基，转录得到的信使RNA也对应有四种碱基，如果一个碱基决定一种氨基酸，可决定多少种氨基酸？如果两个碱基决定一种氨基酸，可决定多少种氨基酸？构成蛋白质的氨基酸一共有20种，至少需要多少个碱基决定一种氨基酸才能与20种氨基酸对应？""翻译过程中，信使RNA上携带的信息是从哪里来的？""转运RNA的结构是什么？它的结构与它的功能之间有什么样的对应关系？"等等，学生通过对以上问题的探究，层层深入地去思考密码子与氨基酸之间的对应关系，以及整个翻译过程中的逻辑性，从而能更好地理解和掌握整个翻译的过程。

（3）增加学生自主学习环节，充分调动学生学习的积极主动性。教师为学生准备了信使RNA、转运RNA、对应的氨基酸、核糖体的纸质带磁性的模型，在讲解密码子与氨基酸之间的对应关系，讲解转运RNA的结构及功能的统一性，用多媒体动画展示整个翻译的过程以及按照课本的配图进行细节的讲解之后，让学生小组讨论课堂上的思考题，并检测自己是否对翻译的过程有了比较整体的认识。通过让个别小组在黑板上演示翻译的过程，可以让底下的同学思考自己是否能正确掌握，是否会犯相同的错误，从而实现学生与学生之间的相互学习和交流。

（4）教师转变角色。课堂应该是学生的主场，尤其是一堂注重学生探究的课，更应该将课堂交还给学生。教师充当一个引导者的角色，引导学生去思考本节课的重难点问题，引导学生关注容易忽视的细节，例如在学生忽视"核糖体上对应2个密码子的位点""在翻译过程中，是核糖体沿着信使RNA移动的"等细节的时候应该提醒学生，随时关注学生。

六、第三次课的改进

2018年5月22日，林凯纯老师在福田中学高一（8）班进行第三次课的讲授（见图4，图5，图6）。

图4　第三次课的改进

图5　学生活动

图6　同行课堂观察

1.课堂教学的积极变化

教学设计进行了比较大的调整。整个课堂的思路紧紧跟着三个探究问题来展开：①mRNA上的碱基如何决定蛋白质中的氨基酸呢？②谁将氨基酸准确地搬运到核糖体上？③翻译的过程如何？通过学生活动，配合教师的讲解，让学生深刻理解翻译的过程。课堂时间安排合理，内容紧凑。

2.观察发现

（1）部分学生在探究tRNA与氨基酸之间的对应关系时无法理解"一种氨基酸有多种转运RNA，而一种转运RNA只能搬运一种氨基酸"。

（2）在用教具演示"翻译的过程"时，有个别同学忽略核糖体每次移动的位点，也有个别同学忘记氨基酸之间通过肽键连接。

3.问题诊断

虽然学生已经初步体验密码子破解的过程，但是对于如何将tRNA与氨基酸联系起来还是需要进一步练习和反复强调。

4.进一步改进建议

在课堂上，大部分学生能够跟着老师设置的探究问题的思路，一步步解锁与翻译有关的知识，进而掌握翻译的基本过程。在此过程中，教师提示学生一些要点，例如核糖体的移动方向，tRNA的种类，密码子的特点，"遗传信息""密码子""反密码子"三者之间的比较等。

七、三次课演进的脉络

第一次试讲主要是明确教学目标，按照已经设计好的教学流程进行试教，从学生的反应中体会本节课的设计是否合理，教学目标是否实现，从而为课后改进本课提供依据。

第二次试讲是依据第一次课学生的课堂反应以及课后同行老师提出的教学建议，调整教学的容量，以获得更好的教学效果。此外，教师完善自制教具，对学案和课堂练习做进一步的修改和调整。

最终呈现的第三次课流程完整清晰，内容紧凑，问题逐层推进。教师擅长利用多媒体、教具，从而更好地实现教学目标。课堂上学生积极参与探究活动，通过利用教具模拟"蛋白质翻译"的过程，从而较好地掌握抽象的知识，理解本课的重点难点。

八、阶段的共识与结论

在连续三次课堂教学实践探索过程中，课例研究工作室成员对《遗传信息的表达——翻译》的教学目标有效性达成的实践策略进行了概括和总结。

1. 巧用教学工具，可以加深对知识点的理解和记忆

翻译的过程抽象复杂——学生难理解；较多物质和细胞结构参与——学生易混乱；涉及必修一、必修二中多个章节内容——学生已遗忘。如何把抽象化的内容形象化，更易于学生理解，也是我们在教学中需要重点考虑的问题。本节课使用了磁力片贴图演示细胞内翻译的过程，将抽象化转为具体化，加深了学生对知识的理解和记忆；设置核心问题和多个探究问题引导学生层层深入，挖掘深层的概念内涵。高中生物课程与初中相比，知识的深度和理解的难度都加大，大部分内容属于微观方面或深入生物体内部的知识，是不能用肉眼辨别的，学生在理解上有一定的难度，因此选用合适的课程资源是有效达成课程目标的重要因素。自制教具可以加大对学生的信息刺激，将抽象的知识具体化、形象化，便于学生理解的同时提高学生学习兴趣，帮助学生顺利实现从初中到高中的知识过渡。

2. 加强小组动手合作，有利于提升探究能力

学生利用教师下发的纸质教具，以学习小组为单位，进行小组内讨论及动

手操作，在操作的过程中，深刻理解转录及翻译过程中的细节。如翻译过程以mRNA作为模板，在翻译的过程中mRNA并不移动，而是核糖体在移动；而且每个核糖体上有两个氨基酸结合位点。学生通过自己动手，甚至在动手过程中出现错误，理解转录翻译过程中的细节，并在以后的学习中避免犯错误。通过小组内的探究学习，学生更加清晰理解这个抽象的过程，也更加深入地探究了转录和翻译的过程。

3. 有效使用教具学具，促进学生主体意识的发展

课堂教学要真正做到以学生为主体，关键要摆正教与学的关系。在教学过程中，教师处于主导地位，起引导、点拨作用，学生才是学习的主体。教师的教学必须为学生服务，满足学生的需要，为学生创造一切发展的机会。在教学中使用学具，可以充分调动学生的眼、耳、口、手多种器官参与活动，能使物质的外部操作过渡到智力的内部认识活动，从形象到表象再到抽象，促使学生自己发现、理解抽象的生物知识，认识内化，便于学生形成良好的认知结构，充分发挥学生的主体作用。

4. 利用创新教具，可以突破教学难点

人的认识过程，是从具体到抽象、从感性认识到理性认识逐渐发展的。有些科学知识或规律，学生在生活中很少感知，或者虽有感知但还比较模糊，于是造成了对新知识理解的困难。此时教师可以利用创新的教具，在认识主体与认识客体之间架设必要的桥梁，也就是提供生动、形象、直观的感性材料，突出教学难点的主要部分，使模糊的感知得以鲜明，对错误的认识加以纠正，有利于学生理解复杂难懂的知识。

九、同行互评

张晓云：

选择"遗传信息的表达——翻译"这个课题，是因为我们的教学进度正好到这里，而且这一节在课本中起着承上启下的作用，是完成很多综合性题目必备的基础知识。我们的教学目的是把基础打牢，不给将来的学习拖后腿。

这一节我用的是比较传统的教学方法，先从复习"转录"过程入手，引出"翻译"的内容，再讲解"翻译"的过程，最后对比"转录"和"翻译"的异同点。为增加教学的趣味性，并帮助学生理解看不见摸不着的生理过程，我利用课余时间制作了简单的教具，用于模拟"翻译"的过程，而教具成功地吸引了学生的注意力，并调动了学生的学习积极性。

第一次磨课：对本节教学难点——mRNA的碱基序列和氨基酸的序列的关系，我直接采用了教师讲解的方式，学生的思考和讨论没有被激发，而是被动接受，课堂比较沉闷。此外，由于总结处增加了对DNA复制过程的复习，导致耗时过长，需要修改。

第二次磨课：新增加的学案和学具派上大用场，学生对"翻译"的过程理解得更加透彻，但是由于对学情估计过高，很多学生无法解答学案中设计的问题，导致学生讨论和教师讲解时间过长，最后没有时间总结和做习题。

第三次磨课：再次修改教学设计和学案，问题精简而有梯度，并设计多个学生活动环节，让全体同学都能在各项活动中熟练地掌握本节知识。从反馈的结果来看，效果还不错。我设计制作的课件、教具和学具也为高效课堂助力，充分发挥了它们的作用。

磨课结束了，但课堂教学还在继续，如何利用40分钟的高效课堂达成教学目标，仍是我不断探索、继续努力的方向。

林凯纯：

对于一名教龄未到两年的讲台新人来讲，本次磨课给了我很大的磨炼。回首梳理整个过程仍是感慨万千。首先感谢在这次活动中给予我很大帮助的工作室成员：李晓燕老师、张晓云老师、朱文艺老师，也感谢同科组的段超林老师、任爽老师、涂健康老师、张玉良老师、王振山老师一直给予悉心指导和大力支持。也感谢来听课评课的工作室其他成员，在课后给予我很多中肯的意见和建议。

第一次磨课：课程的设计比较单调，几乎全是老师"满堂灌"，学生参与度极低。对学情估计不足，问题设置难度过大，没有层层递进。缺乏一些动画来演示翻译的过程，学生缺乏一个整体的了解。教学的有效性大打折扣，需要修改。

第二次磨课：注重了学生的自主探究，忽略了学生自主探究过程中教师的指导作用，学生活动混乱，教学的有效性很低，需要修改。

第三次磨课：大幅度修改了教学设计，重新设计了教学环节，问题精简而有梯度，设计多个学生活动环节，让全体学生都能在各项活动中高效地掌握本节知识。从反馈的结果来看，效果是不错的。设计制作的课件和教具也为高效课堂助力，充分发挥了它们的作用。

磨课结束，我会继续在这些方向上努力：①如何利用有效的教具，将原本非常抽象的生物知识转变为具体的可理解的知识；②如何在有限的40分钟课堂中达成教学目标。

杨志强：

张晓云老师的课课前准备充分，上课不慌不忙，有条不紊。符合课程标准及教材要求，全面落实三维目标。教材处理得当，做到学与练的统一。教学具有吸引力，能激发学生对本学科知识的兴趣，学生思维集中，学习积极性高。最让人难忘的是自制了精美演示教具和学生学习模拟工具，营造了师生互动、生生互动的氛围，也体现了由知识立意到能力立意再到素养立意的新课程标准理念。

林凯纯老师的课目标明确，层次清楚，安排合理，注意新旧知识联系。发挥教师的主导作用，面向全体，师生互动，关注学生差异。语言准确、简练、生动，逻辑严密且通俗易懂，体现学科特色。善于挖掘教材，寓情感、态度和价值观教育于知识教学与能力培养之中。体现了科学探究、科学思维等新课程标准的理念。

李晓燕：

张晓云老师的课堂亮点：①学案设计简洁，符合学生的认知特点。②以课堂探究为主线展开教学，使用讨论、提问、媒体动画、教具模拟、学生小组模拟等方式解决了对"翻译"核心概念的理解。课堂建议：①当提问"地球上几乎所有的生物都共用同一密码子表，对此你想到什么？"时，有学生表示不理解，教师在这里有点忽略。②分析密码子的简并性时可以在模拟过程中举例说明一下，让学生有充分的认识。③模拟翻译的过程非常好，如果让学生来描述或者转化成文字就可避免学生仅仅停留在动手过程而不进行深入思考。

林凯纯老师的课堂亮点：①注重课本的文本分析及阅读，比如密码子表的分析。②使用了齐声朗读、学生讨论、提问、媒体动画、教具模拟等方式解决对核心概念的理解。③对终止密码通过红线标注，引出"64和61"的思考；对密码子的简并性有举例说明。课堂建议：①当提问"mRNA的碱基序列与蛋白质上氨基酸序列的关系"时，有学生发散回答，可以多点鼓励或者直接给定问题的方向，引导学生思考。②分析密码子表的时候，针对一种氨基酸有多个密码子的情况，也可以用红线标注的方法，让学生一下子抓住关键信息。③模拟翻译的时候，可以多给点时间让学生充分完成。④老师的问题比较多，可以提供机会让学生来反馈问题或者让学生表达自己的问题。

何登峰：

听两位老师的同课异构，让人耳目一新，回来后翻开教材仔细品味，佩服两位的用心良苦。基因表达的过程是一个传统难点，我自己讲这部分时都是找一个动画放两遍，强调一众名词就过去了，学生当时似懂非懂，时间久了就还给老师了。两位都想到设计活动，让学生在身体力行中掌握翻译的具体细节，把教教材变成用教材，把学知识点变成掌握一项技能，焉有不透之理。这种把知识转化为技能不就是新课标的要求吗？另外，两位老师教学功力深厚，上课有条不紊，语言准确精练、逻辑严密且通俗易懂。目标明确，层次分明，应变自如且有天然的亲和力。两位老师都善用图讲图，层层启发，逐步深入。重难点的部分都引导学生动口、动脑、动手，手法类似。难得的好课，谢谢呈现！

彭莹：

一堂好课，从来离不开教师精心的课前准备。合理紧凑的课堂设计，层层递进的问题探究，制作精美实用的教具，在张晓云老师和林凯纯老师的课堂上都体现得淋漓尽致。两位老师两种风格，晓云老师细心严谨，语言精练干脆，讲练结合，整个课堂如行云流水，一气呵成。凯纯老师音容甜美，落落大方，讲解细致，循循善诱，整堂课让学生兴致盎然。虽是同课异构，但两位老师都自制了教具，让抽象的知识立刻生动起来，提高了学生的兴趣，加强了对知识的理解。课后的反馈都很理想，同学们对翻译的相关内容都有比较深刻的理解。一堂好课，需要反复琢磨，需要不断的尝试、反思和改进。

左海珍：

张晓云老师课堂设计紧凑，重难点突出，问题层层推进，讲练结合。教学不慌不忙，有条不紊，循循善诱。充分利用教具，让抽象的知识形象化，吸引学生，提高学生的兴趣，也加强了对知识的理解，让学生参与课堂活动，成为课堂的主角。磨课是一个耗时耗力的过程，需不断尝试、思考、改进，张晓云老师付出了很多努力，最后呈现出这样的一堂课，让我学到了很多。

林凯纯老师准备充分，教态大方得体，整个课自然流畅；对知识的讲解仔细到位，教具的使用得当，让学生印象深刻，理解到位。面对第一次见面的学生，陌生的教室，她依然不慌不忙，面带微笑，让人觉得如沐春风。

朱文艺：

"遗传信息的表达——翻译"一直以来都是一个重难点知识，选择这一堂课进行同课异构，也是为了借此机会对该堂课的教法学法进行打磨，有效突破重难点，为大家提供教学借鉴。晓云老师和凯纯老师都很好地做到了这一点。

两位老师不约而同地采用构建物理模型的方式，自制磁片教具（核糖体、mRNA、氨基酸和tRNA），将教师演示翻译过程和学生合作体验翻译过程相结合，通过师生互动，生生互动，加强了学生对翻译这个微观抽象过程的形象理解。其中，晓云老师还给全班每个4人小组发放了自制翻译学具，让每一个学生都参与到构建翻译模型的活动中来，充分调动了学生学习的积极性。除了模型建构外，两位老师都结合Flash动画，把转录和翻译衔接起来，形象生动地呈现了整个基因表达的过程，实现了重难点的突破。

除主干知识外，旁支的知识点两位老师各有侧重，晓云老师重点通过逻辑关联紧密的问题串，指导学生进行密码子相关问题的合作探究，学生在学案的引导下，训练思维，加强了对密码子的理解。而凯纯老师则是侧重于对第一次接触密码子的同学进行查阅密码子表方法的细致指导，确保每一位同学都掌握要领，这为后续对密码简并的理解和翻译过程的掌握奠定了基础。

总之，两位老师课堂设计用心得当，教态自然，语言流畅，时间分配合理，学生课堂参与度高，不失为两堂有效达成教学目标的好课。

附：

第三次课的课堂教学实录：遗传信息的表达——翻译

师：同学们上课了，今天我们来学习遗传信息的翻译。

现在请大家回忆一下上一节课所学的转录过程，它的概念是什么？老师在白板上给出转录的概念，请同学们填空。

生：在细胞核内以DNA的一条链为模板，按照碱基互补配对的原则合成mRNA的过程。

师：没错，这就是转录的概念，那我们其实可以看到转录得到的mRNA仍然是碱基序列而不是蛋白质，但是基因指导蛋白质合成最终得到的是蛋白质，那老师想问大家mRNA是如何将信息传递给蛋白质的呢？

师：我们知道合成蛋白质的机器是核糖体，但是信使RNA作为转录的产物，它是在细胞核当中出现的，而核糖体这个细胞器却在细胞质当中，那么mRNA会怎么移动呢？

生：mRNA会通过核孔进入细胞质中。

师：那么当mRNA来到细胞质当中的时候，就开启了新的历程，也就是翻译了。

师：我们先来看看书本当中翻译的概念，请大家齐读一遍。

生：游离在细胞质中的各种氨基酸，以信使RNA为模板，合成具有一定氨基酸顺序的蛋白质的过程叫作翻译。

师：老师把重要的点用红色的字体圈出来，请大家在课本上画。其实按照书里的原话，翻译的实质是将信使RNA上的碱基序列翻译成蛋白质的氨基酸序列。那现在请大家思考两个问题，信使RNA是通过转录得到的，其上有多少种碱基？

生：4种。

师：那组成蛋白质的氨基酸有多少种？

生：有20种。

师：那请问4种碱基如何决定蛋白质的20种氨基酸呢？我们来做一个假设，如果一个碱基决定一个氨基酸，那么4种碱基，就只能决定4种氨基酸，但是实际上组成蛋白质的氨基酸有20种，4种明显是足够的吗？

生：不够的。

师：那如果两个碱基决定一个氨基酸，那么它所能决定的氨基酸一共就有$4 \times 4 = 16$种，这样足够了吗？

生：不够，要大于20才够。

师：那如果是三个碱基决定一个氨基酸的话，会有$4 \times 4 \times 4 = 64$种，64种已经超过了20种，因此应该是三个碱基决定一个氨基酸才对。然而课本当中没有写出一个实验验证，在1961年英国科学家克里克和他的同事用实验证明了一个氨基酸，它是由mRNA相邻的三个碱基决定的也就是三联体密码子。在这里我们学习了一个新的概念——密码子。请大家观察一下密码子位于哪里？

生：密码子在信使RNA上。

师：一个密码子有几个碱基？

生：三个碱基。

师：很好，那请大家把课本翻开到64页，请同学们看看表4-1 20种氨基酸的密码子表。表格里面一共给了64种密码，也就是说密码子一共有64种，而这64种密码子呢，决定20种氨基酸。所以一种氨基酸只由一种密码子决定吗？

生：不是的，一种氨基酸可以由多种密码子来决定。

师：那么大家再观察一下这个密码子表里面有没有什么特殊的密码子？

生：终止。

师：有同学已经找到了，有三个密码子的位置上写了"终止"两个字，请大家注意这三个是终止密码子，它们不决定氨基酸，所以64-3=61，一共有61种密码子决定氨基酸。那大家再来思考一个问题，氨基酸是组成蛋白质的单体，它出现在细胞质当中，而合成蛋白质的机器是核糖体，此时就需要有一个工具，一个搬运工，能够将细胞质中游离的氨基酸搬运到核糖体上，请问这个工具是谁呢？

生：tRNA。

师：我听到部分同学说了tRNA，那我们就把目光集中到另外一种RNA身上，tRNA又叫转运RNA，它就是所谓的搬运工。我们看看它的结构，它是由RNA链围成的一种三叶草形状的结构，它的一端是反密码子的位置，而另外一端呢，上面有一个部位是用来结合氨基酸的。因此转运RNA的一个功能就是携带氨基酸。

师：一个新的概念——反密码子，顾名思义，它跟密码子是相反的，密码子与反密码子之间的关系是互补配对。大家可以看到像这里mRNA上的UUAGAU，它可以分成两个密码子，分别是UUA和GAU，两个密码子对应的两个反密码子为AAU和CUA，大家查一下课本64页的密码子表，请大家同桌之间讨论一下，这两个转运RNA它们携带的是什么氨基酸？是用密码子来查呢？还是用反密码子来查？

（台下学生正在学习使用密码子表）

师：我在台下看到有个别同学是用密码子来查，有的同学则是用反密码子来查的。实际上应该要用UUA和GAU这两个密码子进行密码子表的查阅，可以发现它们所对应的氨基酸分别是亮氨酸和天冬氨酸。

（个别学生修改答案）

师：大家要注意一个易错点，在进行翻译的过程当中应该使用密码子去查阅密码子表，找到密码子所对应的氨基酸。不能使用反密码子去进行查阅。

接下来老师再给大家两个问题，一种tRNA只能携带一种氨基酸吗？一种氨基酸只能由一种tRNA转运吗？请大家小组讨论，思考这两个问题。

生：（举手）一种tRNA只能携带一种氨基酸。

师：为什么呢？

生：在tRNA上的反密码子与密码子是互补配对的，一个密码子决定一种氨基酸，所以一个反密码子也只决定一个氨基酸，因此tRNA与氨基酸是一一对应的关系。

师：很好！这个同学说对了，一种tRNA的确只能携带一种氨基酸。但是下面的这个问题，一种氨基酸难道只能由一种tRNA携带吗？

（学生小组讨论）

师：我看大家好像遇到了问题，那我们来思考一下，请问一共有多少个密码子？

生：64个密码子。

师：一共有多少种tRNA呢？

生：64种。61种。

师：事实上是61种，因为有三个终止密码子，它们是不决定氨基酸的，因此它们也不会有对应的搬运工，所以一共有61种tRNA。61种tRNA负责携带20种氨基酸，因此一种氨基酸有不止一种tRNA携带它。其实我们也可以从密码子表当中判断出来。亮氨酸是由6种密码子决定的，6种密码子就会对应6种反密码子，因此同一种氨基酸可由多种tRNA携带。

师：翻译的过程实际上就是蛋白质的生产线，我们看课本的配图，其中有核糖体、信使RNA、氨基酸，还有搬运的工具tRNA。老师现在播放一个Flash动画，请大家认真观察翻译的过程。

（学生观看Flash动画）

师：请你模仿演示的翻译的过程，利用老师提供的教具，在黑板上写出信使RNA对应合成的多肽链，有必要时查阅密码子表。老师请两个同学到黑板上来演示一下。

（学生在台下思考和操作，台上有一对同桌模拟翻译的过程）

师：很好，这两个同学呢，在黑板上写出了"甲硫氨酸-组氨酸-亮氨酸-精氨酸-半胱氨酸-半胱氨酸-脯氨酸"这7个氨基酸。老师想问一下台下的你们是不是也得到了这7个氨基酸连成的多肽链？

生：是。

师：请问为什么当中只有7个氨基酸？老师明明给出来的是8个密码子？

生：因为最后有终止密码子。

师：很好，因为最后一个密码子是一个终止密码子，不决定氨基酸，因此8个密码子只决定了7个氨基酸。而且大家关注到是不是从第1个碱基就开始计算呢？

生：不是，应该从起始密码子开始算起。

师：没错，应该从起始密码子决定的甲硫氨酸开始算起。那我们来看看课本当中的配图。请大家读一下。

生：第一步，mRNA进入细胞质，与核糖体结合。携带甲硫氨酸的tRNA通过与碱基AUG互补配对，进入位点1。第二步，携带组氨酸的tRNA以同样的方式进入位点2。第三步，甲硫氨酸通过与组氨酸形成肽键而转移到占据位点2的tRNA上。第四步，核糖体读取下一个密码子，原占据位点1的tRNA离开核糖体，占据位点2的tRNA进入位点1，一个新的携带氨基酸的tRNA进入位点2，继续肽链的合成。重复步骤2、3、4，直到核糖体读取到mRNA的终止密码。

师：很好，这就是整个翻译的过程，老师将它浓缩成三个阶段——起始、延伸和终止。大家注意几个要点：①起始只能从起始密码子开始；②终止密码子不决定氨基酸，识别到终止密码子则停止翻译；③地球上几乎所有的生物体都共用上述密码子表——密码子具有通用性，生命有共同的起源；④一种氨基酸对应几个密码子——密码子的简并性，可以减少出错。

这样我们就学习完翻译的过程了，我们来对它进行小结。

生：翻译的定义是在细胞质中以信使RNA为模板，合成具有一定氨基酸顺序的蛋白质的过程。它发生的场所是细胞质中的核糖体，模板是信使RNA，原料是20种氨基酸，过程是起始、延伸和终止，产物是蛋白质。

师：在这个过程当中遗传信息的传递方向呢？

生：从信使RNA传到蛋白质。

师：很好，这节课我们重点学习了翻译的整个过程，学习了其中的很多细节，请同学们认真完成老师下发的课后思考题，明天我们再来将转录和翻译这两个过程放在一起做对比，今天的课就上到这里，下课。

生：谢谢老师！

创感思维在高三复习课中的应用研究

——以《基因突变和基因重组》复习课为例

深圳市红岭中学　何登峰

　　"创感"一词，最早源于Danie H.Pink在《全新思维》里提出的"Conceptual Age" "概念时代" "感性时代"都有人翻译过，现在普遍认同"创感时代"。"创"就是创新、创造、创意；"感"就是感性、感觉、情感、感悟。Danie H.Pink在《全新思维》中指出，世界正从"信息时代"迈入"创感时代"，即一个注重创新、感性的时代。创感时代以"六感"思维为主要特征，即设计感、故事感、交响感、共情感、娱乐感和意义感。创感时代要求我们培养的人才，必须具有超强的创新能力，做电脑无法做的事情，用创感参与竞争。创感时代的教育强调创新、创造、感性，注重培养学生的创新思维能力，这与新课改的核心理念不谋而合。把创感思维应用在高三生物复习课上，能使教师的教学设计充满新意，有效激发学生对复习课的热情。本课例的研究活动就是以创感思维的"六感"特征为课堂观察的核心视角，以高三复习课《基因突变和基因重组》为研究载体，不断创新，积极实践，及时总结高三生物复习课新的组织形式。

　　课例研究时间：2017年10月

　　课例研究视角：创感思维在高三复习课中的应用

　　课例研究选题：人教版必修2《基因突变和基因重组》

　　课例研究流程：见下表

表1　课例研究流程表

时间	项目	内容
2017年9月	课前准备	分析教材、研究新课标、了解学生学情，备课，设计学案
2017年10月13日	第一次课试教	试教，观察发现，问题诊断，修改教学设计
2017年10月15日	第二次课改进	授课，再观察发现问题，提出修改建议，增删课堂活动
2017年10月17日	第三次课再改进	进一步修改教学设计，授课，再观察发现问题，提出修改建议
2017年11月	课后总结	收集各成员研究心得，主讲人撰写课例研究报告

一、教学内容分析

本节是人教版普通高中标准实验教科书生物必修2《遗传与进化》第5章《基因突变及其他变异》的第1节内容。本节介绍了可遗传变异的两种类型：基因突变和基因重组，其中基因突变从镰刀型细胞贫血症入手，引入基因突变的概念，然后详细阐述引起基因突变的原因和基因突变特点。在阐述自然状态下基因突变的频率很低时，教材用实例说明在一个足够大的群体中，即使基因突变频率很低，突变个体仍然会占有一定的数量。这个实例体现了生物在进化过程中"变"与"不变"的平衡，有助于学生理解基因突变在生物进化中所占有的重要地位。在基因重组部分，教材设置了"思考与讨论"的栏目，旨在让学生利用数学方法，通过计算，体会基因重组机制提供的极其多样的基因组合方式，从而帮助学生理解基因重组是生物多样性形成的主要原因。正文中则简要阐述了基因重组的概念、类型和意义。本节内容引导学生从分子水平上理解遗传物质是如何引起生物变异的。通过前面各章的学习，学生对"基因是什么，如何复制？""基因如何控制性状？"以及"减数分裂过程中同源染色体有哪些特殊的行为，这些行为有什么意义？"等问题已有了基本的认识。特别是必修1《细胞的癌变》一节中提及的原癌基因和抑癌基因突变导致细胞癌变等内容为学生理解基因突变埋下了很好的伏笔。本节内容既是对前四章内容合乎逻辑的延续，又是学习第六章《从杂交育种到基因工程》和第七章《现代生物进化理论》的重要基础。

二、学生学情分析

本节内容的教学对象为深圳市红岭中学高三（10）、（11）、（12）三个次重点班的学生，整体处于年级中等偏上水平。学生对于生物变异的现象并不陌生，通过初中生物课的学习，学生已初步认识到生物的变异首先与遗传物质有关，其次与环境有关。本节内容在此基础上，进一步引导学生探究遗传物质究竟是如何引起生物变异的。必修1《细胞的癌变》一节，介绍了引起原癌基因与抑癌基因发生改变的原因和细胞癌变对细胞形态结构和功能的影响，这有利于学生更好地理解引起基因突变的原因以及基因突变对生物性状的影响。前面已学过孟德尔的具有两对相对性状的豌豆杂交实验及基因自由组合定律的实质，这有利于学生对基因重组概念、时期及意义的理解。

三、教学目标设定

1. 知识目标

（1）举例说明基因突变的概念、原因、特点。

（2）举例说出基因重组类型。

（3）说出基因突变和基因重组的意义。

2. 能力目标

（1）通过对课本中实例的分析，培养学生分析归纳总结和逻辑推理能力。

（2）通过学生之间相互启发、相互补充，培养学生自学能力、发散思维及口头表达能力。

（3）教师精心设计智能训练和反馈，培养学生理论联系实际的能力。

3. 情感态度与价值观目标

（1）通过生物变异的事例，增强学生对生物世界探究的好奇心及保护意识，培养学生严谨的科学态度和对科学的兴趣。

（2）通过对基因突变原因及特点的逻辑论证，使学生懂得生物界丰富多彩的本质，对学生进行辩证唯物主义的思想教育。

（3）通过基因突变与生活的联系，使学生关爱生命，懂得如何确立健康的生活方式。

四、第一次课的试教

2017年10月13日，何登峰老师在红岭中学高三（10）班进行第一次试教。教学设计如下：首先设计课堂游戏——"心有灵犀"，通过你说我猜、生生互动的形式复习本节的关键词，目的是以寓教于乐的方式诊断学情，查出学生基础知识的薄弱环节，引导学生深入阅读教材。接着，列出基因突变的9个相关知识点，以课堂活动——"生物脱口秀——闭书乱讲3321"的形式，要求学生按掌握的牢固程度讲述知识点，实现生生互授再现知识点的目的，同时暴露出学生知识的漏洞。学生留下的一个知识点是他们最没把握的，当时简要解析，留下悬疑。针对学生的口述情况进入"开书划线"环节，让学生再次回归教材，领会概念的内涵和常见的"陷阱"。接着，教师针对学生的疑惑有重点地讲授基础知识，学生能讲的尽量少讲或不讲，学生讲不清的或不敢讲的重点讲。此时，解答悬疑。基因突变重点围绕"基因突变—遗传信息—性状改变—进化"这条主线展开，厘清基因突变与遗传给后代的关系。通过"课堂竞答"和"易错警示"让学生巩固提升。用图片信息引入基因重组的内容，基因重组的概念、类型、结果、意义等简单的知识快速复述，通过两道选择题巩固基因重组的基础知识，也展现该部分的难点——基因重组的实际图形分析和理解。设计"勇者大冲关"的游戏，让学生上台画图，通过生生互助、思考讨论，反复修改订正，再现基因重组发生的时间和具体过程，实现该难点的突破与强化。最后归纳基因突变和基因重组的区别，用"快判竞赛"的方式巩固本节的重难点。

本节课在设计过程中尝试建立新的复习教学模式，打破以教师、课堂、书本为中心，以讲授灌输为主线的传统复习套路，构建以学生主动参与和创感为特征的教学模式。整节课以小组合作学习的方式进行，运用情境教学、问题教学、小组讨论、学生连答等多种教学方法，穿插游戏、竞赛、演示等活动，充分调动学生学习的积极性，引导学生主动发现问题，积极解决问题，主动建构认知结构，达成高效教学的目的。

1. 教学探索中值得肯定的方面

（1）小组合作学习，建立PK制度，以6人小组为单位记分，学生组成"学习共同体"，激发了学生学习的主动性和责任感。

（2）教学过程精心设计，通过一系列精彩纷呈的活动达成教学目的，一改传统复习课按部就班、沉闷枯燥的局面。教学设计充满创意，课堂气氛轻松、愉悦。

（3）通过师生互动，尤其是生生互动，有效诊断学情，使复习教学重点分明、详略得当，达到"温故而又知新""拔高而又不轻基础"的效果。

2. 观察发现

（1）教学时间不够用，最后一个用于巩固提升的课堂活动"快判竞赛"是在下课铃声响起后匆忙完成的。

（2）在回顾基础知识上占用的时间较长，基于原有知识的延伸和新旧知识的整合提升体现不够。

（3）学生对镰刀型细胞贫血症的发现历程早已耳闻，再次赘述达不到激发兴趣的效果，学生对听过的故事不感兴趣。

3. 问题诊断

（1）创感课堂的故事感不是一定要讲故事，课堂本身的跌宕起伏就是故事感的活水源泉。

（2）经过"心有灵犀"和"生物脱口秀——闭书乱讲3321"的活动之后，学生对基础知识的整合与回顾就已完成，教师再通过思维导图重复一遍显得多余且缺乏新意。

（3）课堂活动侦测到的学生知识漏洞应作为教学内容转换的契机及时解答，使复习教学更具针对性和实效性。

4. 改进建议

（1）不再讲述镰刀型细胞贫血症的发现历程，重点归纳镰刀型细胞贫血症的直接原因和根本原因。

（2）删除教师讲解基因突变的思维导图，用补充学生的漏洞和拓展新知识达到提升的目的。

（3）拓展基因突变与遗传信息、性状改变及进化的关系，达到新旧知识的整合。

（4）优化问题设计，一步步引导学生深入本节复习的重难点，通过联系旧知识达到突破重难点的目的。

五、第二次课的改进

1. 课堂教学的积极变化

教学中删除了讲述镰刀型细胞贫血症的发现历程故事的环节，课堂活动除了"心有灵犀"外，"生物脱口秀——闭书乱讲3321"和"勇者大冲关"都增设时间限定，设置倒计时记录，教学过程明显从容、快慢有序，教学内容刚好在下课铃声响起时完成。

2. 观察发现

（1）"心有灵犀"的关键词有的太生僻，学生不易描述，有的太浅显，娱乐感十足但不易帮助学生形成知识网络。

（2）作为习题巩固的"课堂竞答"只关注学生答案的准确性和做题的速度，没有洞察学生作答的思维过程及心理状态。

（3）"勇者大冲关"虽然增设了时间限制，但由于难度太大，学生的完成情况不佳，上台的学生充满挫败感。

（4）"课堂竞答""勇者大冲关""快判竞赛"都是基础好、反应快的学生占主导，一些学困生在课堂上沦为看客，被边缘化，没有多少表现的机会。

（5）学生更多的时间是在口述记忆的内容，基于教材新旧知识的碰撞生成的认识和提升没有得到展现。

3. 问题诊断

（1）创感课堂要赋予课堂独一无二的设计感，教学中，教师不仅要关注教学任务和学生状态，更应关注实现任务和调整状态的途径，通过灵活、个性化的教学设计解决教学情境中的"突发问题"，使教学过程符合学生的需要。

（2）在一些问题的处理上，教师没有让学生充分表达，急于直接把自己的理解或标准答案交给学生，失去知识的差异理解交响共鸣的机会。

（3）课堂教学活动的设计和实施要面向全体学生，通过调整游戏规则为学困生提供表现的机会。

4. 进一步改进建议

（1）去掉"心有灵犀"中的"氨基酸顺序"，用"蛋白质结构"替换，增加"随机性"。

（2）"勇者大冲关"增加"以AaBb的生物为例"，且在"自由组合型和交叉互换型"中选一作答，使活动指向性更明确，降低任务的难度。

（3）"课堂竞答"增加学生解析的环节，通过连续的发问和追问，揭露学生认知中的矛盾，展示学生的思维过程及心理状态，加深对所学知识的理解与把握。

（4）"快判竞赛"指定B部的学生参与，让一些基础差的学生得到表现的机会。

（5）"生物脱口秀——闭书乱讲3321"活动除了要求闭书回答外，还要追问答案背后的逻辑，尤其是新旧知识的交融。

六、第三次课的改进

1. 课堂教学的积极变化

由于调整优化了课堂活动的多个细节，课堂节奏更加快慢得宜、动静相生、起伏有致。学生参与活动的成就感明显提升，课堂气氛更加愉悦、欢快，尤其是"心有灵犀"的生生互动游戏，更是妙趣横生、笑声不断。因为有效侦测并掌握学情，教师讲在关键处，问在薄弱处和紧要处，复习的针对性和实效性有效提升。通过递进式追问，复习过程有鲜活的知识生成，如"基因突变与性状改变的关系""这种现象是由显性基因突变成隐性基因引起的"，使学生自主将新旧知识整合串联起来，进行归纳、整理，进行纵、横向联系，达到"温故而知新"的效果。

2. 观察发现

（1）小组合作学习记分记组不记个人，打造"学习共同体"，使学生的学习充满意义感，能提高学生的责任感和荣誉感，使课堂氛围更加宽松、和谐。

（2）创感课堂是预设和生成交融的课堂，实施时要给教学留下生成的空间和时间。互动中学生扩散的、异质的、批判性的思维应得到尊重，要让他说出来和老师、别的同学一起探讨，在碰撞中使知识情感得到升华。

（3）通过情感体验激发学生持续学习的动力。在紧张刺激的活动中，有的学生体验到掌握知识后赢得成功的自豪感，也有学生遭遇知识欠缺挑战失利的挫败感。学生是在期望获得成功与避免失败的情感冲突中努力学习，赢得认同感和满足相应心理需求的。

3. 问题诊断

情感是教育的基石，离开了情感谈教育显得苍白无力。传统复习课过分关注学生的知识与技能的变化，忽略了复习过程中学生的情感体验，而且倾向于积极愉悦的情感，对一些负向情感如绝望、尴尬、纠结等避之不及。事实上，在课堂活动中产生的各种情感对学生的后续学习都具有持续而强大的影响，我相信因为教材不熟而在"心有灵犀"中遭遇尴尬、纠结的学生课后会重视教材的阅读。

4. 进一步改进建议

对课堂活动失利的学生，教师应及时肯定其勇气，表扬其为小组付出的努力，要在舆论导向上维护其自尊，消除挫折后的自卑感，使学生持续获得进步的动力与勇气。创感思维强调共情感，共情感要求教师设身处地地理解学生的处境、感受，站在学生的立场上，用他们的角度来看待事物，理解他们的感受，这对营造宽松、和谐的课堂氛围是非常重要的。

七、三次课演进的脉络

第一次课的情况：教学目标明确，教学设计相对完整，教学重难点比较突出，课堂活动设计比较合理。力求学生在合作、互动中自主、愉悦地学习，使课堂充盈娱乐感、故事感、意义感。

第二次课发生的变化：依据教学的实施情况和学生需求，对教学内容进行取舍增删，使复习的针对性和实效性大为提高，使课堂活动充满设计感和交响感。

第三次课的亮点：整节课以活动为载体，以情感为动因，触发学生情绪情感体验，使课堂教学主客观统一，智力与非智力因素和谐统一，形成了理想的教学氛围和教学节奏；把培养学生的兴趣、态度和自信心放在首位，把学生的学习策略和良好的学习习惯作为教学的重要组成部分，要求学生学会学习、自我监控、自我评价，促使学生在积极主动、轻松活泼的气氛中兴趣盎然地接受知识。

八、阶段的共识与结论

1. 创新复习教学的方式，将创感理念渗透到教学活动的各环节

何老师跳出传统复习教学模式的禁锢，将创感理念渗透到教学活动的各环节，变换了课堂的组织形式，优化了教学内容的表述方式，充分调动了学生的学习积极性。整堂课充满创意，有效打通了教师与学生、学生与学生之间的信息通道，增强了课堂中师生的互动性、娱乐性、交融性，切实发挥了学生的主体作用，让沉闷、枯燥的复习课鲜活起来。学生一改往日被动学习的局面，调动起内在的学习动力，始终处于"亢奋"状态，课堂达到"学生学得轻松，教师教得快乐"的理想状态。

2. 依据学情，确定课堂容量及知识传授方式

对于高三学生而言，基因突变和基因重组并不陌生，但是有些细节容易被忽视，比如基因突变的种类、突变后对性状的影响、基因重组发生的时间等，这些都是这节课必须解决的问题。学生的基础普遍扎实，所以课堂容量可以偏大。高强度的课堂教学可能导致部分学生疲惫，所以本节课设计了游戏环节，并引入小组竞争机制，以便最大限度地提高学生的学习积极性。

3. 巧妙设计游戏，提高课堂效率

为提高学生的学习兴趣，提高课堂参与度，本节课将学生分为学力相当的七组，在课堂上设计了"心有灵犀""勇者大闯关""课堂竞答"等游戏环节，小组成员合作，抢答题目获得加分。小组之间的竞争不仅活跃了课堂气氛，更让学生的学习积极性大大提高，对重难点的理解也更加透彻。此外，本节课还有"开书划线""全班齐读"等环节，让所有的知识点回归课本，老师做总结，加深了学生记忆。

4. 设计课堂观察量表，提高课堂观察的效度

课堂诊断是一种重要的、常规的"专业性教研活动"，因此课例研究不同于传统的评课活动，在课例研究中需要解决实际问题，突出要害中心，需要一定理性高度的专业论断，需要提出具体可行的改进建议，而要做到这些，专业的课堂观察量表就尤为必要了。工作室为何登峰老师的这节课设计了"教学目标达成的有效性观察量表"，从2个视角、5个维度、11个观察点入手，全面清晰地诊断该课的教学目标达成情况。

表2　有效性观察量表

观察者：_____　　　　时间：2017年10月17日　　　地点：红岭中学公开课教室

被观察者：何登峰　　学科：生物　　课题：基因突变和基因重组　　课型：高三一轮复习课

教学目标：

1. 知识目标：①举例说明基因突变的概念、原因、特点；②举例说出基因重组类型；③说出基因突变和基因重组的意义。

2. 能力目标：①通过对课本中实例的分析，培养学生分析归纳总结和逻辑推理能力；②通过学生之间相互启发、相互补充，培养学生自学能力，发散思维及口头表达能力；③教师精心设计智能训练和反馈，培养学生理论联系实际的能力。

3. 情感态度与价值观目标：①通过引导学生对镰刀型细胞贫血症病因的分析，让学生体验基因突变概念的形成过程；②通过对基因突变原因及特点的逻辑论证过程，不但可以使学生懂得生物界丰富多彩的本质，还可以对学生进行辩证唯物主义的思想教育；③通过基因突变与生活的联系，使学生懂得关爱生命和确立健康的生活方式。

观察视角	观察维度	观察点	观察结果分析	课堂实录	教学建议
教学目标的设计	目标的确定	目标确定的科学性	是○否○体现了课标的基本理念？ 是○否○体现了层次性？ 是○否○具有可行性？ 是○否○可测评？		
		目标与学生的合适度	是○否○符合学生的认知规律？ 是○否○符合学生的年龄特点？ 是○否○简洁、清晰、具体？		
	目标的表述	目标的陈述及行为用词的准确性	表述是○否○规范？ 行为用词是○否○准确？		
	目标的呈现	目标的呈现形式	黑板○多媒体○学案○口头○其他：_____		
		学生对目标的知晓度	清楚本节课目标的学生人数：全部○多数○少数○个别○		
教学目标的达成	目标的落实	围绕目标设计的教学环节	是○否○紧密围绕目标而设计？ 能○否○激发学生的学习兴趣？		
		组织的主要教学活动	采取哪些教学活动？如阅读、提问、讨论、辩论、游戏、角色扮演、模拟、体验、探究、小组合作等。		
		设计的有效性	教学活动的设计能○否○有效达成目标？		

续 表

观察视角	观察维度	观察点	观察结果分析	课堂实录	教学建议
教学目标的达成	目标的达成	目标达成的形式	小结提问○课堂练习○建构知识网络○其他：_____		
		目标达成的体现	学生能用自己的话解释、表达核心知识和概念吗？_____人		
			学生能用核心技能和方法解决新的问题吗？_____人		
			学生情感态度价值观上有什么感受、认同、领悟？		
			学生课堂反馈的正答情况：全会○多数○半数○少数○		
		目标有效达成度评价	优秀○良好○一般○未达成○		

说明：请根据实际授课情况在相应的○里打钩，并留下您的宝贵建议！

九、同行互评

彭莹：

今天听何老师的课，受益匪浅，要形成一种上课的流程、形式或模式，是需要付出许多时间和精力的。高三的课堂都能应用这种灵活开放的课堂形式，我们在高一更应该大胆探索，大胆尝试！

左海珍：

今天真是收获颇丰。何老师的课容量大，课件精美细致，讲解及时到位，重难点突出，可见功力深厚。如何调动学生学习的积极性，是很多老师在思考和摸索的难题。小组合作学习、游戏、积分、奖励这些环节，不仅需要精心的设计和每天落实，更需要持之以恒的耐力才能完成。向何老师学习！

林凯纯：

今天何登峰老师的公开课非常精彩，无论是课前的"心有灵犀"环节，还是小组抢答得分环节，都让我耳目一新。而这些设计，也让高三的学子在枯燥乏味的复习生活中，多了许多乐趣。"开书划线""全班齐读"的课堂流程设计，让学生意识到回归书本才是根本。我听完一整节课，也与其他老师共同探讨其中的优点与需要改进之处，我意识到，我要学习的东西实在太多太多，不能只沉浸在自己备课、上课的世界里，应该多听课，多交流，多改进自己的课堂，才能有进步。今天真的非常感谢咱们工作室组织了这样一堂公开课，更感谢何老师的倾情授课，我会努力向各位前辈学习，争取也能有所提高。

张晓云：

这是一节非常出彩的高三复习课，何老师一改传统的教授模式，大胆引入游戏环节，让学生全情参与课堂，让人耳目一新。游戏设计巧妙，小组竞争激烈，这不仅提高了所有学生的积极性，更让听课老师精神振奋。为何老师点赞！

童志伟：

对何老师的课，总体来说，有这样几点感触。一是设计感强，体现在教学环节的设计合理而高效，同时针对不同类型的课程内容设计不同的教学方法；二是学生参与度高，从课前的自主预习开始，到课堂中的你说我猜、分组竞赛等，整堂课中学生的精力集中度高，全程参与，兴趣盎然；三是注重资料收集，把以前学生的易错点进行收集整理，为教学提供了很好的素材，在教学中也有很好的针对性，较好地突破重难点；四是激情满满，从上课开始的口号，到讲授过程中的激情澎湃，并融入时下流行语，让枯燥的内容更有趣味，更接地气；同时课堂教学中还抛出一些问题，让听课的师生进行探讨，促进了师生知识体系的完善。总之，何老师上了一堂高效而朴实的高三复习课，值得我们好好学习！

杨志强：

何老师本堂课的教学很好地展现了师生互动、生生互动，课堂教学不再是单一的教师教、学生学的过程，而是学生在教师的引导下主动探究，师生合作交流顺畅，课堂气氛活跃。学生在和谐、愉快中享受课堂。除此之外，本堂课还有以下几个特点：

（1）关注教学环节设计和流程的设计。从"心有灵犀""生物脱口秀""开书划线""课堂竞答"到"快判竞赛"几个环节紧紧相扣，有针对性、层次性、拓展性，达到巩固新知、激发潜力的目的。

（2）强化学生体验学习的过程。给学生时间去阅读、思考、体会教材的重点难点、易混点，创设宽松和谐的氛围让学生领悟基因重组的过程。

（3）突出难点且难点由教师讲解。何登峰老师运用比较、类比、分析、归纳等逻辑思维方式帮助学生突破重点难点，理解掌握新知，详略得当、脉络清晰。

朱文艺：

登峰老师的课有学习兴趣的调动，有学习方法的指导，有易错点的提醒，有高阶思维的训练，有师生的频繁互动，有学生的互助学习。最为可贵的是，这是一堂常规课，在高三的课堂中有这样别开生面、生动活泼、精于设计的常规课，值得我们好好学习！

本次活动不但吸引了工作室成员的积极参与，而且有幸迎来了福田区红岭集团高中部、梅林中学、明德实验学校、福景外国语学校、高级中学皇御苑学校等各大中学的众多老师前来光临指导，为我们的课例研究出谋划策，非常感谢！

注释：

丹尼尔·平克. 全新思维 [M]. 林娜，译. 北京：北京师范大学出版社，2006.

黎加厚. 商品、全球化与创感时代 [J]. 远程教育杂志，2008（2）：74-79.

附：

第三次课的课堂教学实录：基因突变和基因重组

师：今天我们复习《基因突变和基因重组》，来，首先进行我们的课堂游戏！（班长喊"起立！"，全班起立，教师打开点名器，滚动学生名单。）

师：（激昂地）我们的口号是……

生：学透生物，报效祖国！（音停即点停点名器，抽出一个学生，全体学生坐下。）

师：好，这次由彭同学代表他们组猜本节的关键词，大家看他们表现如何！（鼓掌！彭同学上讲台背对黑板，本组其余6人离座面对屏幕站在教室后面，教师点开PPT"心有灵犀"，设置倒计时4分钟。）

【"心有灵犀"游戏规则：每组随机抽一人猜屏幕蹦出的生物关键词，其他组员轮流用语言描述、肢体演示或眼神给讲台上的组员提示，提示包含所猜关键词的字为犯规；猜测覆盖关键词的也算对，每猜对一个给小组加1分，时间为240秒，多对多得。】

师：（点出本节第一个关键词"镰刀型细胞贫血症"）

生1：（急促地）《基因突变和基因重组》提到的一种病，氨基酸替换了一个……

生（彭同学）：镰刀型细胞贫血症！

师：（点出本节第二个关键词"碱基对的替换"）

生2：（急促地）基因突变的概念，DNA分子发生的一种变化……

生（彭同学）：碱基对的替换、增添和缺失！

师：（点头赞许，点出本节第三个关键词"蛋白质结构"）

生3：刚才提到的镰刀型细胞贫血症红细胞不正常，是因为什么改变……

生（彭同学）：基因突变！（其他同学会心大笑）

生3：（焦急地）不对，基因突变会导致什么改变……

生（彭同学）：基因结构！（全班大笑）

生3：（更焦急）也不对，红细胞里面的一种成分，基因突变会导致它改变……

生（彭同学）：血红蛋白！（全班期待地大笑）

生3：（焦急地）后面两个字对了，（肢体比划）基因突变一般会导致它的什么改变……

生（彭同学）：蛋白质的结构！

师：（竖起大拇指赞赏，点出本节第四个关键词"增添"）

生4：基因突变的三种类型之一，DNA分子中发生碱基对的……

生（彭同学）：替换、增添、缺失！

师：（点头，点出本节第五个关键词"基因结构"）

生5：就是刚才说到的，碱基对替换、增添、缺失会导致什么改变……

生（彭同学）：（疑惑地）蛋白质的结构！（全班大笑）

生5：不对。

生（彭同学）：血红蛋白的结构！

生5：也不对，……

生（彭同学）：（绝望地）过！跳过！（全班哗然、遗憾声起）

师：（微笑，点出本节第六个关键词"不能遗传"）

生6：（茫然地）基因突变有的可以、有的……（手舞足蹈、欲言又止）

生（彭同学）：（更茫然）具体点！（全班大笑）

生1：（纠结地）就是发生在配子中就可以，若发生在体细胞就……（摆手

示意不能）

生（彭同学）：（着急地）过！过！（全班笑）

师：（微笑注视，点出本节第七个关键词"随机"）

生2：（信心十足）基因突变的五个特性之一。

生（彭同学）：（急不可待）普遍性、随机性、低频性、不定向性、多害少利性。

师：（点头默许，点出本节第八个关键词"不定向性"）

生3：（会心地笑）刚才你说到的一个特征之一。

生（彭同学）：（有点尴尬）普遍性？随机性？

生3：（摇头，手指不同的方向）就是基因突变可以a1变到a2、a3。

生（彭同学）：（自信满满）不定向性。

师：（点头微笑，点出本节第九个关键词"低频性"）

生4：（会心地笑）也是基因突变的五个特征之一，很多个细胞才会有一个发生。

生（彭同学）：（信心十足）低频性！

师：（点出本节第十个关键词"新的性状"）

生5：基因突变会产生什么？（比划演示）

生（彭同学）：等位基因？

生5：不对，和原先不一样的……

生（彭同学）：（疑惑地）新的基因？

生6：前面两个字对了，后面要改，比方说把翅膀变没了……（全班大笑）

生（彭同学）：（疑惑地）新的表现型、新的性状？

师：（竖大拇指赞赏，点出本节第十一个关键词"根本来源"）

生1：基因突变是生物变异的……

生（彭同学）：根本来源、进化的原材料。

师：（竖大拇指赞赏，点出本节第十二个关键词"基因重组"）

生2：一窝小猫，毛色各不相同……

生（彭同学）：基因重组。

师：（点出本节第十三个关键词"重新组合"）

生3：基因重组的概念，就是控制不同性状基因的重新……

坐着的学生：犯规，提示包含所猜关键词的字。（全班大笑）

师：（点出本节第十四个关键词"四分体时期"）

生4：基因重组两种类型发生的time……（全班大笑）

生（彭同学）：减数分裂？减一后期？

生5：不对、不对，是交叉互换发生的……（比划时间）

生（彭同学）：减一前期？

坐着的学生：时间到。（全班在欢笑声中鼓掌目送该组学生回座位）

师：刚才彭同学这组猜对了10个关键词，台上和台下配合得还是很有默契的，说明他们课前有预习，基础知识掌握得比较好，给小组记十分。观察他们的表现，我发现同学们对基因突变的概念、特点、意义掌握得比较好，都能如数家珍。（学生附和点头）他们是在哪些地方遇到困难的呢？

生："基因结构""不能遗传""重新组合""四分体时期"。

师：好，说明这几个地方我们比较生疏，大家翻开教材，圈出这几个"生僻词"，好好领会它们的含义。

生：（学生圈画，思考）

师：基因结构与蛋白质的结构是两码事，基因结构指基因中碱基对的排列顺序，代表基因的遗传信息。基因突变一定会引起基因结构的改变，基因结构的改变是不是一定会引起蛋白质结构的改变呢？

生：不一定。

师：为什么呢？希望一会儿有人能解释！教材81页讲到，突变若发生在配子中，将遵循遗传规律传递给后代。若发生在体细胞中，一般不能遗传。但有些植物的体细胞发生基因突变，可通过无性繁殖传递。"重新组合"是基因重组概念里的关键词，是指在生物体进行有性生殖的过程中，控制不同性状的基因的重新组合。控制不同性状的基因一定是非等位基因，等位基因有没有可能重新组合呢？大家思考，希望一会儿有人能解释！"四分体时期"是一个很少提及的名词，大家思考，它对应减数分裂的前、中、后、末的哪一个时期呢？

生：（有人回答）减数第一次分裂前期。

师：好，下面我们进入第二个游戏"生物脱口秀——闭书乱讲3321"。（教师点开PPT"生物脱口秀——闭书乱讲3321"，设置倒计时8分钟。屏幕呈现如下9个问题）

1. 镰刀型细胞贫血症的直接原因、根本原因？

2. 基因突变的概念及影响氨基酸序列的大小？

3. 基因突变的诱因和细胞中一般发生的时间？

4. 基因突变的5个特点？

5. 基因突变的结果和意义？

6. 基因突变与遗传（给后代）的关系？

7. 基因突变与性状改变的关系？

8. 基因突变的应用及实例？

9. 基因突变与染色体变异的区别？

【"生物脱口秀——闭书乱讲3321"游戏规则：教师呈现本节的9个核心问题，学生根据自己掌握情况挑选若干个闭书解答，教师根据解答的准确程度给该生所在小组加2~5分，最先的人选3个，第二人选剩下6个中的3个，第三人选剩下3个中的两个，最后剩下的1个应是最难的，答对和前面回答多个的效果等同，时间为8分钟，不限小组人次。】

师：哪位同学率先站出来脱口秀？

生：（有三人几乎同时站起来）

师：好，女生优先，我们让刘同学先来！

生（刘同学）：我选择1、3、4。镰刀型细胞贫血症的直接原因是蛋白质结构的改变，患者红细胞的血红蛋白分子有一个氨基酸与正常的不一样，正常的是谷氨酸，病人是缬氨酸，导致血红蛋白的结构异常。根本原因是基因突变，编码该蛋白的基因发生了一个碱基对的替换，结果转录的mRNA上的一个密码子决定的氨基酸由谷氨酸变成缬氨酸。

师：不错，连变化氨基酸的名称都记得非常准确！（领头鼓掌，生也鼓掌）

生（刘同学）：基因突变的诱因可分为三类：物理因素、化学因素和生物因素。这和细胞癌变的致癌因子相同。但是，即使没有这些诱因，基因突变也会因为DNA分子复制偶尔发生错误而自发产生。一般发生在间期，包括有丝分裂间期和减数分裂间期，此时DNA分子复制最易突变。

师：（点头默许）很好，非常到位！

生（刘同学）：（更加自信）基因突变的5个特点是：普遍性、随机性、低频性、不定向性、多害少利性。

师：（期待地）你能解释一下吗？

生（刘同学）：普遍性是说基因突变是生物界普遍存在的，无论高等还是低等生物都会发生；随机性是指随时发生（间断，不太自信）；低频性是指发生的频率很低，大约10万到1亿个生殖细胞，才会有1个生殖细胞发生基因突变；不定向性是指一个基因可以向不同的方向突变，产生不同的等位基因，如灰色可以突变成黄色，也可以突变成黑色、白色等；多害少利性指绝大多数的基因突变对生物的生存是不利的，破坏了生物体与现有环境的协调关系，但少数的基因突变，可使生物获得新性状，适应改变的环境，有利于生物的生存。

师：（点头默许）合上教材能讲得如此细致相当难得，尤其是低频性，数字记得很准确。（师生鼓掌、赞许，示意落座）但随机性不等同于随时发生，大家翻开教材。随机性是三个层面的随机发生：生物个体发育的任何时期、细胞内任何DNA分子、同一DNA分子的任何部位。刘同学讲得相当好，给所在小组加4分。剩下6个谁来挑3个解析？

生：（又有多人几乎同时站起来）

师：好，我们选第五组的李同学回答。

生（李同学）：我选择5、8、9。基因突变的结果是产生新的等位基因，获得新的性状，意义是生物变异的根本来源，是进化的原始材料。

师：很好！

生（李同学）：基因突变的应用是诱变育种，"太空植物"就是利用宇宙射线诱导植物种子基因突变，筛选有利性状得到的。基因突变与染色体变异的区别是基因突变是染色体某一个位点上基因的改变，这种改变在光学显微镜下是无法直接观察的，而染色体变异是可以直接观察的。

师：非常棒！几乎找不出漏洞，给第五组加5分。剩下的谁来？

生：（片刻安静，翻书、私下讨论）

师：看来剩下的问题难度系数比较大，有没有"高手"挑战一下？

生：（有一女生站起来，全班热烈鼓掌！）

师：好，凌同学来解答！

生（凌同学）：我选择2、6。基因突变的概念是DNA分子中发生碱基对的替换、增添或缺失，引起基因结构的改变叫基因突变，其中碱基对的替换对氨基酸序列影响较小，改变的是某一个位置上氨基酸的种类。增添和缺失对氨酸序列影响较大，如DNA分子中只增添或缺失1个或2个碱基对，该位置及以后的序列决定的氨基酸种类都会改变，甚至会使终止密码子提前或滞后。但若是增添或缺失的是3个碱基对，则只会增添或缺失1个氨基酸。

师：（竖起大拇指）非常准确，凌同学对基因的表达了然于心！

生（凌同学）：（自豪地、背书状）基因突变若发生在配子中，将遵循遗传规律传递给后代。若发生在体细胞中，一般不能遗传。但有些植物可通过无性繁殖将体细胞发生的基因突变遗传下去。

师：总体来说是不一定都能遗传给后代，若按照细胞分裂来说又是怎样的呢？

生（凌同学）：基因突变如果发生在有丝分裂过程中，一般不能遗传，但有些植物可能通过无性生殖传递给后代。如果发生在减数分裂过程中，则可以通过配子传递给后代。

师：非常到位，凌同学不愧为生物学霸，给第三组加5分。最后一个问题，谁来？

生：（低声讨论，最终无人应答）

师：好，8分钟时间也到了。看来留下的7是最难的问题，需要老师亲自出马了。基因突变与性状改变的关系？首先明确一下：基因突变了，生物的性状一定会改变吗？

生：不一定！

师：为什么？

生：（窃窃私语，有人提到密码子的简并性，有人提到隐性突变，终不敢站起来详答）

师：好，大家准备记笔记，我们彻底解开这个谜团！（打开7的解析链接，呈现"基因突变≠性状改变"的PPT）

生：（仔细阅读，如获至宝）

师：基因突变不等于性状改变，有三点原因：①突变可能发生在没有遗传效应的DNA片段，因为基因不等于DNA；②基因突变后形成的密码子与原密码子决定的是同一种氨基酸。（密码子具有简并性）；③基因突变若为隐性突变，如AA→Aa，不会导致性状的改变。也就是说显性纯合子突变成杂合子性状不变。大家理解了没有？

生：（齐声答）理解了！

师：好！做一个判断题强化一下：DNA分子中碱基对的增添、缺失或替换，就是基因突变。

生：不对，DNA不等同于基因，必须加"引起基因结构的改变"。

师：很好，大家对该概念理解很深！下面进行"课堂竞答"，教师点开PPT"课堂竞答"，屏幕呈现练习题。

【"课堂竞答"游戏规则：教师呈现习题，学生即时练习，无须举手，抢答；答对且叙述理由正确小组加两分（答错扣两分，加组不加个人）；机会限制制度：个人抢答机会有限制，每节课抢答不超过2次；机会倾斜制度：同时抢答首次优先、新人优先、女生优先。不限小组人次。】

师：哪位同学率先抢答？

生：（一人站起抢答）选D。基因突变具有不定向性，"A.如果显性基因A发生突变，只能产生等位基因a"不对，可以变成其他的等位基因。因为大肠杆菌没有人胰岛素基因，所以"B.通过人工诱变的方法，人们能培育出生产人胰岛素的大肠杆菌"不对。C.基因突变都可以通过有性生殖传递给后代，显然不对，不是都可以，是有可能，因为产生的配子不是都有该突变的基因。D.基因突变是生物变异的根本来源，有的变异对生物是有利的，是正确的。

师：很好，你是第六组的，第六组加2分，其他组加油！（点出下一张幻灯片，呈现习题。）

生：（较长时间寂静，终有一人站起抢答）选B。因为是十分罕见的植株，若这种现象是由显性基因突变成隐性基因引起的，则原先的植株都是AA，只有都突变成aa才行，这与基因突变的低频性、不定向性不相符，A不对；基因突变不能在光学显微镜下直接观察到，"C.观察细胞有丝分裂中期染色体形态可判断基因突变发生的位置"显然不符合事实；仅进行花药离体培养而没有诱导染色体加倍，得到的仅仅是高度不育的单倍体植株，故"D.将该株水稻的花粉离体培养后即可获得稳定遗传的高产品系"不对；该变异株应是显性突变，由aa突变成Aa，"B.该变异株自交可产生这种变异性状的纯合个体"正确。

师：（竖起大拇指）非常准确，这道题比较难，李同学做对了而且解析得很到位，给第三组加2分。好，有关基因突变的知识我们练到此，有一些"易错警示"，我们边读边思。（教师点开PPT"易错警示"，起头读，板书。）

生：（全班齐读，边读边思）

（1）在没有诱发因素的情况下，基因突变也会自发产生，其自发突变率很低。

（2）基因突变是DNA分子水平上基因内部碱基对种类和数目的改变，基因的数目和位置并未改变。

（3）基因突变一定会导致基因结构的改变，但却不一定引起生物性状的改变。

（4）生殖细胞的突变率一般比体细胞的突变率高，这是因为生殖细胞在减数分裂时对外界环境变化更加敏感。

（5）基因突变的利害性取决于生物生存的环境条件。如昆虫突变产生的残翅性状，若在陆地上则为不利变异，而在多风的岛屿上则为有利变异。

（6）基因突变不只发生在分裂间期。

师：（呈现锦鲤的图片，引出基因重组）这种鱼叫锦鲤，我们在公园见过，这些美丽的斑纹是哪一种变异产生的呢？

生：（好奇、兴奋，几乎全班齐答）基因重组。

师：基因重组是生物变异的主要来源，我们熟知的"一母生九子，连母十个样"讲的就是基因重组。基因重组我们应掌握如下内容（点出基因重组的填空思维导图：概念、类型、实质、结果、意义），下面我们按座位闭书依次回答。基因重组的概念？

生1：有性生殖的过程中，控制不同性状基因的重新组合。

师：基因重组的类型？

生2：自由组合型和交叉互换型。

师：基因重组的实质？

生3：控制不同性状基因的重新组合，即非等位基因的重组。

师：基因重组的结果？

生4：产生新的基因型，导致重组性状的出现。

师：很好，基因重组不会产生新的性状，但会有性状重组类型，就如同孟德尔豌豆杂交实验二的子二代，有黄色皱粒和绿色圆粒。基因重组的意义？

生5：生物多样性的重要原因，生物变异的主要来源，有利于生物的进化。

师：很好，大家基础很棒！这里需要补充的是基因重组除了有自由组合型和交叉互换型外，还有人工重组型，即转基因技术。大家补充到教材里，下面我们习题巩固。（教师点开PPT"课堂竞答"）

生：（沉思片刻，一人抢答）选B。基因重组是生物变异的主要来源，基因突变才是生物变异的根本来源。

师：第七组加2分。（点出下一张幻灯片，呈现另一个选择题。）

生：（片刻安静，一人抢答）选C。

师：陈同学是第四组的，先给第四组加2分，这道题很难，做对不容易，你给大家解析一下？

生（陈同学）：（自豪地、全班瞩目）性状分离只涉及一对等位基因的分离，"A.基因型为Dd的个体自交后代发生性状分离"不属于基因重组；基因重组发生在减数分裂产生配子时，不是受精过程中。"B.雌雄配子随机结合产生不同类型的子代个体"也不属于基因重组；性状重组是因为控制性状的基因重组了，"C.YyRr自交后代出现不同于亲本的新类型"属于基因重组；"D.杂合高茎与矮茎豌豆测交的后代有高茎和矮茎"，测交过程中只涉及一对等位基因的分离，不属于基因重组。

师：很好，请坐！（师生齐鼓掌给予鼓励）

师：大家很棒，这里有一个难坎，看谁能踏平！（教师点开课堂活动PPT——"勇者大冲关"，屏幕呈现如下任务：以AaBb的生物为例，画基因重组图像：3~5分，1.自由组合型图；2.交叉互换型图。）

【"勇者大冲关"游戏规则：教师设置冲关任务，学生根据自己掌握情况上台挑战，教师根据解答的准确程度给该生所在小组加3~5分，不必举手，先到先得，时间为8分钟，不限小组人次。】

师：哪两位勇者率先冲关？

生：（片刻沉静，两男生上台，全班鼓掌）

师：好，方同学画自由组合型图像，李同学画交叉互换型图像，其他同学在下面画，我来检查！（板书）

生：（自主作答，小声交流。台上一男生陷入困境，画了一些又擦掉重来，终信心不足，快快归位）

师：李同学遇到了跨不过的坎，放弃冲关，哪位接着挑战？

生：（一女生昂首上台，台下掌声响起）

师：很好，陈同学勇气可嘉！（台下巡视，板书相关内容）

生：（大约3分钟后，两人完成先后离场，台下学生窃窃私语）

师：好，两位勇士都已完工，我们来欣赏他们的作品。有没有瑕疵呢？

生1：陈同学的交叉互换型图像应该是一对同源染色体上的基因，另一对同源染色体没必要画出来。

师：很棒！是同源染色体上的非等位基因随非姐妹染色单体的交换而交换的。还有没有呢？

生2：交叉互换应该是邻近的两条非姐妹染色单体局部交换片段，颜色应该有差别！

师：不错，王同学观察得很仔细，应该用颜色差别来代表不同的非姐妹染色单体。整体而言，陈同学的交叉互换型图像瑕不掩瑜，给她所在的第二组加4分！方同学的作品有没有不足呢？

生：（沉默）

师：（微笑，点出标准图像对照强化）方同学画的自由组合型图像和标准图像毫无二致，给第六组加5分。需要强调的是，自由组合型基因重组是位于非同源染色体上的非等位基因在减数第一次分裂后期发生的，交叉互换型基因重组是位于同源染色体上的非等位基因在减数第一次分裂前期发生的，教材写的是什么时期？

生：（急切看教材）四分体时期。

师：对，四分体时期就是减数第一次分裂前期，它们可以等同！（板书时期、对象）

师：好，有关基因重组的知识我们言尽于此，有一些"易错警示"，我们边读边思。（教师点开PPT《易错警示》，起头读，板书。）

生：（全班齐读，边读边思）

（1）自然条件下基因重组发生的时间是减Ⅰ后期和四分体时期，而不是受精时发生。

（2）自然条件下基因重组只发生在真核生物中，病毒和原核生物中不发生基因重组。

（3）交叉互换≠基因重组。如果交叉互换发生在同源染色体之间叫基因重组；如果发生在非同源染色体之间叫易位，属于染色体结构变异。

（4）基因重组在人工操作下也可实现，如基因工程、肺炎双球菌的转化实验中都发生了基因重组。

师：OK！有没有需要解析的？

生：（沉默）

师：下面我们把本节知识归纳一下。（点出本节总结PPT"基因突变和基因重组的区别"）

师：最后，我们通过"快判竞赛"把本节知识巩固一下，我们让每组B部的同学竞赛。

【"快判竞赛"游戏规则：教师每次点出一个判断语句，学生快速诊断对错，无须举手，站起抢答；答对且解析理由正确小组加1分，答错扣1分，加组不加个人。机会限制制度：个人抢答机会有限制，每人1次抢答机会；机会倾斜制度：同时抢答首次优先、新人优先、女生优先。不限小组人次。】

师：[点出第1句，屏幕显示：（1）基因突变一定会改变生物的遗传信息]

生1：对！

师：[默许！点出第2句，屏幕显示：（2）基因突变只能改变基因的种类，而不能改变基因的位置与数量]

生2：对！

师：正确的无须解析！[点出第3句，屏幕显示：（3）基因突变都可以通过有性生殖传递给后代]

生3：错；发生在配子中的基因突变有可能通过有性生殖传递给后代，在体细胞中的，一般不能遗传给后代，除非通过无性生殖。

师：非常好！[点出第4句，屏幕显示：（4）不同细胞中基因的自发突变率不同]

生4：对！

师：[点出第5句，屏幕显示：（5）基因突变发生的时期与突变性状在生物体的表现部位及范围大小没有关系]

生5：错；有关系，基因突变发生的时期越早，突变性状在生物体的表现部位及范围越大。

师：很好！[点出第6句，屏幕显示：（6）基因重组能改变基因的遗传信息]

生6：错；基因重组是现有基因的重新组合，没有产生新基因，不能改变基因的遗传信息。

师：〔点头默许！点出第7句，屏幕显示：（7）基因重组比基因突变造成的变异更多〕

生7：对！

师：〔点出第8句，屏幕显示：（8）减数分裂四分体时期，姐妹染色单体的局部交换可导致基因重组〕

生8：错；是同源染色体上的非姐妹染色单体局部交换可导致基因重组。

师：〔点出第9句，屏幕显示：（9）纯合子自交因基因重组导致子代性状分离〕

生9：错；纯合子自交都是纯合子，不会发生子代性状分离，也没有基因重组。

师：〔点出第10句，屏幕显示：（10）基因重组仅限于真核生物细胞减数分裂过程中〕

生10：错；原核生物有人工基因重组——基因工程。（下课铃声响起）

师：很好，10位同学都判断正确，各组报告应加多少分。（统计小组得分，记录）今天的课就到此为止，作业在黑板右上角，下课！

生：（起立、行礼）老师再见！

师：（回礼）同学们再见！！

生物学科本质与探究式教学在课堂中的结合研究

——以《植物生长素的发现》为例

深圳市福田中学　牛艺丹

生物学本质上是一门自然科学，相应地，中学生物学也就是一门自然学科。中学生物学课程应聚焦学科核心素养，目的是强化学科育人功能，而学科核心素养的提炼，必须基于对学科本质的深入理解，即它具有哪些不同于其他学科的性质和特点。[1]

现代教育理论认为，学校教育应着眼于教会学生如何学习，培养他们自主学习的能力，夯实他们终身学习的基础。这就意味着在教学过程中，教师的教学理念、教学方式和角色要发生根本性的变革，学生的学习方式也要随之改变。教师从单一的讲授式转变为多形式的启发、提问、指导、评价，学生从一味地接受知识到自主参与探究。[2]

在中学生物学中，科学史、实验分析正是对学科本质最明显的体现，用探究式教学的方法向学生传达科学本质的观点，对于帮助学生建立现代的科学本质观、帮助学生更好地理解生物知识有明显的成效。

本课题研究小组尝试开展"生物学科本质与探究式教学在课堂中的结合研究"，从植物生长素的发现这一课例开始，经过反复的授课、磨课和修改，最后总结出研究小组基于研究专题的结论和观点。

课例研究时间：2020年11月

课例研究视角：生物学科本质与探究式教学在课堂中的结合

课例研究选题：人教版必修3教材中"植物生长素"相关的内容

课例研究流程：见下表

表1 课例研究流程表

时间	项目	内容
2020年11月1日	课前准备	分析考纲、教材、新课标、学生学情，备课，搜索多媒体材料
2020年11月4日	第一次课试教	设计讨论环节，试教，问题诊断，修改
2020年11月5日	第二次课改进	修改课堂结构，授课，问题诊断，提出修改建议
2020年11月6日	第三次课再改进	进一步修改教学设计，授课，再观察发现问题，提出修改建议
2020年11月	课后总结	收集课堂观察小组组员观察心得，主讲人撰写研究报告

一、教学内容分析

在《普通高中生物学课程标准（2017年版2020年修订）》中，关于植物生长素的内容要求有："选择性必修课程模块1：稳态与调节"的概念1"生命个体的结构与功能相适应，各结构协调统一共同完成复杂的生命活动，并通过一定的调节机制保持稳态"的具体内容标准之"概述科学家经过不断的探索，发现了植物生长素，并揭示了它在调节植物生长时表现出两重性，既能促进生长，也能抑制生长"。[3]《2019年普通高等学校招生全国统一考试大纲》对植物生长素的发现和作用的要求是Ⅱ，即理解所列知识和其他相关知识之间的联系和区别，并能在较复杂的情境中综合运用其进行分析、判断、推理和评价。[4]

《植物生长素的发现》是必修3第3章第1节的内容，之前已有动物和人体生命活动的调节为基础，有了一定的铺垫，这对于学生理解生命活动的调节机制有所帮助。本节课作为植物激素的开篇，使学生换个角度看待生命活动，对生物多样性的理解也能更深一层。

本节用科学史作为引入，通过几位科学家的探究实验层层递进，既阐述了生长素发现的过程，其中还蕴含着科学研究的方法与过程，以及实验设计的相关原则，是培养学生科学探究能力的极佳案例。

二、学生学情分析

在之前的章节中，学生已经学习了有关动物的生命活动调节机制，在此基础上已对激素调节有了一定的了解。本节内容以科学家的实验为切入点，层层递进，培养了学生探索科学本质的能力。

学生已具备一定的独立分析能力，在必修一必修二的学习中也训练过对科学史中实验的分析，但对于科学研究还不够深入，科学探究的能力不强，在教学过程中教师需加强引导，培养学生的科学探究能力以及分析能力。

三、设定教学目标

（1）通过分析实验，自主探究植物生长素的发现过程。

（2）掌握不同条件下植物的生长弯曲情况。

（3）通过探究性学习，培养学生执着的探索精神；通过小组合作学习，培养学生团队协作的能力。

（4）领悟生物学科本质，训练科学的思维，体会科学探索道路上的艰辛。

四、第一次课的试教

本节课基于生物学科核心素养，从生命观念、科学思维、科学探究和社会责任这四个角度出发，充分发挥学生的主观能动性。本节课采用讨论法、比较法、归纳法、讲授法、多媒体演示法等多种教学方法，引导学生积极探索。

课堂首先以动物的生命活动为基础，引出植物也有生命活动，也有相应的调节机制，接着用生活中常见的植物向光性导入，激发学生学习兴趣；将学生分为四个大组，每组代表一位科学家，以小组讨论的形式，分析每个实验的对照组、实验组以及相应的现象，探索该实验设计的思路，串联并总结出实验结论；最后以讲授法讲授生长素的运输方式，使学生更深刻地理解植物向光弯曲的根本原因。

1. 教学探索中值得肯定的方面

首先，以植物向性运动导入，用贴近学生生活的例子，更易吸引学生的注意，极大地调动了学生学习的主动性，使其积极参与到新课的学习中来。学生积极，课堂气氛活跃，能使之后的内容更好地展开。

其次，对四个主要实验的把握与串联较好。课堂以课本中内容为基础，层层递进，每一个实验都详细分析设计思路，按照科学研究的一般过程："发现问题—做出假设—验证假设—得出结论—发现新问题"的顺序串联。学生有着清晰的思路，通过讨论得出每个实验中的自变量与因变量。比如达尔文的实验，达尔文观察到了植物的向光性，并设计了如下实验：将实验材料胚芽鞘分为5组，第1组放入密闭无光的环境中；第2组在密闭无光的基础上照射单侧光；第3组将尖端削去，照射单侧光；第4组在尖端上罩遮光的锡箔小罩；第5组在尖端下部罩锡箔小罩，观察植物的生长现象，发现植物的确存在向光性，感光部位是尖端，而弯曲部位是尖端以下，于是他大胆假设：可能是尖端产生了某种"影响"，能够向下传递，"影响"分布不均匀而造成植物弯曲生长。接着他提出了新的问题：这种"影响"是什么？为什么会不均匀分布？而他提出的新问题恰恰给了后人继续探究的思路，于是科学家沿着这一思路不断探索，最终得出结论。每个实验相互串联，前一个实验的结论引发了下一个科学家的思考，学生站在科学家的视角，仿佛实验的亲历者，也更能体会探究实验的意义。

再次，课堂中运用了多媒体等现代化教学手段，将各个实验以动态的形式展示，比较直观。学生提前预习课本，对实验有初步的抽象想象，配合直观的动态展示，能留下更深刻的印象。传统的教学法注重知识的灌输，在教学手段上比较单调，多媒体教学对于探究式教学有很大的帮助，扩大了信息容量，激发了学生的想象力，还可以弥补教师自身的局限，完善课堂教学结构。

2. 观察发现

本节课结尾部分稍显仓促，没有讲完准备的内容，并且未配有相应的习题检测学生的学习效果；学生讨论的效果并未达到预期，大多还是习惯以独立思考为主，不知道该如何与其他同学共同探讨并分享成果；课程结束后留下的板书未能体现出本节课最核心的知识，设计得不太合理。

3. 问题诊断

第一，本节课的内容设置得过多，导致没有时间通过练习题检验学生的学习效果，原本计划一节课讲完本节内容，但将侧重点放在科学家的实验上，详细讲解实验之后的时间不够去分析生长素的产生、运输和分布情况。生长素的运输涉及极性运输的概念，这也是一个难点，时间分配不合理导致此难点分析不够透彻，学生接受一个新的概念还需要时间。

第二，需要学生讨论的内容学生不太清晰，因为学生对于实验的部分一直不太擅长，在平时的作业中也有所体现，遇到实验类型的题目经常不知该如何下手，所以在分析实验时也不知从哪里切入，导致在讨论结束后并没有得出结论，讨论也没有开展得很热烈。

第三，板书是一节课核心的体现，本节课的板书并没有明确突出重点，书写时间也比较长，在写板书的时候学生参与感不强。

4. 改进建议

第一，明确本节课的重点。本节课意在培养学生对探究实验的理解能力和对生物学科本质的探索能力，则可将生长素的产生、运输及分布的内容放在下一节课，使本节课程结构合理，内容安排更加恰当，并留有时间设置相应的练习题配合学生理解。

第二，将小组讨论的内容在PPT上具体写清，并在讨论期间停留在这页PPT上，学生可对照内容具体进行分析。这样既为学生指明了探究的方向，又侧面展示了在分析实验中最需要重点关注的部分，既能解决本节课的问题，又可以培养学生对生物学实验的理解能力与分析能力，为后续的学习打下基础。

第三，重新设计板书，要突出四个实验间的关系。这四个实验首尾相接，前一个实验的结论总能提出新的问题，后来的科学家通过实验得出了结论并发现了新的问题，在逻辑上衔接很顺畅，板书的设计要能体现实验间的联系，不仅可以为本节课梳理脉络，还可以使学生体会到科学探究过程的艰辛，学习科学家锲而不舍的探索精神。

五、第二次课的改进

1. 课堂教学的积极变化

第一，教师积极调整了课堂内容，合理安排了课程的结构，将植物生长素的合成、运输与分布相关的内容除去，只以植物生长素的发现历程为本节课的重点，课堂脉络更加清晰，也更有利于学生对本节重点的把握。从课堂的反馈来看，比上一堂课效果好，学生的思维也更加顺畅。课堂节奏比上节课放得更慢，所以学生对几个实验之间的关系把握得更好。（见图1）

图1　达尔文的实验讲解

第二，实验分析结束后设置了相关的题目，通过例题来检验学生的学习效果。例题主要考查学生对实验的分析能力，学生通过读图联系本节课学习的分析实验的方法，找出实验的自变量和因变量，推理实验目的，从而得出相应的结论。学生的作答情况比较好，说明对于实验分析有了一些思路，找到了方法。

第三，由于上节课的讨论环节进行得不太顺利，教师及时调整了方法，将需要讨论的内容以文字形式呈现在PPT上，效果有了明显的改善。教师将学生分为四大组，每组同学代表一位科学家，分别讨论以下问题：①实验处理分为几组？每组是如何处理胚芽鞘的？②实验现象是什么？（现象只看胚芽鞘生不生长，弯不弯曲）③每位科学家的实验结论是什么？有了文字作为提示，学生的状态改变明显，思考更加投入，得出答案也更为轻松。教师创设的问题串贴近主题，环环相扣，让学生自觉、主动地探索，充分调动了学生的积极性。（见图2）

图2　学生讨论

2. 观察发现

未设置与胚芽鞘如何弯曲有关的题目，此为本节的重难点，也是一个考点，需要在课堂上强化这部分内容；板书的内容相对较多，在写板书的过程中学生并未有参与感，这部分时间的利用率不高；在讨论的过程中，大部分同学积极参与，有部分同学仍旧积极性不高，思考时不够积极，在实验的分析过程中思维明显慢，最后跟着大家得出结论，并不是自己的思考，未参与探究的过程。

3. 问题诊断

第一，本节课并未讲解生长素的运输情况，所以无法设置与胚芽鞘尖端弯曲生长有关的题目，这部分恰恰是重难点，学生理解起来有点难度，但在分析了四位科学家的实验之后，对于"影响"——生长素的分布有了比较具体的印象，此时应趁热打铁，加强学生理解。

第二，小组讨论环节每组的人数比较多，所以无法保证人人都积极参与，总有一些沉默不语的同学。且本节的实验分析对于学生来说难度较大，完全自主探究很难找到实验间的相关性，不利于得出最后的结论。所以教师需要加强引导，不能让学生产生畏难情绪。

第三，书写板书的时间比较长，导致学生没有参与感。

5. 改进建议

第一，可以在给出结论"植物的向光性是由于生长素分布不均匀造成的：单侧光照射后，胚芽鞘背光一侧的生长素含量多于向光一侧，因而引起两侧的生长不均匀，从而造成向光弯曲"后，就给出"生长素分布不均匀的原因是在单侧光的照射下，尖端生长素发生横向运输"，学生了解原理后便可设置相关的题目进行练习。

第二，可以适当减少讨论小组内的人数，这样每位学生的参与度会提高。探究式教学注重的就是学生自己通过阅读、观察、分析，得出相应的结论，体会科学的本质，一定要自己思考、积极参与才能达到课程的目的。

第三，板书的设计可以再精练，只体现知识脉络，不必占据过多时间。本课内容学生在自主分析中难度较大，需要板书进行很好的串联，帮助学生理解。

六、第三次课再改进

1. 课堂教学的积极变化

第一，在总结出植物向光性的原因后就引导学生理解生长素分布不均匀的原因是在单侧光的照射下，尖端生长素发生横向运输，增加了相关的题目，使整个课堂结构更加完整，突出了重难点。例题的讲解加深了学生对于重难点的把握。

第二，教师在学生代表分析小组讨论成果时及时进行引导，并补充了相关知识。比如：詹森的实验存在一些不足，他的第二组实验切下胚芽鞘尖端但并未移除，只是在胚芽鞘尖端与胚芽鞘尖端下部插入一片琼脂片，这对于切去了尖端的第一组来说没有形成单一变量，如果要使实验更加完善需增加一个实验组，即在移除了尖端的胚芽鞘上放置一片普通琼脂片，以此来排除琼脂片对于实验的干扰。又如：拜尔的实验巧妙之处在于他人为制造了物质运输的不均匀，温特的实验巧妙之处在于他虽然未直接提取出生长素，但将生长素转移到了琼脂块中再发挥作用，其实相当于提取出了生长素。这些补充知识可以帮助学生更好地理解实验过程，使课堂内容更加丰满。

第三，板书的设置层层递进，体现了本节课的重点知识，在逻辑上衔接顺畅，对于本节课是一个很好的总结。

2. 改进建议

第一，胚芽鞘弯曲生长的相关知识变化多样，在课堂练习中需要增加几个不同的类型帮助学生理解，比如琼脂块与云母片的区别、云母片放置的不同位置、装置旋转等问题，要进一步强化易错点和重难点。

第二，在日常的教学中应加强小组讨论形式的学习。在本次课的讨论过程中，大部分学生思维敏捷、积极思考，可见探究式的学习可以充分调动学生的积极性，是可以强化学生思维、培养学生思考能力的方法。但有部分同学的参与度始终不高，他们多数比较沉默，显然不太适应讨论的氛围。在今后的讨论活动中可以适当减少小组人数，以4～6人为主，进一步细化，为每位同学分配任务，培养学生团队合作精神。

第三，可以在课前让学生查找相关资料，比如其他科学家的相关实验，或植物生长素发现过程中有趣的科学史，在课堂上展示分享，使知识不仅仅局限于必修的课本中。

七、三次课演进的脉络

第一次课的亮点和不足：将学生分组，每组代表一位科学家，分析每组实验中的相关信息并得出结论，代入式地体验科学研究过程中的思路，对培养生物学科素养有很好的帮助。但内容设置过多，整堂课容量较大，学生接受困难，并且没有时间练习相关题目，无法检验学习效果。

第二次课的变化：教师积极调整了上节课过满的课堂内容，将植物生长素的合成、运输与分布相关的内容除去，只以植物生长素的发现历程及胚芽鞘的生长弯曲变化为本节课的重点，课堂的重点更加明确，学生接受度较高。但题目设置较少，没有达到强化的目的。小组讨论中人数较多，无法保证每个学生都参与进来。

第三次课的亮点与需要改进之处：探究式教学的效果比较理想，学生通过自主分析实验，不仅理解了实验的设计和结论，且总结出了科学研究的一般过程，教师适时点拨，使课堂结构更丰满。这一过程也是学生探索生物学科本质的过程。不足之处在于，没有充分调动每个学生的积极性，个别学生在讨论中参与度不高。每小组人数应减少，并将任务细化。另外，可以安排学生查阅相关资料在课堂上分享，不局限于课本，培养学生自主学习的能力。

八、研究形成的共识与结论

通过开展"生物学科本质与探究式教学在课堂中的结合研究"，研究小组形成阶段性的共识与结论如下。

1. 教师可强化学生对生物学科本质的理解

生物学科本身有自己独特的魅力与优势，不仅仅有现成的知识结论，还有实验、研究等活动，可以说生物就是一门实验学科，所以教师不仅要引导学生学习并掌握书本知识，更要教给学生学习的方法，培养学科的思维，这一切都是基于对生物学科本质的理解。在高中生物教材中，给出了大量科学史、对话科学家、科学家经典的实验等表现生物学科本质的内容，这也正是编者想要传达的思想内涵。教师在教学过程中要时刻强化学科育人的功能，聚焦学科核心素养，培养学生科学的思维，在重视知识结构体系的同时注重探究过程。

2. 学生可在理解生物学科本质过程中培养自主探究能力

学生在学习生物的过程中经常形成几个误区：生物就是记忆知识点，只要背会就很简单，内在的逻辑联系并不紧密，因此很少去用逻辑将知识点串联起来。造成这些误区的原因之一就是学生并没有理解生物学科的本质，自然也找不到适合的方法。生物的学习绝不是简单地记忆知识点，而是要形成一种科学的思维方式。高中阶段对于知识进行了简化，虽然内容看起来简单，但学生主要的学习目标除了学习知识外，还要领悟科学家们在研究过程中的思路和方法，并培养自己的探究能力。

3. 师生可利用生物学科本质与探究式教学相结合的方式提升教学效果

在日常的生物课堂中，教师要为学生建立起生物知识体系，更重要的是加强学生对于生物学科本质的理解。所以在教学过程中，教师要充分利用教材当中体现科学价值、科学精神的部分，加强学生对科学本质观的学习，即在引导学生掌握知识的同时渗透科学的本质和精神，从而提升教学效果。

九、同行评议

朱文艺：

本节课作为植物激素的开篇，又在刚刚学习了动物和人的生命活动调节之后，起到一个承上启下的作用，学生对于生命活动的调节内容有了一定的基础，还要将思路转换到植物的相关内容中，所以本课处在一个相对重要的位置。教师在开篇播放了植物向光性的视频，使学生对于植物的向性运动有了直观的认识，用贴近生活的例子充分调动了学生的积极性，是很不错的引入。整节课思路清晰，学生根据教师的引导对每个实验进行了细致分析，培养了学生的实验探究能力。

建议：①教师设置的练习题可以再进行筛选，要强化学生对本节课知识的理解，如果再设置几道有层次的问题会更好；②学生合作学习时可以将分组再做调整，每组人数控制在4~6人，将讨论内容具体细化，每位同学都有任务，给每位学生畅所欲言的机会，讨论效果会更好。

王娟：

本节课的逻辑性强，通过分析科学家的实验层层递进，展示了教师清晰的思路。达尔文通过实验提出猜想：胚芽鞘尖端产生了"影响"，"影响"分布不均匀是植物弯向光源生长的原因，接着提出问题："影响"是什么？分布不均匀的原因是什么？詹森的实验证明了"影响"可以向下传递，很有可能是一种化学物质。拜尔的实验证实胚芽鞘弯曲确实是"影响"分布不均匀造成的，并提出新的推测："影响"是化学物质。温特的实验证实了"影响"是化学物质，即"生长素"。实验间的关系清晰明了，学生思路也很清晰。在学生小组讨论的过程中给出了每小组具体讨论的问题，这是本节课的一个亮点，学生有了明确的探究方向，思维更加敏捷，讨论也更加热烈。总体来说，本节课对于学生的思维训练效果较好，探究式教学刚好运用在课本中的四个实验上，同时间接体现了生物学科本质，对学生有潜移默化的影响。

建议：在课前可以设计相关的导学学案，方便学生预习课本内容，明确讨论的范围。

雷蕾：

本节课课堂节奏把握得很好，在讲解内容的时候不忘提醒学生注意课本中的相关描述，紧贴课本、回归课本。多媒体的运用是一大亮点，先展示了植物向光性的视频，四位科学家的实验过程也配有相应动画。教师运用了讲授—演示法，在面临课时少、任务重的压力下，可以使学生在有效时间内系统、高效地掌握知识。学生先通过讨论得到自己的结论，再根据多媒体的演示，能检验自己的思维是否准确合理，达到了很好的效果。例题的选择比较好，配合不同的知识点选择了不同的习题，逻辑严谨，落实比较到位。

彭莹：

本节课思路清晰，对于实验的剖析细致。学生在分析实验方面能力较弱，究其根本是因为学生并不能透彻理解生物学科本质。生物是一门实验性的学科，不仅有前人留下的丰富的结论，还有科学的思维和探究的方法。本节课将生物学科本质的探索与探究式教学相结合，课堂效果较好，学生分析了四个实验之后可以自己总结出科学探究的一般步骤，说明他们对于自主探究有了一点感觉，这对于生物学科思维的培养是有利的。

建议：本节课容量较大，应再调整课堂结构，适当减少内容，以便于学生更好地理解。

参考文献

［1］赵占良. 试论中学生物学的学科本质［J］. 中学生物教学，2016（1）：4-5.

［2］江金兰，祝小红. 浅析探究式教学模式的原理与应用［J］. 教育信息，2013（10）：29-30.

［3］中华人民共和国教育部. 普通高中生物学课程标准（2017年版2020年修订）［M］. 北京：人民教育出版社，2020.

［4］教育部考试中心. 2019年普通高等学校招生全国统一考试大纲［M］. 北京：高等教育出版社，2019.

附：

第三次课的课堂教学实录：植物生长素的发现

师：上课。（班长喊"起立！"，全班起立，行礼）

师：同学们好，请坐。今天我们正式学习第三章的内容。在之前的章节中我们学习了动物和人生命活动的相关调节方式，大家来回顾一下主要的三个调节方式。

生：（齐声）神经调节、体液调节、免疫调节。

师：很好。自古以来，科学家对于动物生命活动的研究多过植物，因为动物的运动十分明显，但是植物几乎不怎么动，长久以来人们并没有觉得植物会有什么调节方式，直到人们发现了一些现象。大家应该都知道，向日葵头是向着太阳的，每天太阳从东边升起西边落下，它也跟着从东转到西。那大家有没有想过，每天它已经转到西边第二天早上是怎么转回东边的，难道每天晚上所有的向日葵都从西边猛甩头到东边？向日葵又为什么要跟着太阳转呢？

生：（思考）

师：这个问题先留一个悬念，学完这节课之后大家应该会自己有答案。

师：其实除了向日葵的向光性之外，还有很多植物在动的例子。大家能举出相关例子吗？

生1：玉米粒不管怎么种在土中，长出来的根的方向一定是朝向地面的。

师：很好，这一现象叫作根的向地性。还有例子吗？

生2：瓜类的卷须总会向着与它接触的固体。

师：观察得很仔细，这个现象叫作植物的向触性。

师：我们把这种植物受到外界定向刺激而引起的定向运动叫作植物的向性运动。正因为科学家发现了植物也在动，那就一定能够自我调节；既然可以调节，说明一定受到自身的控制，于是才对植物的生命活动有了更深入的研究。而本节我们准备研究的植物生长素，其实跟植物的向光性有很大关系。请同学们观看一个关于植物向光性的视频。

生：（观看视频1分钟）

师：植物的向光性是生活中一个很不起眼的现象，但有一位科学家没有放过这个不简单的现象，从而拉开了对植物激素研究的序幕。这位科学家就是达尔文。

师：一个实验的成功，很重要的因素在于选材，比如孟德尔的豌豆、摩尔根的果蝇，在这个实验中选择的材料也很有优势，科学家们选择了怎样的材料？

生：胚芽鞘。

师：对，胚芽鞘是单子叶植物胚芽外的锥状物，在种子破土而出时像一个刀鞘一样保护着里面的胚芽。选择胚芽鞘作为实验材料有两个好处：一是生长速度快，不会使实验周期过长；二是向光性明显，没有多余叶片的遮挡。

师：接下来，大家分成四个小组，每个小组代表一位科学家，第一组同学代表达尔文，第二组同学代表詹森，第三组同学代表拜尔，第四组同学代表温特。我们要将自己设身处地想象成这位所代表的科学家，然后讨论以下问题：1.实验分为几组？每组是如何处理胚芽鞘的？2.实验的现象如何？主要看胚芽鞘生不生长，弯不弯曲。3.最终得出的实验结论是什么？给大家5分钟时间，讨论结束后每组派代表起来回答问题。现在开始讨论。

生：（讨论5分钟）

师：好，我们来总结一下。第一个实验是达尔文于1880年进行的，正是因为达尔文发现了植物有向光性，才有了这一系列的实验。请第一组的同学来分析达尔文的实验。

生3：实验分为4组，第1组的胚芽鞘未做处理，第2组的胚芽鞘切掉了尖端，第3组的胚芽鞘尖端套上了锡箔罩，第4组给尖端下部罩上了锡箔罩。

师：非常好，这4组实验哪个是对照组？哪些是实验组？

生3：第1组是对照组，第2、3、4组都是实验组。

师：对，所以我们可以用实验组分别去与对照组相比，看看能得到什么结论。第2组和对照组相比，自变量是什么？现象是什么？能得到什么结论？

生3：胚芽鞘尖端的有无。第1组向光弯曲，而第2组不生长也不弯曲。得到的结论是：有尖端胚芽鞘才会向光弯曲生长。

师：很好。第3组和对照组相比，自变量是什么？现象如何？能得到什么结论？

生3：自变量是尖端是否遮光。第3组尖端遮光，能生长但不发生弯曲。得出的结论：尖端是感光的部位，如果遮住它则无法感光，无法弯曲生长。

师：思路很清晰。第4组和对照组相比，自变量是什么？现象如何？能得到什么结论？

生3：自变量为尖端下部是否遮光，第4组尖端下部遮光，生长也弯曲，现象与对照组相同，可以得出结论：尖端下部不是感光部位。

师：非常好，请坐。第一组同学的合作学习成果很不错。这是我们对达尔文实验现象的分析，下面我们来看一看达尔文自己是怎么分析的（教师用PPT展示达尔文实验的图片）。根据植物有单侧光就能够向光弯曲说明植物向光性需要单侧光，但切去尖端虽有单侧光也不再生长更不会弯曲，说明不仅要有单侧光，还要有尖端；保留尖端以及单侧光，但是给尖端罩锡箔罩遮光，胚芽鞘仅直立生长，说明尖端必须感光才能产生向光性，但生长不需要光照；锡箔罩罩在尖端下部，胚芽鞘弯曲生长，说明尖端才是感光部位，尖端下部是弯曲生长的部位。于是达尔文提出了他的大胆猜想：胚芽鞘尖端在单侧光的照射下，会产生某种"影响"，这种"影响"传递到尖端下部时，造成背光侧生长快，向光侧生长慢，因而出现向光弯曲生长现象。

生：但达尔文并未得出结论，只是提出了推论，这种"影响"到底是什么？

师：大家已经学会在之前得出的结论或推论中找出新问题了。"影响"到底是什么呢？需要之后的科学家将实验继续下去。有请第二组同学来分析詹森的实验。

生4：詹森的实验分了2组，第1组切去了胚芽鞘的尖端，有单侧光照射；第2组在尖端和尖端下部之间插入了琼脂片，有单侧光照射。

师：很好，琼脂片大家可能不太了解，这是一种海藻的提取物，化学物质在其中可以扩散，所以如果这种"影响"可以透过琼脂片，说明它很可能是一种化学物质。实验的现象如何？

生4：第1组不弯曲不生长，第2组弯曲而且生长。

师：可以得出什么结论？

生4：尖端产生的"影响"可以透过琼脂片向下传递。

师：很好，请坐。第二组同学的讨论效果也很好。詹森的实验证实了达尔文的其中一个猜想，这种尖端产生的"影响"确实可以向下传递。但是"影响"究竟是什么？向光弯曲是否因为"影响"分布不均匀造成还并未解决。在继续下一个实验之前，我们需要完善一下詹森的实验，其实这个实验存在着不足之处，第二组的同学有谁来改进一下？

生5：这两组实验之间并不是单一变量，对比第1组实验来看，第2组多了一个尖端，又多了一个琼脂片，所以不知道产生的弯曲现象到底是尖端的"影响"传递了下来还是琼脂片造成的。

师：说得很好，那么要如何完善呢？

生5：可以增加一个实验组，在切去了尖端的胚芽鞘上放一个普通琼脂片，看会不会出现弯曲的现象，如果不会，说明第2组中产生向光弯曲确实是尖端的"影响"传递过琼脂片导致的。

师：非常好，这样这个实验就更具有说服力了。下面有请第三组同学继续解决问题。

生6：拜尔一共做了两组实验，都在黑暗条件下完成。第1组将胚芽鞘尖端切掉，放在偏左的位置，第2组将尖端切掉，放在偏右的位置。

师：分别有什么现象？能得出什么结论？

生6：第1组放在左侧，向右弯曲；第2组放在右侧，向左弯曲。首先在黑暗条件下进行，还是出现了弯曲现象，说明虽然没有单侧光，但只要使"影响"分布不均匀就可以产生相同的现象，得出的结论是胚芽鞘的弯曲生长，确实是因为尖端产生的"影响"在其下部分布不均匀造成的。

师：很好，请坐，第三组同学合作学习的效果也不错。拜尔的实验证实了达尔文的又一个猜想：向光弯曲确实是因为"影响"分布不均匀造成的。这个实验有个很巧妙的地方，有没有同学来补充一下？

生7：拜尔人为制造了"影响"分布的不均匀，这点是很巧妙的。

师：是的，这就是拜尔实验的巧妙之处。达尔文的两个猜想都被逐一证实，现在只剩一个问题了，这个"影响"到底是什么物质？有请下一组同学来分析。

生8：温特的实验一共分了两组，第1组将胚芽鞘尖端切下，先放在琼脂块上，一段时间后把该琼脂块放在切去尖端的胚芽鞘顶端偏左的位置；第2组用普通的琼脂块放在切去尖端的胚芽鞘顶端偏左的位置，与第1组位置相同。第1组胚芽鞘生长且向右侧弯曲，第2组胚芽鞘不生长不弯曲。

师：思路很清晰，那得出了怎样的结论？

生8：温特的实验中，直接将胚芽鞘尖端切去，仅保留胚芽鞘尖端里的物质，却照样能使胚芽鞘下部弯曲生长，所以这个实验证明了胚芽鞘的弯曲生长确实是一种化学物质引起的，温特将这种物质命名为生长素。

师：这个实验有没有你觉得巧妙的地方？

生8：有，温特虽然没有直接提取出这种物质，但他通过运用琼脂块转移了这种物质，也相当于提取了出来。

师：很好，请坐。至此，四个实验结束后，证实了达尔文提出的三个猜想。但温特始终没能真的提取出生长素。一直到了1931年，科学家从人尿当中分离出了一种物质——吲哚乙酸，它跟生长素的效应相同，但无法证明它就是生长素。又过了15年，在1946年时，人们才成功从植物中分离出生长素，并确认它就是人尿中的那个物质——吲哚乙酸。当然，植物体内还有许多跟生长素具有类似效应的物质，如萘乙酸、吲哚丁酸等。

师：紧跟科学家的脚步最终得出实验结论的感觉怎么样？

生：很过瘾，但是经历的时间很长，科学家真正做实验的时候应该会很累。

师：是的，每个实验都不是那么简单就能完成的，从达尔文提出推论到最终确认生长素的化学本质经历了大半个世纪，其实我们现在学习的几乎每个结论在之前都经过了大量的实验，少则几年、十几年，多则上百年，通过几代科学家的接力实验，经历了难以想象的艰辛才得出的。所以我们一定要学习科学家坚持不懈的探索精神，同时保有大胆的质疑精神。

师：好，我们来总结一下植物向光性的原因，在单侧光的照射下，胚芽鞘背光一侧的生长素含量多于向光一侧，因而引起两侧的生长不均匀，从而造成植物向光弯曲生长。直接的原因是？

生：单侧光照射。

师：但根本原因是？

生：生长素在尖端下部分布不均匀。

师：非常好。为什么单侧光照射就会导致生长素分布不均匀呢？因为在单侧光照射下，生长素会在尖端发生横向运输，由向光一侧运向背光一侧，从而造成分布不均，生长素多的一侧长得快，少的一侧长得慢，所以才有了向光弯曲的现象。请同学们将课本上的黑体字内容默读一遍。

师：好，最后我们来总结一下科学研究的一般过程：首先要发现问题，接着做出假设，然后要设计实验验证假设，最终得出结论。但得出结论是不是就结束了呢？

生：不是。

师：对，就像刚才我们分析的四个实验，每个实验得出的推论或者结论又可以从中发现新的问题，又开始新一轮的研究。我们再来总结一下实验设计的基本原则：对照原则、单一变量原则。

师：下面请同学们练习几道例题，加强理解。

例一：生长素产生的部位？生长素作用的部位？感光的部位？弯曲生长的部位？

生9：生长素产生的部位是胚芽鞘尖端；生长素作用的部位是胚芽鞘尖端下部；感光的部位是胚芽鞘尖端；弯曲生长的部位是胚芽鞘尖端下部。

师：非常好，下一题。

例二：1.某同学做了如图所示的实验，从实验结果可以直接得出的结论是（　　）

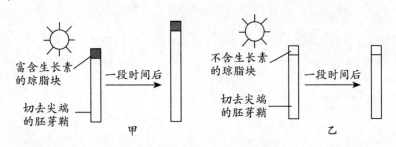

A. 生长素进行极性运输　　　　B. 单侧光照引起生长素分布不均匀

C. 生长素能促进植物生长　　　　D. 感受光刺激的部位是胚芽鞘尖端

生10：答案选C，甲、乙两组的自变量是切去尖端的胚芽鞘上方的琼脂块中是否含有生长素，甲组含有，所以胚芽鞘下部能够生长，乙组不含，所以胚芽鞘下部不能生长。又因为琼脂块当中不会发生生长素的横向运输，所以不弯曲生长。

师：回答得很棒。下一题。

例三：下图表示对燕麦胚芽鞘进行了不同处理的情况，其中，A、B、C采用不透水的云母片，D、E采用未经任何处理的琼脂块，F、G采用不透光的锡箔，它们的生长状况将会怎样？

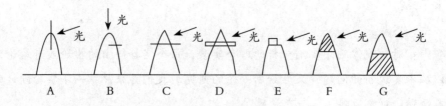

生11：A直立生长，B向右弯曲生长，C不生长不弯曲，D向右弯曲生长，E不生长不弯曲，F直立生长，G向右弯曲生长。

师：非常好，看来同学们对本节课的内容掌握得不错，下课之后要及时复习并认真完成作业。下课！

生：（全体起立）老师再见！

图表分析能力在高中生物课中的应用研究

——以《生长素的生理作用》为例

深圳市福田中学 周银中

生物是一门基于实验的基础学科，在生物学的研究中需要将实验结果以各式各样数学图表的方式展示以供学术交流。数学图表非常直观形象，比文字更能简洁、准确地表达多种信息。因此，准确地将实验结果以数学图表的形式表达和解读图表中蕴含的信息对学习和研究生物学非常重要。学习解读图表中的信息是第一步。

对于高中生来说，从图表中获取信息的能力是生物学科的能力要求之一。一方面，生物教材、平时的作业中就出现了不少图表，因此培养学生的图表分析能力，有利于他们高效理解教材中的知识并且加快解题速度；另一方面，通过高中阶段图表分析能力的培养可以让学生学习如何将知识和实验结果表达成图表的形式，为以后大学阶段从事生物学研究乃至其他学科的研究打下基础。

在高中阶段，怎样教会学生解读各式各样的图表中的信息一直是教师需要深入思考和研究的问题。本课题研究小组尝试开展"基于课例研究的图表分析能力在高中生物课中的应用研究"，首先从《生长素的生理作用》这一课例研究开始，经过反复的授课、磨课和改进，最后总结提炼出研究小组基于研究专题的结论和观点。

课例研究时间：2020年11月~12月

课例研究视角：图表分析能力在高中生物课中的应用研究

课例研究选题：人教版必修3《生长素的生理作用》相关的内容

课例研究流程：见下表

表1　课例研究流程表

时间	项目	内容
2020年11月1日	课前准备	分析考纲、教材、新课标、学生学情，备课
2020年11月5日	第一次课试教	设计课堂引入环节，引导学生发现生长素的两重性，修改
2020年11月17日	第二次课改进	修改教学内容和教学环节，授课，再观察发现问题，提出修改建议
2020年11月18日	第三次课再改进	进一步修改教学设计，授课，再观察发现问题，提出修改建议
2020年12月	课后总结	收集课堂观察小组的意见和建议，主讲人撰写课例研究报告

一、教学内容分析

　　人教版高中生物必修3第3章第2节《生长素的生理作用》是内环境与稳态的重要组成部分。本节内容教材从生长素浓度与其生长作用关系曲线入手，引出了生长素作用的两重性，在此基础上又介绍了生长素两重性的实例——顶端优势现象以及如何应用生长素的两重性去探究生长素类似物在生产上的应用。因此，理解生长素浓度与作用效果的关系曲线是学习这一节的基础。学生只有在了解生长素的作用特点之后，才能运用两重性去解释顶端优势和根的向地性等现象，并通过实验"探索生长素类似物促进插条生根的最适浓度"初步了解生长素类似物在农业生产上的应用方法。本节知识与生活生产实践联系密切，除了可以解释顶端优势现象和根向地生长现象外，还有很多考查学生运用知识能力的素材，如选用合适浓度的生长素去除农田的杂草、促进植物插条生根等在农业生产上的应用。

　　本节课我们从植物向光性原理入手，复习上节课中学习到的生长素浓度与植物生长速度的关系，再以横放的玉米幼苗的根向地生长、茎背地生长为例，引导学生发现这个现象与向光性解释的矛盾之处，从而激发学生的学习兴趣；之后进入教授新课的第一部分，自然而然引出根的生长素浓度与生长素作用的关系曲线，让同学们从横纵坐标、顶点和临界点等去分析生长素在不同浓度下对根的作用效果；在认识了根的生长素浓度与生长作用的关系曲线后，再引出植物的芽、茎的生长素浓度与生长素作用的关系曲线，引导学生关注不同植物器官对同一浓度的生长素敏感性差异；最后总结植物不同器官的生长素浓度与作用效果关系，回过头来再去解释为什么横放的玉米幼苗的根向地生长，茎背地生长。在第二环节，我们引入生活中的顶端优势现象，引导学生运用两重性的观点去解释并利用该知识理解为什么农业生产上要给棉花和果树摘心打顶。在第三环节，为了进一步加深学生对生长素浓度曲线的理解，还可让学生根据给定的图表选择合适浓度的生长素去除农田中的杂草、选择合适的浓度范围促进植物插条生根等。

二、学生学情分析

学生在之前的学习中已基本掌握了植物向光性的原理，在上节课的学习后，学生已经接受了生长素浓度越高生长速度越快的观点。为了摆脱之前的知识造成的刻板印象，我们以横放的玉米幼苗的根向地生长、茎背地生长为例，引导学生发现这个现象与向光性解释的矛盾之处，从而激发学生的学习兴趣，之后我们再引出生长素浓度与生长素作用的关系曲线就能加深学生对生长素作用两重性的认识。但这个前提是，学生能准确地理解和分析不同植物器官的生长素浓度和生长素作用关系的曲线。为了解决这一问题，我们先以根的生长素浓度与生长素作用的关系曲线为例，学习如何分析和理解不同浓度生长素对根生长的作用效果；之后让学生运用学习到的曲线分析方法去分析芽和茎的生长素浓度与生长素作用的关系曲线，引导学生总结不同植物器官的生长素浓度与生长素作用的关系；最后让学生运用生长素的两重性去解释生活中的现象或解决农业生产上的问题，进一步加深对生长素两重性曲线的理解。

三、设定教学目标

（1）知识目标：能概述植物生长素的生理作用；理解生长素作用的两重性并解释植物顶端优势和根向地生长的原因；

（2）能力目标：能解读生长素浓度与作用效果的相关图表，并应用这些图表信息解决农业生产中的实际问题；学习如何设计实验探究生长素类似物促进插条生根的最适浓度，并学习将实验结果做成图表形式汇报；

（3）情感态度与价值观目标：通过发现根向地生长与植物向光生长的矛盾之处，培养分析问题的能力，并逐步形成质疑、探索和大胆假设的科学素养；将所学的知识与生活生产实践相联系，树立理论联系实际、学以致用的思想。

四、第一次课的试教

教师按照从原理到应用的逻辑并结合学生的认知规律，将授课内容分为四大板块，即①生长素两重性曲线分析，②生长素两重性的实例，③探究生长素类似物促进插条生根的最适浓度，④归纳小结。课堂上由植物向光性出发，让学生思考如何解释根的向地性，授课内容层层推进，最后达成教学目标。

1. 教学探索中值得肯定的方面

首先，从学生学习过的植物向光性原理出发，让学生解释横放的玉米幼苗为什么根向地生长而茎却背地生长。在同学们发现无法用解释向光性的方法去解释之后，引导同学重新思考生长素浓度与作用效果之间的关系。这样的教学方法，一方面能引发同学们积极思考，通过自己发现矛盾之处来加深对生长素两重性的印象；另一方面培养了学生敢于质疑、探索的科学素养。

其次，教学设计符合学生认知规律，由浅入深，层层递进。在第一环节介绍生长素浓度与作用效果的关系曲线时，首先以根的生长素浓度曲线为例，学习解读曲线的基本方法，即先看曲线的横纵坐标表示的含义，再看特殊点（最高点和临界点），最后分段讨论，引导学生完成对根的生长素浓度曲线的解析。在理解了根的生长素浓度曲线之后，再引入芽和茎的生长素浓度曲线，分别分析芽和茎的生长素浓度与作用效果的关系，并引导学生得出对于不同的植物器官，生长素的效果都有两重性的结论；之后再比较根、芽、茎生长素浓度曲线的不同之处，引导学生得出不同的器官对生长素浓度的敏感性不同的结论。接下来的两个环节，体现了学以致用的思想。在第二环节，运用两重性去解释植物的顶端优势和根的向地生长，体现了生物学知识在生活生产中的应用。在第三环节，探究生长素类似物促进插条生根的最适浓度实验进一步深化了生长素两重性的应用。在这一部分，除了复习之前实验设计的科学性原则、单一变量原则、对照原则和平行重复原则外，还学习了预实验的概念，并进一步培养了学生解读、分析图表获得信息的能力，即如何根据预实验的结果选择合适的生长素浓度范围。

最后，本堂课教学设计安排合理，逻辑清晰，给学生带来了思维上的训练。本堂课的每个环节还设计了对应的练习题，让学生在学习知识之后能及时进行巩固训练。

2. 观察发现

教学第一环节在讲授时还有部分同学没有理解生长素曲线的含义；教师设计的第二环节未能体现培养图表分析能力的核心，显得主题没有贯串整个课堂；教学目标没有很好达成。

3. 问题诊断

第一，本堂课容量大，涉及生长素的曲线分析解读、运用生长素两重性解释生产生活中的现象和设计实验探究生长素类似物促进插条生根的最适浓度实验。这堂课的第一环节生长素的浓度与作用效果曲线需要一定的分析过程，因此讲授时需要耗费一定的时间，为了达到更好的效果，应该给予学生足够的思考和分析时间。

第二，由于第一环节耗费的时间过长，导致第二环节中学生没有足够的时间思考顶端优势和根的向地性。而且这一部分也没有设计相应的图表分析的习题，没有体现本堂课的核心目标。第三环节也没有时间得到完整的呈现，未达到预期的教学目标。

第三，教师对学生图表分析能力的掌握情况过于乐观，不少学生不能快速掌握生长素曲线，还是将高浓度的促进范围理解成抑制作用，导致在第三环节探究生长素类似物促进插条生根的最适浓度时无法合理选择实验设计的浓度梯度范围。

4. 改进建议

第一，为了达到更好的教学效果，充分锻炼学生图表分析的能力，教师应该给予学生足够的时间去自行思考分析，最好能设计相应的学案，让学生自己独立完成；

第二，为了更好地锻炼学生的图表分析能力，教师可以适当对每个环节的内容进行删减或扩增以突出本堂课的核心内容。在第二环节，顶端优势和向地性的实例解释时，可设计生长素浓度与作用效果的曲线，让学生去判断背地侧和向地侧在曲线上的位置，还可以与之前学习的向光性原理结合，相互对比加深对两重性的理解。在第三环节，可重点讲授如何根据预实验的结果设置浓度梯度的范围，进一步提高学生的图表分析能力。

五、第二次课的改进

1. 课堂教学的积极变化

第一，教师设计了解读生长素曲线学案，在讲授完曲线的解读方法之后，给学生时间自行完成学案上关于根、芽、茎的生长素浓度与作用效果关系曲线的填空（如图1），并最后请学生代表起来回答，使每个学生的图表分析能力都得到锻炼。通过学案的锻炼，全班同学对生长素曲线的理解都得到了加深。

板块一："生长素浓度与作用效果关系曲线"知识课堂反馈

【基础达标】根据图1回答问题：

1. A点时，生长素对根生长的促进作用_____，因此A点所对应的浓度为生长素促进根生长的_____。

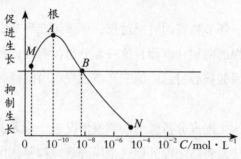

图1　根的生长素浓度与作用效果关系曲线

2. ①MA阶段：随着生长素浓度的增加，生长素对根生长的_____作用_____；

3. ②AB阶段：达到最适浓度后，随着生长素浓度的增加，生长素对根生长的_____作用_____；B点时，生长素对根生长_____。

4. ③BN阶段：达到临界浓度后，随着生长素浓度的增加，生长素对根生长的_____作用_____。因此，_____段对应的生长素浓度能促进根生长，而_____段对应的生长素浓度抑制根生长。

据此可以得到结论：对于根来说，低浓度生长素_____，高浓度生长素_____，这说明生长素的作用表现出_____。

这部分的正答率为95%，学生对生长素两重性的掌握情况很好。还有极个别同学将"两重性"写成"双重性"或"二重性"等。

第二，教师针对第二板块生长素两重性的实例增加了生长素曲线图分析题。这部分内容的教学部分侧重讲解两重性导致顶端优势和根向地性生长的原因，而在练习部分则反过来通过现象去探究植物根向地侧和背地侧的生长素浓度关系。一正一反的练习，进一步锻炼了同学们对生长素曲线的分析理解能力，还加深了其对生长素两重性的理解，同时体现了学以致用的思想。

板块二："生长素两重性的实例"知识课堂反馈

1. 在棉花栽培过程中，需要摘心打顶，使侧芽的生长素量（　　　）

A. 增加，以抑制其生长

B. 增加，以利其生长

C. 减少，以抑制其生长

D. 减少，以利其生长

答案D，正答率90%左右。本题考查了顶端优势的原理以及解除顶端优势在农业生产上的应用，体现了学以致用的思想。

2.（双选）如图2所示，如果根a侧的生长素浓度在曲线的A点（为10^{-10} mol/L），下列有关描述正确的是（　　　）（改编自2016山东省威海市高三上学期期末试卷）

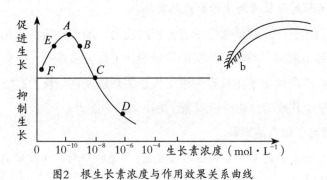

图2　根生长素浓度与作用效果关系曲线

A. 在FC的范围内均能促进生长

B. AD属于生长抑制范围

C. b侧的生长素浓度低于a侧，相当于曲线FE段浓度，因而细胞伸长生长慢

D. 在太空中（重力为0），根的生长将不同于上图的弯曲生长，但坐标图中生长素的曲线仍适用于根的生长

答案AD，正答率90%左右。本题以曲线图的形式考查了植物向地性，从植物向地性的现象反向推导近地侧和背地侧的生长素浓度在曲线上的位置，进一步锻炼了学生图表分析的能力，并加深了对生长素两重性的理解。

第三，教师在设计第三板块时进行了适当的调整，将侧重点从实验设计部分转移到了培养学生分析预实验结果的能力上来。学生们在之前已经学过如何设计实验，这节课只是简单回顾实验过程中体现的四个基本原则，教学重点放在对预实验的理解和如何分析预实验得到的结果以进一步设计后面的实验。这样本堂课的三个环节都体现出了培养学生图表分析能力的核心目标。

板块三："探究生长素类似物促进插条生根的最适浓度"知识课堂反馈

1. 下表2是某小组探究生长素类似物NAA促进插条生根的预实验结果，请根据此结果选择后续实验合适的浓度梯度设置范围＿＿＿＿＿＿＿。

表2　某小组探究生长素类似物NAA促进插条生根的预实验结果

组别	A	B	C	D	E	F
NAA浓度（mol/L）	10^{-15}	10^{-13}	10^{-11}	10^{-9}	10^{-7}	10^{-5}
平均生根条数（条）	3.8	9.4	20.3	9.1	1.3	0

答案是10^{-13}mol/L到10^{-9} mol/L之间，正答率90%左右。本题考查了学生解读表格的能力和对生长素两重性曲线的理解。

第四，为了进一步锻炼学生图表分析的能力，加深对植物向光性、根向地性和顶端优势的理解，教师在学案的最后设计了综合提高题，让学生判断植物的不同器官在不同情况下生长素的浓度大小关系以及在生长素曲线上的位置，进一步锻炼学生获取信息和分析问题、解决问题的能力。

【综合提高】综合提高题

尝试对生长素的两重性作用曲线（见图3）进行分析。（改编自2010～2011年山东省威海市高一下学期期末模块考试生物卷）

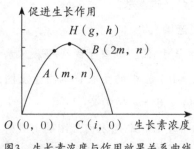

图3　生长素浓度与作用效果关系曲线

（1）若植物幼苗出现向光性且测得向光侧生长素浓度为m，则背光侧的浓度X的范围为＿＿＿＿＿＿＿＿。

（2）若植物水平放置，表现出根的向地性、茎的背地性，且测得茎的近地侧生长素浓度为$2m$，则茎的远地侧生长素浓度Y的范围为＿＿＿＿＿＿＿＿。

答案为（1）$m<X<2m$；（2）$0<Y<m$。正答率80%左右。本题综合了向光性、根的向地性和茎的背地性，并与生长素曲线相结合，同时考查了学生对相关知识的理解以及图表的理解运用，难度较大。

2. 观察发现

仍有部分同学不能运用生长素两重性解释顶端优势和根向地生长，在完成学案时的正答率不高；在解答植物向光性、根向地性和顶端优势的综合提高题时表现不好，无法判断出植物对应部位的生长素浓度在生长素曲线上的位置。

3. 问题诊断

第一，为了充分锻炼学生通过图表获取信息的能力，教师在每个教学环节都设计了相应的图表题，课上也给了学生足够的时间进行练习。但题目整体难度偏大，部分学生解答错误率高，导致学习信心不足。

第二，仍有部分学生不能利用两重性解释植物向地性。教师在这部分教学之前虽然已经带着同学们解释了向地性，并进行了总结，但是没有让同学们用自己的语言自行总结，这可能导致部分接受能力较差的学生来不及反应，理解不了根向地生长的原因。

第三，不少同学仍认为茎的背地生长也是生长素两重性的体现，这跟导入课程时以横放的玉米幼苗为例有关。教师没有重点强调生长素两重性要同时体现促进生长和抑制生长两方面，导致学生习惯性地将根的向地性和茎的背地性都当作两重性的体现。

4. 进一步改进的建议

第一，为了提高全班同学的学习信心和热情，教师可对学案的习题，尤其是第一部分的习题重新进行设计，遵循由易到难的顺序，一步步提高学生的图表分析能力。在讲授较难的题目时，还可以采用让学生给学生讲解的方式，这样不仅能锻炼接受得快的同学，又能让接受慢的同学获得学习的信心。

第二，多鼓励学生们进行讨论和尝试，在学习了根生长素浓度曲线后，让全班同学自由讨论，自行梳理思路，总结根向地生长和顶端优势的原因，并让学生之间互相点评。

第三，这堂课的重点虽然是培养学生获取信息和分析问题、解决问题的能力，但是对生长素两重性的理解也应强调。教师在课堂的最后应进行总结，重点引导学生区分哪些实例体现了生长素作用的两重性。

六、第三次课再改进

1. 课堂教学的积极变化

第一，教师进一步修改了学案，对题目的难度进行了区分设计，由易到难，由浅入深，从理论到实践，既加深了学生对知识的理解程度，又充分锻炼了各个层次的学生认识问题、分析问题和解决问题的能力，同时体现了将生物学知识应用到日常生产生活实践的思想。

第二，在课堂上，教师通过设问，一步一步引导学生们讨论，自己组织语言去解释顶端优势和根的向地性。

第三，课堂的最后教师进行了总结，一方面总结了图表的解读步骤和方法，另一方面总结了生长素作用的两重性，重点对各种现象如植物向光生长、顶端优势、茎背地生长和根向地生长等的原因进行了区分，进一步加深对生长素作用的两重性的理解。

2. 进一步改进建议

第一，由于课堂容量较大，可考虑再精简板块三的内容，把更多的时间用于锻炼学生获取信息的能力。

第二，本堂课学生的自主程度还不够。在分析顶端优势和根向地性的原因时，教师虽然进行了设问并让同学们自行讨论，但是还有部分同学没有参与进来。教师可在设问环节点人回答，在课堂讨论时分配具体的任务，尽量让所有人都能参与到课堂讨论中来。

七、三次课演进的脉络

第一次课的情况：设计了①生长素两重性曲线分析，②生长素两重性的实例分析，③探究生长素类似物促进插条生根的最适浓度，④归纳小结4个教学环节。第一次课由于没有学案，导致不少同学没有掌握分析生长素曲线的基本方法；第二个环节没有设计相应的图表练习题，学生们获取信息的能力没有得到足够的锻炼；第三个环节内容过多，导致没有完全实现教学目标。

第二次课发生的变化：首先设计了学案，学生们人手一份，每个人都参与到了生长素曲线分析方法的学习中来，最后绝大部分同学都掌握了如何解读生长素浓度曲线；其次，第二个教学环节增加了相应的曲线分析习题，将锻炼学生从数学图表中获取信息的能力贯串始终；最后，对第三个教学环节进行了精简，将教学重点放到了如何根据预实验的结果设置合适的浓度梯度范围上来。

第三次课的亮点和不足：第三次课重新设计了学案的难度梯度，让每个层次的学生都得到了锻炼；同时在培养学生通过图表获取信息的能力之后回归到生长素两重性的理解上，引发了学生对生长素功能更深入的思考。不足之处在于在讨论顶端优势和根向地生长时仍有少数同学没有参与进来，后续教学中需要更好地设计课堂讨论以提高学生的参与度。

八、研究形成的共识与结论

通过开展"图表分析能力在高中生物课中的应用研究——以《生长素的生理作用》为例"，研究小组形成阶段性的共识与结论如下。

1. 教师在平时的教学中要注意培养学生获取信息的能力

图表具有直观、简洁明了、信息丰富等特点，有着语言文字无法比拟的优势，在生物学的学习乃至未来生物学的研究中都随处可见。因此从图表中获取信息的能力是在高中学习生物学阶段乃至未来从事生物学研究阶段的必备能力之一。教师在平时的教学过程中要讲授从图表中获取信息的方法，让同学们学会如何将材料中的图表转换成语言文字的信息和如何将自己想表达的信息用图表的形式简洁明了地表达出来。除了本节课重点介绍的（曲线图和表格）这种进行定量分析的图表形式外，生物学中还有示意图、过程图等多种多样的图表形式（如各种细胞器的示意图，血糖调节、免疫调节等过程图），平时的教学过程中教师也应该注重对这类图形的讲解，以帮助学生快速建立对生物学基本概念的形象思维，更容易地理解生物过程发生的具体情况。

2. 学生可运用图表等方式简化生物学的学习过程

学生在平时的学习中，要根据教师教授的方法，将教材、课外读物或习题中遇到的图表转化成一条条语言文字的信息，通过对这些信息的解读加深对所学内容的理解；同时要学习如何将实验结果转化成简洁明了的图表、如何将生物过程如光合作用表达成简单的流程图等。只有平时加强这两方面的锻炼，学生才能一方面掌握获取信息的能力，另一方面概括、提炼学习内容，简化学习过程。

3. 师生可通过图表的方式简化教学过程，提高效率

由于图表的简洁直观性，其在各大学科都得到广泛的应用。一个显而易见的好处就是，定量分析的图表能准确地表达各种信息，而其他非定量形式的图表则能简化信息的表现形式。在教学过程中恰当地运用各种不同形式的图表能够简化教学过程，提高教学效率。另外，图表信息不光在生物教学中需要用到，其他学科乃至我们的现实生活中都充斥着大量的图表信息，掌握从图表中获取信息的能力对学生的学习和生活都有重要意义。

九、同行评议

彭莹：

本节课的引入特别成功。在复习植物向光性的原理后，周老师让同学们用分析植物向光性的步骤方法去分析横放的玉米幼苗的根部如何生长，再将同学们分析得到的结论与现实情况下根向地生长的情况进行比较，引发同学们思考两者矛盾之处产生的源头——生长素浓度与作用效果的关系可能并不是简单的"浓度越高，促进效果越明显"。这不仅激发了学生的学习兴趣，让学生对生长素两重性的特性印象更深刻，也培养了学生们分析问题的能力，更在一定程度上鼓励同学们勇于质疑之前所学的知识，整节课的内容充分体现了三维教学目标的实现过程。

朱文艺：

在进入新课之后，周老师首先介绍了图表分析的基本方法，这是很多同学没有掌握而教师在教学中又容易忽略的地方，而能准确理解图表所传递的信息是本节内容的基础，因此培养图表分析能力是教学中必不可少的环节之一。在让学生们掌握了生长素两重性曲线之后，周老师又联系生活生产实际，针对两重性的实例进行了分析，教学重难点突出，同时体现了学以致用的思想。但不足之处在于，设置的例题对于学生来说难度过大，可以再根据学生的实际情况进行调整；另外课堂上学生的参与度还有待提高，需要再精心设计课堂环节以体现学生的主体地位。

雷蕾：

整节课思路清晰：先抛出现象让学生分析，通过与之前所学的知识产生冲突引发学生思考；再讲述曲线的分析方法，从根的生长素曲线到芽、茎的生长素曲线，一步步分析得出结论，符合由浅入深、由简到难的认知规律，学生们的掌握情况也比较好；之后再由导入时设置的问题——根的向地生长来导入生长素两重性的实例分析，从知识的学习到应用都得到了落实。在整个课堂教学中，培养学生图表分析能力贯穿始终，每个教学环节都得到了很好的体现。不足之处在于讲课时语速太快，留给学生思考的时间不足。

王娟：

这节课的设计思路很好，从学习新知识到应用新知识去解释生活中的现象和解决生产中遇到的问题，但是课堂容量有些大，导致最后一部分内容显得仓促，没有得到充分的呈现。为了保证课程的完整呈现，建议重新规划教学内容以及各部分时间的分配，保证课程内容重难点突出、详略得当。

房薇：

这节课整体的实现程度不错，绝大多数学生掌握了如何从生长素曲线中获得相应的信息。不足之处在于板书设计。板书是一节课内容的提炼，是教师对自己思路的梳理，也是学生对一节课学下来之后的收获的最简练的概括。一堂好课应该是每个学生回忆起来都学有所得的，板书就是帮助学生回忆所学知识最好的材料。好的板书应该是重难点突出、层次分明、简洁明了的，需要教师在课前进行精心的设计。

附：

第三次课的课堂教学实录：生长素的生理作用

师：今天我们讲授新课：生长素的生理作用。（班长喊"起立！"，全班起立，行礼）

师：上节课我们学习了生长素的发现过程，并且解释了植物向光性，现在请同学们回忆一下植物产生向光性的原因，有哪位同学愿意跟大家分享一下？

生1：植物产生向光性是因为在单侧光的照射下，生长素由向光侧向背光侧运输，造成生长素分布不均匀。背光侧生长得比向光侧快，因此出现向光弯曲。

师：非常好，那在这个例子里，生长素的浓度和生长速度是什么关系呢？

生1：生长素的浓度背光侧高于向光侧，背光侧生长得快，因此生长素浓度越高生长速度越快。

师：非常好，请坐。那生长素的浓度是不是越高，植物生长的速度就越快呢？下面我们看一个例子：玉米幼苗水平放置一段时间后，地上部分背地生长，地下部分向地生长，大家能利用所学知识做出合理解释吗？（展示PPT）

生：（开始思考）

师：提示一下，我们先分析这里引起生长素分布不均的单向刺激是什么？

生2：重力。

师：对，在重力的作用下，生长素在这个横放的玉米幼苗的根和茎处是如何分布的？

生2：在重力作用下，根、茎处的生长素都是近地侧浓度高于背地侧。

师：好，那么我们利用刚刚分析向光性的原理来分析根和茎的弯曲方向，我们能得出什么结论？

生2：因为重力作用，在根、茎处，生长素都是近地侧浓度高于背地侧，所以根和茎都应背向地面生长。这与现实情况不一样啊？

师：很好，同学们已经发现了矛盾之处。我们一起来分析一下，对于茎来说，由于重力的作用，生长素是近地侧浓度高于背地侧，因此近地侧生长速度快于背地侧，导致茎背向地面生长，这与实际情况一致；但是对于根来说，同样生长素是近地侧浓度高于背地侧，实际上根却是弯向地面生长，说明生长素浓度较低的背地侧生长得更快。这说明对于根的生长来说，能不能简单地说，生长素浓度越高，生长得越快？

生：不能。

师：那生长素的浓度究竟是如何影响植物生长的呢？科学家们通过研究发现了生长素浓度与根生长作用的关系曲线（教师PPT展示生长素浓度与根生长

作用的关系曲线），下面我们来看看要如何理解这个曲线。

师：我们先看横、纵坐标的含义，请问在这个曲线图里，横、纵坐标分别代表什么含义？

生3：横坐标表示生长素浓度，纵坐标表示对根的生长作用。

师：很好，那接下来我们看看这个曲线上有哪些很特殊的点呢？

生3：A点特殊。

师：A点特殊在哪里？

生3：A点最高。

师：对，A点最高，是这个曲线的顶点，我们把A点所对应的生长素浓度称为最适浓度。那么还有其他特殊的点吗？

生3：还有B点，它是曲线与中间的黑线的交点。

师：那大家看看，中间的那条黑线代表什么含义？B点又代表了什么含义？

生3：中间的黑线表示对根的生长既不促进也不抑制，因此B点表示该点对应的生长素浓度对根的生长既不促进也不抑制。

师：非常好，那么在这个黑线上方的曲线表示在这个浓度范围生长素对根的生长起促进作用，在黑线下方的曲线表示在这个浓度范围生长素对根的生长起抑制作用。现在请大家拿出学案，完成基础达标部分，之后请同学来跟大家分享。

（学生填写学案，教师观察同学们的填写情况，并进行个别性辅导）

师：现在有哪位同学愿意跟大家分享他对根的生长素曲线的理解？

生4：在曲线的MA段：随着生长素浓度的增加，生长素对根生长的促进作用逐渐增强，生长素浓度到达A点时，促进作用达到最强；在曲线的AB阶段，随着生长素浓度的增加，生长素对根生长的促进作用逐渐减弱，生长素浓度到达B点时，生长素对根生长既不促进也不抑制；而当生长素浓度超过B点时，生长素对根生长表现为抑制作用，并且随着生长素浓度的增加，抑制作用越来越强。

师：非常好，通过这个曲线，我们可以清楚地看到，低浓度的生长素促进根的生长，而高浓度的生长素则抑制根的生长，这体现了生长素作用的什么特点？

生：两重性。

师：这样一来，我们是不是可以解释为什么玉米幼苗的根弯向地面生长了？

生5：因为对于根来说，近地侧的生长素浓度高，处在抑制根生长的范围，所以近地侧生长被抑制，导致根弯向地面生长。

师：是，那对于背地侧呢？它的生长是被促进了还是被抑制了？

生5：背地侧浓度低，所以是促进根的生长。

师：回答得很好。这样一来我们就解释了根的向地生长，但是，为什么横放的玉米幼苗根和茎弯曲的方向不一样呢？

生：因为根和茎不一样。

师：你这个想法很好，根和茎确实不一样，那是哪里不一样呢？有没有可能是生长素对它们的作用不一样啊？

生：有。

师：下面我们来看看根、芽、茎三个部位的生长素曲线（展示PPT），请同学们根据刚刚分析根生长素曲线的过程，来完成学案中基础达标的第二部分。

（教师走到同学中去查看学生的完成情况，并进行个别性辅导）

师：请大家一起回答。

师：对于不同的植物器官根、芽、茎来说，生长素的作用都表现出什么特性？

生：两重性。

师：具体的生长素浓度和作用效果的关系呢？

生：低浓度生长素促进生长，高浓度生长素抑制生长。

师：同一浓度生长素对根、芽、茎这些不同器官的作用相同吗？有什么差异？

生：同一浓度生长素对不同植物器官的作用不同。根最敏感，芽其次，最不敏感的是茎。

师：那我们来总结一下生长素两重性的内容（学生一起回答，老师板书）：生长素对不同的植物器官都表现出两重性，即低浓度促进高浓度抑制；不同植物器官对生长素的敏感程度不同，其中根最敏感，芽其次，茎最不敏感。

师：现在我们回过头来看看，为什么横放的玉米幼苗茎背地生长而根向地生长？首先是重力使生长素发生横向运输，导致其分布不均匀，主要分布在靠近地面的一侧。

师：在根处，生长素浓度近地侧高于背地侧，但根对生长素敏感，所以近地侧的生长怎么样？

生：被抑制了。

师：那背地侧呢？

生：生长素浓度低，促进生长。

师：对，因为背地侧促进生长，近地侧生长被抑制，所以根向地生长。那大家再来解释一下茎的背地生长。

生：茎对生长素不敏感，近地侧和背地侧的浓度对茎来说均为促进作用，近地侧生长素浓度高，促进作用强，因此茎背地生长。

师：正确。现在大家已经掌握了曲线的解读方法，请大家一起做几个练习来巩固一下。（展示PPT上练习题）

生：（思考、做题）

做完之后，找同学起来讲解，教师补充学生的回答并点评，通过生长素曲线的分析让学生学会如何选择合适浓度进行除草等生产应用。

师：根的背地性就是生长素两重性在实际中的体现。那生活中还有没有其他现象也跟两重性有关呢？请大家看看图中树冠的形状，发现了什么特点？

生：树顶都是尖尖的。

师：对，这种现象叫作顶端优势，那这种现象是如何产生的呢？

生6：因为顶芽生长比侧芽生长快。

师：很好，提示一下，这跟顶芽和侧芽的生长素浓度有关。

生6：顶芽的生长素浓度低，促进生长；而侧芽的生长素浓度高，生长被抑制了。

师：正确，那侧芽的生长素浓度为什么会高呢？

生6：侧芽自己能产生生长素，顶芽的生长素也会向下运输。

师：正确！所以总结起来就是：顶芽产生的生长素向下运输，使枝条上部的侧芽附近生长素浓度较高，由于侧芽对生长素较敏感，侧芽的生长受到抑制。

师：顶端优势的现象在我们生活中非常常见，人们根据不同的目的可以利用或抑制顶端优势。比如要想获得优质的木材，就要促进顶端优势让树木少生侧枝。农民种棉花或者果树的时候如果要提高棉花或水果的产量，就要解除顶端优势了，这时候应该怎么办？

生7：摘除顶芽。

师：对，去掉顶芽后，侧芽附近的生长素来源暂时受阻，浓度降低，于是抑制作用就被解除，侧芽得以生长，这样棉花就会生长出更多的侧枝。

师：下面我们来做几道习题。（展示PPT）

生：（思考、做题）

做完之后，找同学起来讲解，教师补充，并进一步巩固生长素曲线的分析方法在顶端优势和根向地生长中的应用。

师：通过前面的学习，我们已经了解到生长素在调节植物生长方面有很多作用，但是现实中我们直接利用植物激素的情况并不多，通常应用的是生长素类似物，就是一类跟生长素起着类似效果的化合物，这是为什么呢？

生8：因为生长素太少了。

师：对，生长素是植物激素，具有微量高效的特点。植物体内的生长素含量很少，提取难度大，因此人们就想出了用生长素类似物替代的办法。

师：现在给大家一个任务，我们现在需要扦插一批花卉，怎么样让这批花卉的插条尽快生根呢？

生9：用生长素类似物处理。

师：通过前面的学习，我们已经了解到不同浓度的生长素对植物生长的作用可能是截然相反的，那么我们该如何选择合适的生长素类似物浓度呢？

生10：可以做实验去试。

师：对，这是个好办法，但是用实验去试也要讲究方法，不能天马行空地拿着所有的实验材料去试。请大家阅读教材的探究实验部分并回答教材上的问题。

学生阅读教材并回答问题，教师走到学生中间观察学生的行为。

师：我们首先来明确这个实验的自变量和因变量。

生11：自变量是生长素类似物的浓度，因变量是插条生根的情况。

师：很好。我们知道了自变量和因变量之后就可以梳理这个实验的基本过程了。

生12：我们用不同浓度的生长素类似物去处理插条的下端，之后观察插条的生根情况。

师：很好，我们该选择什么样的浓度？

生12：让插条生根最多最长的生长素类似物浓度就是最适浓度。

师：很好，那如何找到这个最适浓度？正式实验之前，我们需要做些什么？

生13：需要做预实验探索实验条件。

师：对，正式实验之前要进行预实验对实验条件进行摸索。同时，预实验还能检验一个实验的科学性和可行性，避免贸然进行大规模实验造成人力物力的浪费。

师：这是某一个小组预实验得到的结果，请大家尝试分析我们应该在哪个范围内设置浓度梯度呢？（展示某小组预实验结果的表格）

生14：选择10^{-13}mol/L到10^{-9}mol/L的浓度范围进一步进行实验。

师：为什么你选择了这个浓度范围呢？

生14：因为根据表格显示的数据来看，当生长素类似物浓度为10^{-11}mol/L时，插条的生根情况最好，而与10^{-11}mol/L最近的10^{-13}mol/L和10^{-9}mol/L组插条的生根情况都不如10^{-11}mol/L组，因此最适浓度可能处在10^{-13}mol/L到10^{-9}mol/L之间。

师：非常好，看来大家都掌握了从图表中获得信息的方法。

师：这节课的基本内容已经讲授完毕，下面我们再来做几道题加深理解。（展示PPT）

师：请大家分析植物向光生长、茎背地生长、顶端优势和根向地生长，哪些体现了生长素的两重性？

生15：顶端优势和根向地生长体现了生长素的两重性。

师：为什么？为什么向光性和茎的背地生长没有体现两重性？

生15：两重性是指低浓度促进和高浓度抑制，在向光性和茎背地生长的过程中，生长素并没有体现抑制作用。

师：很好，两重性一定是既有促进作用又有抑制作用，向光性和茎背地生长的例子里，植物弯曲生长是因为向光侧和背光侧、茎的近地侧和背地侧的促进作用大小有差异引起的，生长素在这两个例子里并没有表现出抑制作用。

师：最后，我们一起来回忆一下这节课的基本内容。我们先学习了生长素的两重性，这里大家要掌握曲线的解读方法，我们该怎么去解读一个曲线？

生16：先看横、纵坐标，再找特殊点，最后进行分段讨论。

师：非常好。接下来我们学习了生长素两重性的重要实例，是什么？

生17：顶端优势和根的向地生长。

师：大家要学会运用生长素两重性曲线去解释这两种现象，这里不再重复解释了，希望大家课后去巩固。最后一部分呢，我们要掌握运用预实验探究生长素类似物促进插条生根的最适浓度的方法。

师：同学们，我们今天的课就讲到这里，作业是巩固分析图表的方法以及完成学案后的综合提高题。下课！

生：（起立、行礼）老师再见！

师：（回礼）同学们再见！

基于纸化模型在课堂高效实践应用的研究

——以《生态系统的结构》一课为例（同课异构课）

深圳市明德实验学校　马婷婷

如果说教是传道授业解惑，那育便是在潜移默化中对生命的灵魂进行雕刻。孔夫子的时代虽已离我们远去，但社会对于教育却日益重视，与此同时，关于课程改革、课堂改革、教育理念的研究脚步也一日未曾停止。课改核心从探究性学习、合作学习到如今强调学科核心素养，本质都是研究如何开发更有利于学生能力提升的课程，增强学生的实践能力。

但在日常教学中，教学进度的压力、课时的有限性及实验室的配置都限制着实践活动的开展。为了探究纸化模型在生物课堂上的应用和实践意义，本课题小组采用行动研究方法，深入课堂教学的过程，在研究的指导下教学，通过试教、反思、改进、再试教等环节，不断与传统课型比对，得到加入纸化模型后给课堂带来的新气象，把知识和实践更好地融合在一起。本课例研究最后总结梳理成文，过程叙述如下。

课例研究时间：2018年10月

课例研究视角：如何利用纸化模型渗透生物学概念

课例研究选题：人教版必修3第5章第1节《生态系统的结构》

课例研究流程：见下表

表1 课例研究流程表

时间	项目	内容
2018年10月	课前准备	研读课标，确定课题，分析教学内容和学情，定下初步教学设计
2018年11月20日	第一次课试教	初次试教，实施设计，问题诊断，修改设计，加入纸化模拟
2018年11月23日	第二次课改进	进一步修改教学设计，设计学案，制作学具，授课，观察发现问题，针对学生层次，优化设计
2018年11月27日	第三次课再改进	进一步修改教学设计、学案，授课，再调整和优化互动活动
2018年11月27日	课后总结	收集各成员研究心得，主讲人撰写课例研究报告

一、教学内容分析

《生态系统的结构》是人教版普通高中生物课程标准实验教科书必修3第5章第1节的内容。生态系统，它是生命系统层次中承接种群、群落并连接到生物圈的一个中间层次，需要引导学生从种群、群落的稳态层次往更宏观的，加入无机环境所形成的生态系统的稳态层次延伸。本章节是以结构和功能的逻辑来编排的，《生态系统的结构》是本章的基础和奠基石，它由组成成分和营养结构所构成，对于后面的能量流动、物质循环和信息传递等功能的学习有着极为重要的作用。在核心素养中，该节内容能很好地树立学生的生命观念，如生态系统的整体观，培养学生的理性思维和科学探究能力，如研究生态系统组成成分的过程，关键是基于"立德树人"的教育理念。本节内容应该在授课过程中体现人对于生态系统的一种责任感。

二、学生学情分析

《生态系统的结构》这节内容在初中课程中重点学习过，在必修1第1章生命系统的结构层次中，学生也掌握了"生态系统"这一概念与种群、群落的区别。这节内容需要学生将知识与生活相联系，去分辨"生产者""消费者"和"分解者"的具体形象和同化类型，并从中得到三者在生态系统中的相关作用。同化类型在必修1第五章的细胞代谢中有提及，不过因学生的遗忘率较高，在此节很大概率要重温同化类型中"自养生物""异养生物"的具体定义。除此以外，"结构"与"组成成分"之间的关系需要在课堂中通过活动进行强化区分，营养结构是生产者和消费者之间由捕食关系所形成的，需要引导学生理解并消化这种关系的形成给生态系统带来的意义。

三、设定教学目标

（1）能理解生态系统的概念，能判断并举出相应的例子。（基本生物学观念）

（2）能辨析生态系统的四大组成成分，并能归类和总结。（理性思维）

（3）通过小组探究和讨论能自行组建一个生态系统，并能说出组建的思路和注意事项。（科学探究）

（4）通过探究能简单建立关于生态系统结构的概念模型，初步理解概念模型的构建思想。（理性思维、科学探究）

（5）在学习过程当中体验生态系统的开放性和整体性，并明晰人在其中的能动性。（生命观念和社会责任）

四、第一次课的试教

2018年11月20日，马婷婷老师在深圳明德实验学校高二（3）班进行第一次课的试教。第一次试教概况如下：

表2　试教概况表

环节	教师活动	学生活动
1. 导入	用金鱼、水草和鱼缸所形成的人工生态系统，引导学生回顾种群、群落的定义并引出生态系统的概念	鱼缸生态系统很好地引起了学生的注意，在回忆种群和群落概念时，有学生提出人为堆砌的物种组成不应该是生物群落。师引导并强化生物群落内种间关系的复杂性和整体性，并引入生态系统。
2. 概念和范围	（1）师引导学生关注课本黑体字，齐读生态系统的概念，强调无机环境和生物群落之间的相互作用。 （2）学生自行阅读生态系统的类型，完成概念图填空，加强其逻辑层次关系。	学生在课本黑体字中找关键词，加深印象； 完成学案上概念图后，齐答； 单独回答老师提出的问题；

续 表

环节	教师活动	学生活动
2. 概念和范围	（3）思考：讲台的鱼缸及其内的生物属于什么生态系统？鱼塘生态系统与淡水湖泊生态系统有何区别？	生1：属于人工生态系统； 生2：鱼塘生态系统需要投喂饲料； （师引导：在物种组成上呢？）人工生态系统物种丰富度低。
3. 组成成分的辨析	（1）让学生自学课本P89～90的内容后，小组讨论老师PPT所展示的"自学检测"找到相关的错误的地方并订正，得到对应的分数，订正错误倒扣分数，活动时间预设5 min。 （2）总结组成成分中的普适性和特殊性。 （3）此处强化"三者"的同化类型和具体例子，及环境和无机环境的区别、结构与组成成分的区别	（1）自学3min，讨论和抢答都非常热烈，后两个分值较高导致学生抢答欲望更强，某些小组出现倒扣分情况，其他小组补充，将活动氛围推向高潮，活动用时10min。 （2）按固定格式总结普适性和特殊性（用时较多）
4. 组成成分失衡的生态问题分析——三种成分的作用	引导学生思考：生产者的作用是什么？是不是越多越好呢？展示水华的例子。消费者和分解者过多或过少又会出现什么现象呢？以极地生态系统为例。	（1）学生讨论并回答相应问题，将知识迁移到具体情境中，提高其分析能力。 （2）学生总结生态系统中"三者"的各自作用，并理解其相互依存性。
5. 模型构建	师给出四种组成成分的关系模型概况，提问：这种模型属于哪一类型的模型？请小组思考两成分之间的箭头是通过怎样的过程（或作用）所形成的物质流动关系？	学生思考、讨论并展示所补充的模型
6. 食物网和食物链	师：生态系统的组成成分是一个整体，其中生产者和消费者所形成的捕食关系便构成生态系统中的营养结构。思考下列问题： （1）根据刚才的说法，食物链在构成上有什么特点呢？ （2）自然界中一种生物是否只捕食特定的另一种生物？反之，一种生物又是否只被特定的一种生物所捕食呢？	通过回答老师的问题不断补充食物链的特点：必须有生产者和消费者，但无分解者；自然界中极少有食物链单独存在，往往是多条链共同形成网状结构。
7. 小结并进行练习巩固	——	——

1. 教学探索中值得肯定的方面

本节课在教学设计上，主线清晰，重难点突出，能将学生的自学和小组讨论相结合，激发学生学习的积极性，并结合课本、学案，通过多种方式比较和落实一些较难区分的概念，在概念细节上落实较好，宏观上能强调生态系统的整体性，并用模型构建的方式加深学生对各组分之间的功能比较和联系，培养了学生的理性思维和探究能力，设计符合新课标的要求。在互动上，采取了问题引导小组探究的方式，极大程度地发挥了小组学习的主观能动性。

2. 观察发现

（1）用鱼缸导入成功吸引了学生的注意力，但是注意力难以向"生态系统"的概念进行转移。

（2）时间安排上，内容较多，后面小结部分非常匆忙。

（3）第三部分耗时较长，导致食物链、食物网部分的概念只能浅尝辄止。

（4）互动形式较为单一，基本是学生围绕问题展开讨论，让学生动手设计体验的部分不足，学生缺少小组展示的机会。

（5）学生对于"自养生物"的前概念几乎毫无印象，在概念解析上需要加强铺垫和引导。

3. 问题诊断

（1）课堂设计的总体内容，与想要拓展的广度及深度有较大的矛盾。

（2）在活动时间设计上，前面活动稍有阻滞，影响后面设计的铺开。

（3）教师对学生的学情还应该进一步分析，减少相应内容或降低深度。

（4）在教学互动多元化上，再进一步思考如何让学生加强实践以得到相关知识和体会。

4. 改进建议

（1）将具体情境导入直接修改为旧知识导入，切入课题，展示目标，尽量做到简洁、清晰、明了。

（2）去除"食物链、食物网的部分"，内容只聚焦在"组成成分及其模型构建"上，为剖析概念内涵和外延活动腾出时间，修改后食物链、食物网及不同营养级之间的数量变化作为下一节课的内容。

（3）参考纸化模型在《基因工程》一课的应用经验，加入用纸化模型构建生态系统的活动，让学生在实践中获取真知，体现核心素养所要求的"教学过程重实践"。

五、第二次课的改进

2018年11月23日，马婷婷老师在深圳明德实验学校高二（1）班进行第二次课的讲授。

1. 课堂教学的积极变化

（1）改为直接导入后，通过种群、群落和生态系统三者概念的对比，更加凸显生态系统的特征，即三者内的成分其实都是有机整体，从而强化生态系统的整体性。

（2）改变导入和去除部分知识点后，使课堂有时间进行纸化模拟制作生态缸，因此在互动上更加多元化，学生在模拟实验中讨论和探究也很热烈。

（3）重点更加突出，在剖析概念的内涵和外延时，时间更充分，学生理解更透彻。

2. 观察发现

（1）"概念辨析——大家来找碴儿"这部分，学生对于"自养生物""硝化细菌"等概念遗忘率较高，没有铺垫和引导，学生一时难以想起来。

（2）增加纸化模拟实践后，学生兴趣浓厚，但指令不太明确，学生拿到贴纸时对于即将要做的步骤无法自己规划，无效时间消耗较多。

（3）组成成分的模型构建之后，没有及时进行模型变式的练习，无法及时反馈掌握的效果。

（4）纸化模型中的生物种类较少，某些种类如猪笼草的图像是悬挂式的，学生大都不知道要贴在哪里，需要调整。

（5）由于前面问题探讨耗时过长，导致最后课堂总结时间匆忙。

3. 问题诊断

（1）互动活动的要求需要明确，学生才能更好地进行下一步的讨论和探究。

（2）纸化模型的活动材料仍需要继续完善。

（3）各模块的时间设计仍然需要调整。

4. 进一步改进建议

（1）在"概念辨析——大家来找碴儿"的部分用触发器的效果加一个连连

看的巩固训练，深化学生对自养、异养的理解，并构建具体形象，加强知识与现实生活的联系。

（2）重新设计学案，将纸化模型和学案合并，正面是学案的内容，背面是缸体，精简学生的活动材料。

（3）进一步增加植物和动物卡片中的生物种类，并增加在不同生态系统中生活的生物种类，制造矛盾和冲突，促使学生在模拟制作时充分体会生物与无机环境是相互作用的。

（4）在开始纸化模拟实践前先通过个体思考来明确该生态缸的具体无机环境和对应特点，再让小组选择卡片中的生物补充此生态系统模型，让小组围绕组成成分、比例和生物习性进行探究和思考，让活动目的更加清晰。

（5）在模型构建的基础上，给出模型的框架，针对学生现有水平，促使学生聚焦在组分之间的关系上，并在学生完成模型构建后给予相关练习，及时进行变式反馈，强化学习效果。

六、第三次课的改进

2018年11月27日，马婷婷老师在深圳明德实验学校高二（2）班进行第三次课的讲授。

1. 课堂教学的积极变化

经过不断思考和改进后，本节课堂逻辑越发清晰，重难点突出，形式新颖富有创意，氛围活跃，学生的参与度高，学习效果反馈良好。教学过程中引导学生由具体事物到抽象知识，由模拟实践到理论升华，体现了"教学过程重实践"的新课标理念。课堂中通过"概念辨析——大家来找碴儿""知识与生活——连连看""模拟制作生态缸""模型构建""模型变式"等部分来加深学生对于概念的理解，从而达到培养其核心素养，来解决具体生活问题的目的。

2. 观察发现

（1）加入"连连看"环节后，大部分学生能更好地掌握生物的同化类型，但个别学生仍未掌握。

（2）总体而言，"找碴儿""连连看"和"归纳普适性和特殊性"三环节节奏稍慢，实践和模型构建的部分节奏稍快，受时间所限，若增加学生展示和讲述成品的环节更好。

（3）在纸化模拟的时候，大多数同学都能体验不同生态系统中的生物组成不同，在添加生物时都能兼顾不同组分和比例，讨论热烈。

3. 问题诊断

概念的内涵和外延剖析通过各模块的活动落实得较好，课堂节奏把控上需要进一步加强。

4. 进一步改进建议

（1）互动活动增加后还要稍加注意板书和课堂小结的升华。

（2）学生概念的形成是从前概念到新概念，然后才具备应用和迁移的能力，多用具体例子和实践可帮助学生搭建前概念和新概念的桥梁。

七、三次课演进的脉络

第一次课的初步设计：确定课题，研究新课标和核心素养的要求，确定教学目标和课堂活动，以问题引导和探究互动的方式为主导，渗透模型构建的思想，推进概念教学，但课堂形式偏向传统和常规，在互动上缺乏连接知识和现实生活的桥梁。

第二次课的改进依据：依据学生的课堂表现，继续深入思考新课标"内容聚焦大概念""教学过程重实践"理念，删减枝节内容，只围绕大概念展开设计，重新思考互动形式，增加学生在实践中学习的机会，以促使对概念进行更深层次的理解。

第三次课的突出特点：课堂氛围活跃，形式新颖，效果反馈良好。教师围绕"生态系统"的概念，通过各模块的活动落实学生对于该概念内涵及外延的理解，通过各互动活动顺利连接学生的前位概念，为后位概念的构建和深化搭建了稳固的桥梁，较好地落实了教学目标，在培养学生核心素养上有一定的积极意义。

八、阶段的共识与结论

在连续三次课堂教学实践探索过程中，课例研究工作室成员对《生态系统的结构》一节的教学目标有效性达成的实践策略进行了概括和总结。

1. 渗透新课标"核心素养为宗旨"的理念，能让课堂呈现新的活力

"核心素养为宗旨、内容聚焦大概念、教学过程重实践、学业评价促发展"的新课程理念渗透在教学设计中，能让课堂呈现新的活力。《生态系统的结构》这一节内容围绕"生态系统"这个概念展开，在设计中围绕这一核心概念设计多元化的互动能使概念在实践中顺利着地。课标的改革把课堂重心由获得知识转向素养提升，这个过程中需要给概念做减法，并增加学生对概念的模拟、思考和应用。在马婷婷老师的课上，多元化的互动和实践，增加了学生在核心概念上的相关体验，将概念无形渗透在实践中，评价也更倾向具体案例分析，用生活应用反馈学习效果，也体现学业评价促发展的理念。

2. 不同的教学设计角度，让课堂风格更加多元化，创意思考让教学更加充满魅力

同样的内容，两位老师设计的角度几乎没有重叠的区域。虽然酒是旧的，但不同的坛子，能使学生有更强的好奇心去了解里面的内容，给机会让学生去闻、摸，带着问题去讨论、思考和实践，从而真正地得到能力的培养和核心素养的提高。教师的思考和创意，能给知识以灵魂，能赋课堂以活力。教学的春天长存于每位有想法的老师心中，而学生的心田也会花开遍地。

3. 纸化模型在生物课堂上的应用符合目前教学改革的新理念

纸化模型在生物课堂上的应用符合目前教学改革的新理念——在课堂上重视学生的实践和思维培养。无论是课程改革还是教育理念更新，最终都要落实到课堂上。在课堂上我们关注的焦点也随课改发生了一系列的变化，即关注组织形式 → 关注课堂容量→关注问题导向→关注思维引导和提升，关注课堂上教师对于学生思维的激发、引导和提升方式逐渐成为大众评课的焦点。生物课堂不仅要有趣、有料，还应该能促进学生去多维度思考问题，教会学生整理与表达思维，培养学生的系统性思维、创新性思维和批判性思维。STEAM教学改革、PBL项目式学习都提醒着我们激发学生思维和加强学生实践和体验的重要性。

4. 概念教学的目的是理解概念的内涵、外延、例证而最终学会应用

在概念教学中，纸化模型的应用有利于抽象概念的具体化和学生构建鲜活的知识体系，变死记为活用。随着教学改革，概念教学深入课堂，生物学科的特点是逻辑性没有物理学科那么强，概念不是建立在推导之上，而是建立在鲜活的生活中。如本课例中，对于"生态系统"概念，让学生再三朗读文字性的定义，远不如让他们亲手构建一个生态系统来得更直接和有冲击力。也只有在实践中，学生才能真正地去理解生物与非生物之间的整体性，理解生态系统在能量上的开放性，理解生态系统里的动态平衡。纸化模型的利用，把实践实现在普通生物课堂上，将知识和应用结合在一起，既有利于学生体验抽象概念，又能提高学生对该学科的思维力和学习力，值得我们去认真思索和继续开发。目前常见的与纸化模型有关的课例有《基因工程的应用》，偶见《DNA的复制》，《有丝分裂及减数分裂染色体行为变化》也有应用，部分有设计较多实验仪器且考核其连接方式的，也可以考虑纸化模型的应用，如《探究酵母菌的呼吸方式》等。

附：

第三次课的课堂教学实录：生态系统的结构

一、导入新课

师：同学们好，生命系统是具有一定的层次结构的，上一章我们学习了种群和群落，请大家想想，香蜜湖中的全部鲤鱼是一个？

生：种群！

师：全部鱼呢？

生：群落！（部分学生笑着说什么也不是）

师：群落的定义有两个要点：同一区域和全部生物。全部鱼能否代表香蜜湖中的全部生物呢？同学们要认真思考哦。那香蜜湖中的生物能否离开环境独自生活呢？不能的话，香蜜湖属于哪个层次？

生：不能，生态系统。

师：今天我们要走入生态系统这个层次中去了解什么是生态系统，了解一个概念要了解它是什么，有什么结构、功能和特点，今天我们就聚焦在它是什么以及由什么所构成。

二、自学引导，强化概念

师：请同学们看课本P88黑体字部分，生态系统的定义中，有哪些关键词需要留意的？

生：生物群落、无机环境！

师：非常精准，生物及其所在的无机环境是不可分割的整体，这个整体就形成了生态系统，这也是生态系统的整体性。生态系统的类型是我们根据不同的标准进行人为划分的，从物质输入上看，自然的湖泊生态系统和人工鱼塘生态系统有什么区别呢？

生：（思索中）

师：（引导）如果我要养鱼来卖，丢着不管行不行呢？

生：当然不行，要给饲料的。

师：所以自然生态系统和人工生态系统在物质输入上？

生：人工的有额外的物质和能量输入。

师：因此做生态系统物质和能量分析时，判断是否有人为因素影响是很重要的。下面请同学们自行阅读P89～90完成学案中"大家一起来找碴儿"的部分，看一下学案中这部分的知识结构有什么错误之处。

生：（看课本5分钟后开始小组讨论）

师：（展示活动规则并宣布抢答开始）

小组1：生产者是自养生物，不是异养生物。

师：正确，请说说你所理解的自养和异养。

小组1：自养也就是能自己养活自己，像植物能光合作用一样。

师：回忆一下，光合作用的本质是怎样的一个过程呢？

小组1：叶绿素利用光能将二氧化碳和水合成有机物的过程。

师：那我能不能总结为，能把二氧化碳、水这些无机物转变成有机物的生物，我们就称为自养型生物呢？（生点头）那硝化细菌是否属于自养型生物？它能不能进行光合作用？

生：不能，它进行化能合成作用。

师：化能合成作用也可以把二氧化碳和水这类无机物变成有机物！属不属于自养型？

生：属于。

师：那生产者这条定义中，除了将"异养生物"改为"自养生物"，还要修改什么？

生："全是"应该是"主要"

师：非常好，自养型生物包含光合作用和化能合成作用两大类型的生物。另外要留意，能进行光合作用的也不仅仅是绿色植物，例如蓝藻就不能称之为植物。下一个请抢答。

小组2：消费者中"秃鹫"应当去掉，它是分解者。

师：正确，你为什么觉得它是分解者？

生：它是以腐烂的尸体为食的，分解者是分解遗体和残骸的生物。

师：正确，那消费者在种间关系中主要是什么角色？

生：捕食者。

师：对的，主要是捕食者。思考一下这个菟丝子，它属于？

生：寄生者。

师：因此消费者往往是捕食者和寄生者，主要是动物，但寄生性的细菌、植物等也属于消费者。关于分解者的描述有什么疑虑之处？

小组3：细菌和真菌不都是分解者，例如蓝藻和一些光合细菌、硝化细菌，还有刚刚说的寄生性细菌等。

师：非常齐全！这里存在的6处错误已经找出4处了，同学们加油！（学生稍思考）

小组4：这个知识点应该属于生态系统的组成成分，而不是生态系统的结构。

师：慧眼啊！为什么呢？

生：从课本P88可以看到，生态系统的结构包含组成成分和营养结构。这些是组成成分所包含的内容。

师：这告诉我们，学习知识一定要退一步看大方向是否存在问题，这位同学有大智慧。还有一处哦。

小组5：环境应该改为"非生物的物质和能量"。

师：通过对比知道其不同，但是为什么？（生疑惑）我举几个词汇：环境、无机环境、人文环境、社会环境、经济环境等，这些是否能完全等同呢？

生：不能。

师：所以无机环境、非生物的物质和能量不能笼统地表述为"环境"，要注意专有名词的表述。下面我们做一下"连连看"来巩固一下，限时2分钟。

师：（展示PPT）

师：猪笼草是否只属于消费者呢？（展示猪笼草的图片）大家观察一下这种植物，它有什么特点？

生：它能进行光合作用。

师：所以它？

生：既属于生产者也属于消费者？

师：重要的是理解这种类型的植物为什么会有这样的生活习性，有兴趣的同学课后可以去深化这部分内容，下节课做分享。请同学们填一下学案中关于组成成分的"普适性和特殊性"的相关归纳。

生：（展示）

三、实践出真知

师：请同学们翻到学案背面，这是一个空的生态缸，给小组提供了两张生物纸，上面有各种生物，请小组合作在纸上完成一个组成成分齐全且稳定的生态系统，挑选合适的生物贴到缸中相应的位置并思考学案提出的几个问题。

问题1：缸底的设计为什么高低不平还有大小石头？现实中的无机环境就是这么复杂的，这对生态系统中的生物有什么好处？

问题2：该鱼缸应该透光还是不透光？制作好后应该放在黑暗处还是阳光直射处还是有阳光但不直射处？为什么？

问题3：怎样的生态系统才能保存得比较久？

（开始活动，限时5分钟）

师：第1个问题哪个小组有想法了？

小组1：复杂的无机环境给在此生活的生物提供多样的栖息空间，越复杂隐蔽的空间，越能降低被天敌捕获的概率。

师：想法很好，所以我们要理解生物和它所在的环境是相互适应、相互影响的，生态系统是一个整体的系统。那第2个问题呢？我们应该放在哪里？

小组2：应该放在有阳光但不直射的地方，阳光直射会导致温度升高，不稳定，不利于生物生存。

师：我很疑惑，为什么一定要有阳光呢？既然是个独立的系统不能自给自足吗？

生：有阳光才能进行光合作用啊，没阳光植物就死了。

师：哦，所以说生态缸能封起来是因为里面的物质是可以循环利用的，但必须源源不断地提供能量对吧？你认为生态系统是个开放性的系统吗？

生：是的。

师：非常好，下面我展示其中一个小组的生态缸，大家来看看它的优缺点。

（展示后，学生哄堂大笑）

师：分享一下这图的笑点啊。

生：他们把海龟和淡水鱼以及淡水植物放在一起了！

师：不同的生物在生态系统中有不同的生态位，人家是海龟就不能勉强它在淡水里游泳，人家是红树林就不能放在淡水湖边做风景对吧。这幅图有什么优点？

生：选择了很多种生物。

师：群落里我们学过用一个什么指标来描述？

生：丰富度。

师：对了，生态系统中群落的丰富度很高，意味着这个生态系统好不好？

生：好。

师：下面我们再看看这个生态系统成分是否齐全？

生：（逐一检查，齐全）

师：我们共同完成了一个模拟的生态缸，再回顾一下生态系统的定义：它是由什么和什么相互作用而成的？

生：生物群落和无机环境。

师：它俩之间具有什么性？

生：整体性。

师：生态系统需要能量持续输入因此又存在着？

生：开放性。

师：非常好。

四、模型构建

师：下面我们根据学案所给出的四个组成成分的模型图，填写两两之间的关系，并完成练习。

生：（展示）

师：我们根据展示来思考，分解者能不能进行呼吸作用？

生：能。

师：生物都存在呼吸作用，呼吸作用和分解作用等同吗？

生：不等同，呼吸作用是有机物氧化分解，分解作用是指对生物尸体残骸的分解。

师：呼吸作用是细胞中有机物的氧化分解，分解作用的范围要更加广泛些，同学们要理解两个专有名词的差异。通过练习我们来总结，在这种模型中如何判断四种成分？

生：先看双向箭头，两边一定是生产者和无机环境，很多箭头指入的是无机环境，剩下的是生产者。

生2：生产者和消费者都指向分解者，所以剩下的两个成分，物质流入的是分解者，剩余的是消费者。

五、总结归纳

师：同学们都总结得非常好，这节课我们通过概念的辨析、模型的制作，深入地去理解生态系统的定义和组成成分，请大家务必记得那只在淡水中挣扎的海龟。知识能让我们更好地理解自然界中各生物的存在，而生态系统中生物和环境又是分不开的，保护无机环境也就是保护生态系统中的各种生物，也包括我们。期待下一节课食物网和食物链的学习。

培养启发思维　构建高效课堂

——以《生态系统的结构》一课为例（同课异构课）

深圳市明德实验学校　安坤鹏

　　高中阶段是学生学习最为重要的一个阶段，高中生的逻辑思维能力在逐渐增强。顺应国家课程改革理念，落实立德树人思想，高中教育应当培养学生的学科核心素养。生物学科核心素养涉及生命观念、科学探究、科学思维和社会责任。在教学过程中，教师需要注重实践、注重学生思维的引导和启发；在构建高效生物课堂的时候，应以培养学生的生物学科核心素养为宗旨，以激发学生的生物学习兴趣和启发学生思维作为教学支撑点；在教学过程中，融入生活情境，把生活中的素材联系到课本知识上，加强学生对生物学科核心概念的理解。在教学过程中，培养启发思维，有利于学生的思维得到激发，扩大学生的思维容量。高效课堂的构建，也注重思维的深度与广度。比如，在课堂上，学生有了问题的生成，教师通过层层启发，引导学生表达，可以让学生更深刻地理解本节课内容。

　　课例研究时间：2018年11月

　　课例研究视角：探究如何启发学生思维，形成高效课堂

　　课例研究选题：人教版 必修3第5章第1节《生态系统的结构》

　　课例研究流程：见下表

表1 课例研究流程表

时间	项目	内容
2018年10月	课前准备	分析教材，研读新课标，了解学生学情，备课，设计教学环节
2018年11月20日	第一次课试教	试教，观察发现，问题诊断，修改教学设计
2018年11月23日	第二次课改进	研读课标，根据上课情况，进一步修改教学设计；设计学案，授课，观察发现问题，提出修改建议
2018年11月27日	第三次课再改进	研读课标，根据同学们的反馈，进一步修改教学设计、学案，授课，再观察，提出修改建议
2018年11月27日	课后总结	收集各成员研究心得，主讲人撰写课例研究报告

一、教学内容分析

《生态系统的结构》是人教版高中生物必修3第5章"生态系统及其稳定性"第1节的内容，是生态学的基本内容，在知识构建上起着承上启下的作用，与生态系统的能量流动、物质循环及生态系统的稳定性联系密切。这一节知识主要有两部分，一是生态系统的概念，二是生态系统的结构，生态系统的结构包括生态系统的组成成分和生态系统的营养结构。对于生态系统的概念和生态系统的组成成分，学生在初中进行了相关知识的学习，因此在本节课中，老师只需稍加引导，即可让学生快速理解。生态系统的结构是本节课的难点，老师需要多加引导帮助学生理解及应用。

二、学生学情分析

生态系统概念、生态系统各成分的作用在初中生物教材中有所安排，所以高中生对生态系统已有初步的认识，对生产者、消费者和分解者等概念也有较清楚的判断，但是不能准确地判断不同生态系统之间的差异，较难说出生态系统中各种生物成分之间的关系，较难理解生态系统的营养结构，对生态系统的模型构建认知不够。在教学设计时，可以引导学生联想自己熟知的生态系统，如深圳莲花山公园，结合课本的生态系统图来理解生态系统的组成成分、营养结构及构建生态系统的结构模型。

三、设定教学目标

（1）掌握生态系统的概念、范围（生命观念）。

（2）建立生态系统结构模型（科学探究）。

（3）认识生态系统是一个统一的整体（科学思维）。

（4）树立保护生态环境的意识，认识维护生态系统稳定的重要性（社会责任）。

四、第一次课的试教

2018年11月23日，由于安坤鹏老师在深圳明德实验学校大鹏校区执教高一，所以第一次试课在高一（1）班进行，属于借高一学生上高二内容。第一稿教学设计：将本节课的教学重心放在让学生讨论生态系统的组成成分及各成分的功能上，然后让学生归纳出生态系统包含生物部分和非生物部分，生物部分扮演三大角色，即生产者、消费者和分解者，并说出这三大角色的功能，其他同学补充非生物部分的功能。在讨论与讲述过程中，同学们构建了生态系统的结构模型。但是不足之处在于时间把控不准，没有完成生态系统的营养结构部分的教学。

1. 教学探索中值得肯定的方面

（1）课堂内容流程设计合理。①视频导入。②以莲花山公园为例，让学生讨论其内有哪些生物成分及非生物成分，并分析各自功能，引出生产者、消费者和分解者的概念及作用，认识到非生物因素在生态系统中也不可忽视。③学生在讨论分析过程中，自行建立起生态系统的结构模型，极大地激发了学生的思维。④在讲解生产者、消费者和分解者时，让学生区别了一些特殊的例子，比如菟丝子是消费者，捕蝇草既是生产者又是消费者，让学生明白生物学习过程中的普适性与特殊性。⑤课堂小结、反馈。

（2）视频和PPT设计合理，制作精美。

2. 观察发现

（1）讨论莲花山公园生态系统的组成成分时间较长，导致后面小结、反馈时间紧张。

（2）对食物链分析过于简单，营养级的概念及初级消费者、次级消费者、三级消费者与营养级之间的关系梳理得不够。

3. 问题诊断

（1）生态系统的概念、范围及各种生态系统的分类属于比较简单的知识，无须花太多时间在此处。

（2）可以侧重分析生态系统的结构。对于生态系统的组成成分和营养结构可以合理分配时间，让学生积极参与讨论、回答及点评。

（3）教师讲解得过多，未充分调动小组成员的讨论热情，未充分提高学生学习的积极主动性。

（4）板书不够完整。

4. 改进建议

（1）简化对生态系统概念、生态系统范围及不同类型生态系统的讲解。这些内容可以事先安排同学们做预习，留更多时间攻克后面的重难点部分。

（2）想办法激活同学们的思维，让更多同学上台展示。

（3）问题的设计不需要太多，而应指向明确，少而精，带有一定启发性。

（4）注重教师主导，学生自主探究，鼓励学生小组合作，构建概念。

（5）可以设计思维导图式板书，帮助学生形成概念网络。

（6）重新设计导学案，加强对学生的引导，提供更多学生展示的机会。

五、第二次课的改进

2018年11月26日，安坤鹏老师在深圳明德实验学校高一（5）班进行第二次课的讲授。这次也同样是借高一学生上高二内容。

1. 课堂教学的积极变化

（1）优化导学案，让同学们提前预习，完成导学案上的基础内容。

（2）以莲花山公园生态系统为例，探讨其内的各种生态因素及其功能，让小组成员上台讲解，台下同学积极补充。

（3）对整节课的教学侧重点进行调整。易理解的部分，进行精简优化；难理解的部分，进行重点攻克。

2. 观察发现

（1）同学们对生态系统的营养结构及食物链的书写要点还不是很熟悉。

（2）本节课知识点比较多，设置了两个讨论环节，时间比较紧凑，小结依然比较仓促。

3. 问题诊断

（1）教师对学生现有知识水平的把握不准，借年级上课，高一学生的认知跟高二的学情略有差异。

（2）个别问题设置不符合学生认知层次。

（3）教师引导学生构建生态系统的结构模型对高一学生或许有点难度。

4. 进一步改进建议

（1）本节课的重难点在于生态系统的结构模型的构建和营养结构的分析，所以其他知识内容可以更加精简优化。要留足够时间进行小结和解答学生的生成性问题。

（2）问题设计需要层层优化，关于生态系统的组成成分的讨论及生态系统结构模型的构建，需适当把控时间，留更多时间认识及梳理生态系统的营养结构及课堂小结。

（3）把课堂上更多的时间还给学生，充分调动学生的积极主动性。

（4）进一步优化导学案。

（5）加强生态观念的教育，教育与育人需融为一体，教学过程中让学生明白保护生态系统稳定的重要性。

六、第三次课的改进

2018年11月27日，安坤鹏老师在高二（5）班进行第三次课的讲授。课堂教学主要以引导学生发言为主，层层深入，激发学生进行思考，鼓励学生上台展示、表达交流，最后以思维导图形式的板书呈现在白板上，整个课堂注重思维的质疑及思维容量的扩大。

1. 课堂教学的积极变化

教学设计进行了微调，通过"视频导入"引出生态系统的概念及范围，认识不同生态系统的评判标准；以莲花山公园生态系统为例探索生态系统的组成成分及作用，构建生态系统的结构模型；以啄木鸟取食树上的昆虫幼虫为资料，分析食物链的书写要点，认识"营养级""初级消费者""次级消费者""三级消费者"等概念及彼此的关系；补充了"课堂小结""学生问题生成""习题反馈"等环节，教学流程完整，整堂课下来，同学们思维得到较大的激发，展示机会比较多，重难点较好地得到突破，达成了教学目标。整个课堂时间安排合理，内容紧凑。

2. 观察发现

（1）每位同学对本节课的收获感想不一样。

（2）通过层层引导及学生交流讨论，大多数同学对生态系统的模型构建掌握较好，但是对生态系统的营养结构理解及领悟有些欠缺。

3. 问题诊断

本节课的重难点把握比较准确，但由于容量很大，而时间有限，后面生态系统的营养级与各级消费者之间的区别阐述不够精细化。

4. 进一步改进建议

在课堂上，大部分学生能够清楚地认识生态系统的概念、组成成分及营养结构，但是对于细小概念需要再三强化一下，这样才能提高学生们做题的准确性。

七、三次课演进的脉络

第一次课的情况：研读课标、梳理教学目标，设计教学环节，围绕教学重难点和预设的课堂探究活动实施教学，学生们参与度比较高，但是对学生的思维启发不够，需要进一步优化教学设计。

第二次课发生的变化：依据学生的课堂反应，对课堂内容进行调整，优化了学案，学生思考的空间更大，展示的机会更多，而且是学生自行构建概念，突出了学生的主体地位。

第三次课的亮点和不足：亮点体现在学生们几乎都能聚焦于本节课堂，问题设计贴近生活情境，层层深入，注重对学生思维的启发和引导，在重难点突破环节，利用生活中的素材作为教学支架，引导学生快速有效地突破教学的重难点。最后的总结环节也以学生们进行总结及讲解为主。美中不足的是由于时间关系，后面一些细小的知识概念没有讲得很细致。

八、阶段的共识与结论

在连续三次课堂教学实践探索过程中，课例研究工作室成员对《生态系统的结构》一节的教学目标有效性达成的实践策略进行了概括和总结。

1. 依据新课程标准，注重核心素养的落实

根据新课程标准，《生态系统的结构》一节内容致力于帮助学生理解生命活动的本质，了解系统分析的思想和方法，提高对生命系统与环境关系的认识，为树立人与自然和谐共处的观念，形成生态意识、环保意识和践行绿色低碳生活方式奠定基础。因此教学设计过程中，比较注重学生的思考、讨论及讲述。比如生态系统的模型是学生通过自行讨论分析生态系统各成分的关系及作用推理出来的，从而培养了学生的核心素养之科学探究；在认识生态系统的营养结构时，不同的食物链形成复杂的食物网，食物网越复杂，整个生态系统的稳定性越强，让学生明白生态系统中若有某种生物持续变多或某种生物严重缺失，则会导致生态失衡，进而让学生明白保护生态环境的重要性，从而培养学生的社会责任感。

2. 巧用生活情境，加深对知识的运用和理解

以熟悉的深圳莲花山公园生态系统为例，让学生分析其内的生态成分及功能，从而构建生态系统的结构模型，了解生态系统的营养结构，认识食物链的特点，教学内容层层深入、逐步推进。最后让学生谈谈本节课自己最大的收获并提出自己的困惑，进行本节课的小结，随后进行课堂练习，升华对本节课知识点的理解。

九、同行互评

马婷婷：

杜威曾说，知识来源于生活和经验，由此可见实践的重要性。在这节内容三次打磨的过程中，我感受最深的是，教学应该是结合生活、富有创意的一种实践活动，而不仅仅是机械性知识的输出和灌入。很感激工作室主持人朱文艺老师和各位成员老师们对于课例研究的重视，提供了这样的平台促使我重新去思考和审视在常规教学里已经不再陌生的课题。

经历一个多月的课前准备和反复磨课，虽然课题内容是不变的，但每次的磨课都能促使自己在框定的教材中去寻找新的教学角度。从教学目标上来说，不断修改的目标，是每次试课后发现想要促使学生提升的能力，想要引导学生思考的方向，想要学生获得的不同体验。从互动活动的改变上来说，驱动因素之一是新课标"教学过程重实践"的理念革新，其二是觉得教师的成长是建立在思考和创新之上的，而不是用一个模式循环一个内容，最后互动的多元化使课堂不仅是获取知识的地方，更应该是有趣的，鲜活的。

每次思考都是一次思想上的蜕变和成长，经过了三次打磨，和初次的课堂对比，它已经成长得落落大方，虽然还是存在着一些缺陷和遗憾，但是这次的经历让我深深地明白，生物课堂会因为我们的思考和创意而愈发精彩。

李晓燕：

安坤鹏和马婷婷老师用不同的教学方法演绎了必修3第5章《生态系统的结构》这节内容，给工作室的同仁提供了研讨专业化、精细化的听课评课活动，展示了两个班级学生的学习效果与不同老师教学目标、内容设计之间的联系。

安老师的课从教师教学维度来看，环节清晰，PPT展示简洁，师生对话充满了尊重和谐之美，反馈指导及时有效，比如学生对生产者、消费者和分解者中的特殊实例有疑问的时候。从学生学习维度来看，学生发言的人数多，表达充分，特别是课堂最后环节老师的设问"你今天收获了什么？"，倾听和互动都表现得令人惊喜。

马老师的课则凸显了教师的主导性地位，一开始就强调课本88页的概念，明确生态系统的整体性特点，同时强调学生的生命观念和社会责任。无论是"思维辨析——大家来找碴儿"，还是"模型构建——理清内在关系"，都体现出师生互动已然默契，课堂从教师掌控转化为学生小组活动也相当顺畅，不留痕迹，学生和老师的配合充满了信任感。

同课异构的目的在于发现更多的教学发展可能性，以及实现这些可能性需要的条件和限制。不管教学方法如何差异化，课堂教学的重心都应该关注学生如何学习，关注学生在自主探究活动中遇到的生成性问题，以及老师如何帮助学生解决问题。从这个角度看，安老师的课可以在知识点的概念教学上略加强，马老师在学生活动中可以让学生充分去表达自己的想法，而不囿于老师制定的方案。

林凯纯：

首先非常感谢这两位老师的精心准备，给我们带来了如此精彩的两堂课，我获益匪浅。安坤鹏老师整堂课非常流畅，娓娓道来，用一种非常容易让学生接受的方式，将课堂交还给了学生。用学生熟悉的场景——莲花山公园作为例子，激发了学生的学习兴趣。课堂的最后让学生自己说"这堂课的收获"，这个环节非常好。这种课堂上的及时反馈能让学生回顾本节课所学的知识，也能让老师了解学生们的掌握情况，为后续教学提供依据。

马婷婷老师的教学风格比较活泼，极大地拉近了师生之间的距离。课堂上设置的"大家来找碴儿"环节，强调了课本中的重要概念。小组之间相互竞争的机制，让整个课堂非常活跃。这堂课的亮点还有让学生以小组的形式，利用纸质的模型，模拟制作一个生态缸。这个过程既能让学生体验如何制作生态缸，也能大大节省人力物力，是个非常有创意的设计。马婷婷老师用心准备这堂课，我从中学习了很多很多。非常感谢两位老师。

张晓云：

安坤鹏老师和马婷婷老师用完全不同的教学方法演绎了必修3第5章《生态系统的结构》这节内容，让人耳目一新，受益匪浅。安老师的课重点突出，层层递进，引导学生突破难点，发掘易错点。安老师教态自然大方，对教学内容娓娓道来，虽然是借班上课，但是和学生互动良好，学生对知识的掌握情况也相当不错。马婷婷老师的课同样非常出彩。我觉得本节课的亮点有两个，一个是"思维辨析——大家来找碴儿"，不仅突出了本节课的重点，也突破了难点和易错点，并且很好地激发了学生的学习热情和积极性。第二个亮点是用纸质模型模拟制作生态缸。用纸质模型，很好地解决了平时制作生态缸材料难准备和浪费严重的问题，而对模拟地形和相关生物种类和数量的选择则考量了学生对知识的掌握程度和应用能力。整节课结构紧凑，知识容量大，目标达成效果较好。

左海珍：

安坤鹏和马婷婷两位老师同课异构了必修3第5章《生态系统的结构》这节内容，两位老师的课各有千秋。上安老师的课感觉如沐春风。亮点是学生参与度高，而且最后"你收获了什么？"的环节非常好，让学生对知识有所总结和提升，也有一定的成就感。马婷婷老师的课出彩的地方也非常多。比如"思维辨析——大家来找碴儿"，以娱乐和竞争的方式提升了学生的学习兴趣。还有用纸质模型模拟制作生态缸。这种新颖的方式很好地解决了平时制作生态缸材料难准备和浪费严重的问题。总之听完两位老师的课让人耳目一新，收获很多。

周爽楠：

安坤鹏和马婷婷两位老师的同课异构课堂给我留下了非常深刻的印象。两位老师各具特色，安老师温柔大气的课堂风格充分体现了以学生为主体，老师为引导的新课程理念。课堂设计也是一气呵成，非常流畅。马老师的课程设置新颖，课程素材准备充分。纸质生态缸的制作充分体现了环保思想，课堂分组评分制度充分调动了学生的积极性，活泼幽默的教学语言也让整个课堂活力十足，是一堂令人惊艳的课。

朱文艺：

《普通高中生物学课程标准（2017年版）》中提出，生物学科核心素养包括生命观念、科学思维、科学探究和社会责任。怎样在课堂中落实生物学科核心素养的培养，怎样引导学生在课堂上主动参与学习，在亲历提出问题、获取信息、寻找证据、检验假设、发现规律等过程中习得生物学知识，养成科学思维的习惯，形成积极的科学态度，发展终身学习及创新实践能力，是我们每位高中生物教师需要深入思考和实践的问题。

新课标特别强调聚焦概念教学，通过大概念的学习来帮助学生形成生命观念。高中生物学课程都是围绕几个大概念展开的。在教学中，教师围绕着生物学大概念组织并开展教学活动，能有效地提高教学效益，有助于学生对知识的深入理解和迁移应用，也有助于发展学生的生命观念。在教学过程中，教师还必须注意学生头脑中已有的前概念，特别是那些与科学概念相抵触的错误概念。课堂教学活动要帮助学生消除错误概念，建立科学概念。

《生态系统的结构》是一节承上启下的内容，与种群、群落相衔接，对生态系统功能的学习起到铺垫的作用，对形成结构与功能观、稳态与平衡观、物质与能量观等生命观念起到协助作用。选择这一堂课进行同课异构，可以很好地实践生物学科核心素养在课堂教学中的落实。

两位老师不约而同地采用构建概念模型的方式，对生态系统各组分的概念、普遍性和特殊性进行辨析，对各组分间的相互关系进行梳理，通过师生互动，生生互动，加强了对生态系统结构的理解。其中，坤鹏老师增加了学生上台展示交流环节，充分调动了学生学习的积极性。婷婷老师则利用小组间的竞争抢答和模拟生态缸的制作，调动课堂气氛，提高了学生主动学习的兴趣。特别需要点赞的是，婷婷老师在上课之初就将本节课的教学目标与生物学科核心素养结合起来，给学生明确提出，并在学案里写明，这让学生的学习更加有的放矢。

总之，两位老师课堂设计用心得当，教态自然，语言流畅，课堂氛围轻松和谐，学生课堂参与度高，对落实生物学科核心素养进行了有效的示范。

附：

第三次课的课堂教学实录：生态系统的结构

师：同学们，下午好！上课之前，我们先来看一个视频（视频为深圳莲花山公园的介绍）。

生：（观看视频）

师：通过视频介绍和同学们的生活经验，大家分析一下，影响莲花山公园树木生长的各种生态因素有哪些？

生：水、温度、土壤、昆虫、空气、树木、细菌、真菌等。

师：这些生态因素可以分为生物因素和非生物因素。像这样，在一定区域内，生物因素和非生物因素形成的统一整体，称之为什么？

生：生态系统。

师：非常好，那我们把书本上生态系统的概念齐读一遍。

生：生态系统，即在一定的地域内，由生物群落与其无机环境相互作用而形成的统一的整体。

师：非常好。今天我们就学习生态系统的概念、组成和结构，尝试建构生态系统的模型。

师：结合同学们的生活经验，根据对生态系统概念的认识，大家以小组为单位，进行头脑风暴，举一举生活中常见的生态系统的例子。

生：一片树林、一块农田、一片草原、一个湖泊、一座城市、一条小溪等。

师：那地球上最大的生态系统是什么？

生：生物圈。

师：那生物圈的概念是什么？范围多大？

生：地球上的全部生物及其无机环境即为生物圈，范围包括大气圈的底部、水圈的大部、岩石圈的表面。

师：生物圈作为地球上最大的生态系统，里面有形形色色各种不同类型的生态系统。那具体如何对这些不同的生态系统进行分类呢？请同学们自主阅读教材，学习生态系统的分类。

生：按照有无人为因素介入，可以分为自然生态系统和人工生态系统。

师：讲得很好，那自然生态系统和人工生态系统能否进一步划分？

生1：自然生态系统包括水域生态系统和陆地生态系统。水域生态系统又包括海洋生态系统和淡水生态系统。

生2：陆地生态系统包括森林生态系统、草原生态系统、荒漠生态系统和冻原生态系统。

生3：人工生态系统包括农田生态系统、人工林生态系统、果园生态系统和城市生态系统。

师：同学们讲得很好，梳理得很正确。大到整个生物圈，小到一个微生物培养瓶都是生态系统。现以莲花山公园为例，小组讨论，尽可能地列出此生态系统的各成分并分析各成分的功能。

生：（讨论交流，并回答）

生1：莲花山公园有树、草、害虫、鸟、细菌、蘑菇等生物部分。

生2：莲花山公园内有土壤、空气、水分、阳光等非生物部分。

师：生物部分扮演着哪三大角色？

生：生产者、消费者和分解者。

师：那生产者是指什么生物？如何定义的？

生：能进行自养的生物为生产者。比如植物能通过光合作用制造有机物，不仅养活了自己，还给其他的动物提供营养。

师：所有的生产者都是植物吗？有没有特殊例子？

生：有一些自养型的细菌。如硝化细菌、硫细菌等能自行制造有机物，也属于生产者，它们进行化能合成。

师：讲得真好。那所有的植物都是生产者吗？

生：（思考并回答）只有绿色植物才能进行光合作用，制造有机物。

师：所以，生产者包括绿色植物，还包括一些自养型的微生物。考虑一种生物是否为生产者，要从生产者的概念上去理解。

师：那如何定义消费者呢？

生：消费者主要是指动物，即不能自己制造有机物，它们直接或间接地以植物为食。

师：那是不是所有的动物都是消费者呢？

生：（思考并回答）有些动物，比如蚯蚓、秃鹫等属于分解者。

师：那什么是分解作用？

生：分解作用主要是指将动植物的遗体和遗物分解，将其中的有机物分解成无机物。

师：讲得特别好。分解者包括了一些微生物和一些腐生生物，主要是微生物。

师：针对生产者、消费者和分解者，我们进行巩固练习。猪笼草、蘑菇、硝化细菌、蚯蚓等分别扮演什么角色？

生：（巩固练习）

师：针对生产者、消费者、分解者和非生物的物质与能量，小组讨论，构建生态系统的结构模型。

生：（思考交流，构建生态系统的结构模型）

师：根据同学们构建的生态系统的结构模型，分析图片所示资料，啄木鸟在树上找虫子吃，思考树与昆虫幼虫之间、昆虫幼虫与啄木鸟之间是什么关系？

生：吃与被吃的关系。

师：在生态系统中，各种生物之间由于吃与被吃的关系而形成的一种联系，称之为什么呢？

生：食物链。

师：同学们讲得非常好。（出示食物链图片）同学们分析食物链上各个生物，认识初级消费者、次级消费者、三级消费者、四级消费者等名称，并区别各个营养级。

生：（认识食物链、分析各个生物所处的营养级及初级消费者、次级消费者、三级消费者、四级消费者等概念）

生1：生产者处于第一营养级。

生2：初级消费者处于第二营养级。

生3：次级消费者处于第三营养级。

生4：三级消费者处于第四营养级。

生5：四级消费者处于第五营养级。

师：同学们分析得很正确，请一位同学来总结一下营养级的概念。

生：食物链中的一个个环节称为营养级，它是指处于食物链同一环节上所有生物的总和。

师：许多食物链彼此相互交错连接成的复杂营养结构，即为食物网。在生态系统中存在着多条食物链，下图所示为多条交错的食物链构成的食物网。同学们，分析一下：①该食物网中共有多少条食物链？②初级消费者有哪些？③青蛙和蜘蛛之间是什么关系？④蛇可能处于哪些营养级？

生：（思考并回答）

师：同学们掌握得很好。

（出示图片，分析有毒有害重金属沿着食物链、食物网传递的特点）

生：有毒有害重金属沿着食物链、食物网进行富集。

师：（出示资料，分析水俣病）

生：水俣病是由于化工厂在生产有机品过程中，排出含有汞的废水，这些有害物质流入海洋后，逐渐在鱼类和贝类体内富集。人们吃了这种鱼类、贝类导致严重中毒，并先后死亡。

师：同学们分析得很好，最后我们来总结一下。错综复杂的食物网是生态系统保持相对稳定的重要条件。如果一条食物链上某种生物减少或消失，它在食物链上的位置可能会由其他生物来取代；一般认为，食物网越复杂，生态系统抵抗外界干扰的能力就越强（抵抗力稳定性越强）。食物链和食物网是生态系统的营养结构，生态系统的物质循环和能量流动就是沿着这种渠道进行的。

师：最后，请问一下同学们，这节课，你收获了什么？

生1：掌握了生态系统的概念。

生2：认识了生态系统的生产者、消费者、分解者等概念。

生3：认识了营养级、初级消费者、次级消费者、三级消费者、四级消费者等概念。

生4：重金属等沿着食物链和食物网传递的特点。

师：同学们有没有什么疑问？

生：生态系统的模型构建中能量输入、能量传递特点是怎样的？

师：这个问题问得很好！请同学们预习下节课的内容，我们会在下节课进行系统讲授。